日本の文化を
デジタル世界に伝える

京都大学人文科学研究所・共同研究班
「人文学研究資料にとってのWebの可能性を再探する」＝編
永﨑研宣＝著

樹村房

はじめに

　日本の文化は多様である。日本発祥のものもあれば，そうでないものもある。外来文化を自らの風土に合わせて取り込んで自家薬籠中のものとすることもまた日本の文化の特徴であると捉えるなら，外来文化もまた日本の文化の一部と考えてもよいだろう。日本の中だけでも多様である上に，そのようなものも含むと考えるなら，日本の文化が含むべきものの多様性はとても大きな広がりを持つことになる。

　日本を育んできたこの多様な文化をなるべくそのままに未来世代にも継承していくことは，将来において日本が自らのアイデンティティを確立していく上で欠かせない要素の一つであるように思われる。それでは，文化に関わるものをこれまでどおり大切に保管し続けていけばよいのかと言えば，それだけでは立ちゆかなくなるかもしれない状況が様々な方面から押し寄せつつある。とりわけ，デジタル媒体を中心としたインフラ（インフラストラクチャー）の確立と一般の人々も含めた広範な普及，そしてそれに基づく人々の情報への接し方の変化は，文化に関わるものをデジタルインフラに適切に載せていくことの必要性を大幅に高めつつある。この点については，程度の多少はあれ，実感している人は多いだろう。

　さて，表面的な動向だけを見ていると，横文字やアルファベットの略称が飛び交うような世界は，専門の情報技術者のみに任せておけばいいような事柄であるようにも思われる。しかし，何を，どのようにして，デジタルインフラに載せていけばよいのか，という点について，言い換えるなら，デジタル世界に何をどう伝えるのか，という課題に応えるのは，技術者だけでなく，文化に関わるもの，特に資料についての十分な知識を持った人でもある。デジタル技術が深化すればするほど，資料の個別の状況はより丁寧にデジタルインフラに載せることができるようになる。逆に言えば，載せることが可能だった個別の状況が載っていなかった場合，それはないものとされてしまう可能性もある。そのようにして，文化に関わる知識を持った人，つまり，文化の専門家が活躍し得る場は徐々に広がりつつある。

それでは，文化の専門家の側でもデジタル技術に関する深い知識を持たねばならないのか，と言えば，必ずしもそういうわけではない。深い知識を持ちたい人はともかく，そうではない人が，これからデジタルインフラに文化に関するものを載せていきたいと思っているときに，何をどれくらい知るべきなのか。あるいは，どれくらい知っておいた方がよいのか。このことに関する指針が日本語圏では必ずしも十分に共有されていないように思われる。そこで本書は，文化の専門家が，文化に関する資料をデジタルインフラに載せようとする時に知っておくべきこと，知っておいた方がよいこと，についての基本的な考え方をまとめた上で，具体的な近年の情報技術に即してそれを少し深めて考えてみることを目指したい。

　さて，このように言ってしまうと，デジタル技術に関する知識の押し売りが行われているようにみえるかもしれない。本であれば，紙媒体であれば，このような裏方に関する知識をいちいち気にする必要はないのに，と思ってしまう人も多いだろう。たしかに，紙媒体の場合には，すでに大きな流通の仕組みが構築されており，それを通じて何かを伝えたいと思う人には，それぞれの状況に応じて様々な手段が用意されている。とりあえず原稿用紙に殴り書きして編集者に渡せばきれいな本になって国立国会図書館に永続的に保管される上に各地の書店や図書館を通じて読者のところに届き，刊行にかかった各種費用も回収できる。これをエコシステムと呼ぶこともあるようだが，文化を伝えるこの大きな仕組みができあがるのにどれほどの時間と労力が費やされたのか，出版流通史をひもとくだけでその膨大さに圧倒されてしまう。

　しかし，デジタル世界のそれは，エコシステムと言えるような仕組みには至っておらず，様々な試みが世界中で進められているところであり，デジタル世界に文化を伝えようとするなら，その未完成なエコシステムに種をまくという姿勢が，多かれ少なかれ，どうしても必要になる。そして，時々様子を見て，水や肥料をやらないと，いつのまにか枯れてしまうということにもなりかねない。

　ではデジタル世界に文化を伝えるのは時期尚早なのか，と言えば，それは各人の立場によるだろう。紙媒体のエコシステムも弱まりつつあるとは言え依然として根強いファンを多く抱え，仕組みとしてもまだ十分に機能していること

から，紙媒体にのみ注力し続け，そのよく練られた役割分担を十二分に活用するというあり方も当面は有効であると思われる．そのような紙媒体のエコシステムを構築してきた先人達と，同じか，あるいはそれ以上の努力が，今，まさに，デジタル世界での文化情報流通，あるいは知識流通のエコシステムにおいて必要とされている，というのが現在の状況なのである．

　未来に向けて文化をよりよく伝えることを目指すなら，これから一層インフラとして定着し，広く情報を流通させるための主要な場になるであろうデジタル世界を，文化を伝える媒体としてふさわしいものにしていくという努力を誰かが担わなければならない．デジタル技術の専門家のみならず，そこには，伝えられる文化についてよく知る人々の力も当然のことながら不可欠であり，そして，紙媒体のエコシステムに携わってきた様々な関係者の知識と経験もまた，その将来像を描く上で重要になるだろう．

　デジタル世界に日本の文化を伝えることは，それを通じて，世界中の人々に，そして未来の人々に我々の文化を伝えるということでもある．本書がそのことに多少なりともお役に立つことがあれば幸いである．

　なお，本書が主に扱う対象は，これまで紙媒体で共有されてきた資料であり，音声・動画・3D等についてはあまり触れていない．そして，扱っている資料のほとんどは著作権保護期間が満了したものである．前者の理由については「あとがき」を参照されたい．後者については，それが現在は一番自由に幅広く使えるものであり，それ以外の資料のデジタル化と活用に際しても様々なヒントを提供できると考えたからである．また，本書では，同じような話が何度も登場することがある．これは，各章のテーマについてそれぞれの章の文脈において説明することを心がけたためであり，通読される読者には冗長なものと感じられるかもしれないが，ご容赦いただけるとありがたい．

日本の文化をデジタル世界に伝える
目次

はじめに　iii

第1章　「デジタル世界に伝える」とは ———————— 1
1.1　「デジタル世界に伝える」ためのおおまかな流れ ………… 1
1.2　デジタル世界に持って行けるものと持って行けないもの …… 3
1.3　デジタル世界でのサスティナビリティ …………………… 5
1.4　デジタル世界に関する情報収集・共有 …………………… 8
1.5　まとめ ……………………………………………………… 9

第2章　デジタル世界への入り口 ———————————— 10
2.1　2値化・符号化の考え方 …………………………………… 10
2.2　どの程度まで詳細に記述するか …………………………… 12
2.3　事業としてのライフサイクル ……………………………… 16

第3章　利便性を高めるには？ ———————————— 20
3.1　情報技術の発展への対応 …………………………………… 20
3.2　ユーザのニーズへの対応 …………………………………… 25
　　3.2.1　技術の発展とユーザのニーズ　25
　　3.2.2　ユーザの関心の深さの違いと利便性　28
　　3.2.3　なるべく低コストで利便性を高めるために　36

第4章　デジタル世界に移行した後，なるべく長持ちさせるには —— 68
4.1　長持ちさせるための基本 …………………………………… 69
　　4.1.1　必要な人材について　69
　　4.1.2　必要なシステムと体制について　70
4.2　URLの維持 ………………………………………………… 73
4.3　システム移行による断絶について ………………………… 76

4.3.1　使い勝手の継承　*76*
　　4.3.2　データの継承　*77*
　　4.3.3　データを改良する場合　*82*
 4.4　幅広い利用・活用に向けて ………………………………………*85*
　　4.4.1　利用条件　*86*
　　4.4.2　コミュニティへの配慮　*88*
　　4.4.3　公開手法について　*91*
　　4.4.4　利用実績の提示　*92*
 4.5　長期保存のための枠組み ……………………………………………*93*

第5章　可用性を高めるための国際的な決まり事：IIIF と TEI ──*97*
 5.1　IIIF について ……………………………………………………………*98*
　　5.1.1　IIIF：問題とされたのは何だったのか？　*98*
　　5.1.2　IIIF：課題解決への取り組み　*103*
　　5.1.3　IIIF の現在　*104*
　　5.1.4　IIIF の広がり　*114*
　　5.1.5　IIIF コンテンツを活用するための仕組み　*116*
　　5.1.6　IIIF の導入に伴う公開の在り方の変化　*117*
　　5.1.7　IIIF の事例：SAT 大正蔵図像 DB　*120*
　　5.1.8　IIIF の事例：IIIF-BS（仏教研究のための
　　　　　　　　　　　IIIF マニフェスト集）　*128*
 5.2　TEI について ……………………………………………………………*137*
　　5.2.1　デジタルテキストの特徴を活かすには？　*137*
　　5.2.2　TEI 登場のコンテクスト　*139*
　　5.2.3　TEI ガイドラインとは　*141*
　　5.2.4　TEI ガイドラインの活用事例　*145*
　　5.2.5　マークアップの深さをどう考えるか　*157*
　　5.2.6　テキストデータやツール・ノウハウを共有するには　*158*
　　5.2.7　どうやってマークアップするか　*159*
　　5.2.8　TEI に関するまとめ　*162*

第6章　実際の公開にあたって ─────────── 164

6.1　デジタル化について ……………………………………… 164
　6.1.1　デジタル化の対象の検討　*164*
　6.1.2　デジタル化における個々の要素　*167*

6.2　デジタル化資料のWeb公開に際して …………………… 187
　6.2.1　A1　書誌データ・目録データの公開　*187*
　6.2.2　A2+A3　デジタル画像の公開　*196*
　6.2.3　A4　画像アノテーション　*202*
　6.2.4　A5　テクストデータの公開　*203*
　6.2.5　A6　付帯情報の公開　*208*

6.3　まとめ ………………………………………………………… 209

第7章　評価の問題 ─────────────── 210

第8章　研究者の取り組みへの評価の問題 ─────── 218

　おわりに　*223*
　さらに深めたい人・アップデートしたい人に　*225*
　　あとがき　*231*
　索引　*233*

第1章
「デジタル世界に伝える」とは

1.1 「デジタル世界に伝える」ためのおおまかな流れ

「はじめに」で述べたように，デジタル世界に伝える，とは，現在のデジタルインフラを通じてつながる国内外のすべての人々，そして，それにつながるであろう未来のすべての人々に対してアクセスの可能性をひらくということである。そこで，まず，デジタルでないものであれば，デジタルデータに変換するというプロセスを経ることになる。そして，デジタルデータには適切なアクセス権を付与した上でデジタルインフラを通じて公開（あるいは非公開に）することになる。そして，いつでも誰でも共通の参照方法で一つのデジタル情報にアクセスできるようにしておく。

たとえば，国立国会図書館デジタルコレクションの『石見国絵図』は，10.11501/1286204というデジタルオブジェクト識別子（DOI）が割り当てられており，これを用いてDOI財団のサイトにて http://doi.org/10.11501/1286204 のようにしてアクセスすれば『石見国絵図』のデジタル画像を参照できる。そして，著作権保護期間満了と示されていることから，誰でもダウンロードして加工したり再配布したりできることになっている。

一つの資料をただデジタル世界に伝えるだけであれば，ここまでできていれば満足してしまうかもしれない。しかし，このままでは，アクセス可能性が開かれたとはいえ，この『石見国絵図』を閲覧したり利用したりしたいと思っている人のところに届くにはやや難しいものがある。たとえば，大きな書店や大きな図書館の書棚に配架されているだけでは見つけてもらうのが難しいということと似たような状況である。

しかも，紙の本であれば，背表紙の並んだ大型の書棚をざっと眺めてみるという所作を通じて見つけてもらえることもまれにあるが，現在のデジタルでは一覧性がそれほど高くないために，そのような仕方で発見してもらえる可能性もあまり高くない。そこで，代わりに，デジタルの世界で情報発見のための主な手法になっている「検索」を活用するという選択肢が出てくる。

「検索」には，現在，いくつかの入り口がある。最大の入り口はGoogleやBing, 百度等のWebページ全文検索エンジンである。こういった検索エンジンでは，クローラと呼ばれるソフトウェアを常時多数動かして，世界中のWebページの情報を収集・蓄積し，いつでも検索できるようにしている。たとえばこういった検索エンジンに『石見国絵図』が登録されれば，利用者にとってはとても発見しやすいということになる[1]。したがって，検索エンジンのクローラが自らのサイトの情報を収集・蓄積してくれるようにしておくこと，そして，その際に検索エンジンでヒットしやすいような用語の工夫等を行っておくことは一つの有力な選択肢だろう。

一方，自らのサイトで検索システムを提供する方法もある。それには，簡単なものから複雑なものまで，そして，無料のものから有料かつ高価なものまで，様々なソリューションが提供されている。使える予算や人手との兼ね合いで，どういうものを選ぶかは自ずと決まってくるだろう。検索の利便性としても色々な選択肢があるので，導入時によく検討されたいところである。

さらに，近年では，「統合検索」への期待感が高まりつつある。たとえば，各地に所蔵されている『石見国絵図』を探したいと思ったら，通常は，各地の図書館等のWebサイトにアクセスしてから検索することになる。しかし，現在のように多くの図書館がWebサイトを公開している状況では，その方法をとることは時間的制約からなかなか難しい。そこで，「統合検索」の出番となる。

「統合検索」の代表的なものにEuropeanaがある。このWebサイトでは，欧州の美術館・博物館・図書館・文書館等から5,800万件以上の資料の目録情報を収集し一括して検索できるようにしている。欧州各地に散らばっているも

---

[1]: Google検索結果の一例として，「デジタル岡山大百科」中の「石見国絵図」http://digioka.libnet.pref.okayama.jp/detail-jp/id/kyo/M20141220113949 69510

のを一度に探すには大変便利な仕組みである。日本でも図書館資料には NDL サーチ，大学図書館資料には CiNii Books，博物館・美術館資料には文化遺産オンラインといった統合検索が広く提供されており，今後はジャパンサーチというプロジェクトによってさらに広範囲の統合検索が可能になると期待されているところである。昨今では，この種の統合検索に参加する，つまり，目録情報・書誌情報を提供して自らの資料群の発見性を高めることが，ユーザの利便性を高める重要な要素の一つとなっている。

　以上が，デジタルインフラに文化資料を載せて，興味を持ってくれそうな人たちに使ってもらうための仕事のだいたいの流れである。このようにして書いてしまうと簡単なように思えなくもないが，実際には個々のプロセスで様々な工夫や努力が必要な場合があり，しかもそういった仕組みを支えるために背後で多大な労力が費やされていることも少なくない。そして，大抵の場合，労力を払った分だけ利用されやすくなり，対応に手間がかかる枠組みに対応すれば，やはりその分だけ利用されやすくなり，またその効果も大きなものになる場合が多い。しかし，この種の事柄に費やすことができる労力は有限である。担当者自身の努力であれ外注するための予算であれ，技術的に可能な最大限のことを実現するには十分ではないことが多い。場合によっては，人手も予算もそれほど多くない上にどんどん減らしていかなければならないことも少なくない。したがって，デジタル世界に文化資料を伝えるという行為は，そのような現実的な制約の中でできる範囲で，最大限の効果を目指して実行するということになる。

1.2　デジタル世界に持って行けるものと持って行けないもの

　忘れてはならないのは，デジタル世界に持って行けるものは，元の文化資料のすべてではなく，必ず何らかの取りこぼしが起きてしまう，という点である。労力をかければかけるほど，利便性を高めるだけでなく，取りこぼしを減らすこともできるが，それでも元の資料が持つ要素のすべてを持って行けるわけで

はない。あくまでも，デジタルに写し取れる範囲にとどまるのであり，さらに，様々な現実的な制約のために，「写し取ろうとしたこと」に限定されてしまうことになる。たとえば，羊皮紙資料のDNA情報[2]を残そうとするなら，ある程度のコストをかければその一部分を取り出して分析しデジタルにも記録することはできるが，資料中の別の箇所のDNA情報を確認したいと思ったとき，デジタル化されたデータでは為す術がない。あるいは，写本に使われた紙の材料を確認すべく高精度デジタル顕微鏡で撮影[3]したいと思った時，一つの写本資料の全箇所を撮影して顕微鏡レベルの超高精細なデジタル資料を作成し，写本のどの箇所でもデジタルで繊維の1本1本まで確認できるようになればデジタル世界に移すという意味では理想的だが，現段階でできることは一定数のサンプルをデジタル顕微鏡により撮影して提示しておくのが穏当であり，その他の箇所は諦めざるをえない。この場合は，少し遠い将来の技術の圧倒的な進歩により取りこぼしが減ることを期待するしかない。

　デジタル翻刻（文字資料の文字をコンピュータに入力すること）について考えてみると，資料が汚れたり欠損したり形があいまいだったりして判断が分かれるような文字があったとしたら，それを文字として入力した時点で，その他の判断の可能性はテクストデータ上には残らなくなってしまう。このようなことであれば，国際的な記述ルール[4]がすでに用意されているので，それに対応するコストをかけられれば，翻刻者が気になった箇所に関しては，判断が分かれることについてもデジタル世界に移すことができる。とはいえ，翻刻者が気にせず入力してしまった箇所については，判断が分かれる余地があったかどうか，デジタルテクストからはわからなくなってしまう。あるいは，少し以前であれば，入力時の漢字をJIS第二水準までの範囲に限定するというルールの下，

2：羊皮紙のDNA情報の分析については2009年に論文が刊行されている。Timothy L. Stinson, Knowledge of the Flesh: Using DNA Analysis to Unlock Bibliographical Secrets of Medieval Parchment, The Papers of the Bibliographical Society of America, Vol. 103, No. 4 (DECEMBER 2009) , pp. 435-453.

3：龍谷大学古典籍デジタルアーカイブ研究センターでは，フランス国立図書館が所蔵する敦煌出土写本の顕微鏡写真による紙繊維や混入物の分析を公開している。http://www.afc.ryukoku.ac.jp/pelliot/indexjp.html

4：ここでの記述ルールはTEI（Text Encoding Initiative）ガイドラインを指している。詳しくは第5章を参照されたい。

JIS第二水準までに含まれない漢字は含まれるものに置き換えることで内容は同等に伝えたとするか，それが無理なら外字として注記するという形になっていたものをよく見かけた。この場合には元の資料がデジタルに移る時に文字の形状についての情報が多少欠損してしまった可能性を含むことになる。本質的には解決しようのない問題であるとはいえ，近年は Unicode で扱える漢字が圧倒的に充実してきたことにより，元の字形をなるべくそのままテクストデータとして表現できるようになってきており，問題はかなり解消されつつある。そして，他の諸問題と同様，コストをかければかけるほどこのギャップを縮めることは可能である。

デジタル世界に伝えるということは，あくまでもその時点の技術や規格でできる範囲で伝えるだけであって，つねに伝えるべき情報の幾分かは欠損してしまう。技術や規格が大幅に進歩したり，異なる観点からのデジタル化の要請が生じたりした場合には，改めて元の資料から伝え直す必要がある。したがって，未来世代に日本の文化を伝えようとするなら，デジタル世界に伝えるだけでなく，元の資料も可能なかぎり保存を続けることもまた重要であるということになる。ただし，これをもってデジタル化が単なるコスト増に過ぎないと直ちに判断するべきではない。デジタル化によって，現物資料に接触する機会を減らすことができるなら，汚損，劣化等の危険性を減らすこともでき，資料の保全性が高まるだけでなく，結果として資料の出納や修復にまつわる業務量を減らすこともできる。そして，それにもかかわらず，Web 公開できればむしろ閲覧される機会を大幅に増やすことができる。全体として考えた場合には，長い目で見ればコスト低減につながると見ることもできるだろう。

1.3　デジタル世界でのサスティナビリティ

デジタル世界に伝えた後にも，それを継続的に利用してもらえるようにしなければならず，そこにもまたコストが要求される。公開に関わる機器やネットワーク，あるいは外部のサーバを間借りするといった形での費用が，デジタルインフラに載せた当初から発生することは少なくない。既存のものをうまく活用することでそれがすべて無料で済んだとしても，それを継続していくには，

また別の種類の困難さが生じてくる。維持するための運用費・運用者の確保である。これは，「公開」のように何か目新しい成果が出ることではなく，単に，誰かがアクセスしようとした時に，いつでもきちんとアクセスできるようにしておくだけである。とはいえ，放置しておけばずっと稼働し続けてくれるわけではなく，日常的なメンテナンスもさることながら，システムにセキュリティ問題が生じたり，ハードウェアが故障したりするなどした場合も考慮すると，やはり何らかの形でそれなりに対応できる人材が必要になる。しかし，このようなことに予算をかけるのは昨今の文化関連予算の縮減傾向からしても，なかなか容易ではないだろう。そして，それを数年間乗り切ったとしても，次に出てくるのはサーバやシステムの移行という大きな壁である。

　サーバやシステムは，機器としての寿命があるだけでなく，ソフトウェアとしての寿命もある。ソフトウェアそのものがダメになってしまうわけではないのだが，ソフトウェアには，それを動かせるコンピュータ環境が必要である。たとえば，依拠しているオペレーションシステム（OS）のバージョンがあがってしまうと，動かなくなってしまうことがある。あるいは，近年の，特に資料等を公開するためのソフトウェアは，システムに潜むバグや不十分な仕様によってセキュリティホールが存在することが少なくない。通常は，それが発見された後，速やかにソフトウェアを開発する企業やコミュニティからセキュリティアップデートが公開され，各自のシステムにインストールできるようになる。しかし，ソフトウェアの設計が古くなってきたりすると，抜本的な設計変更が施され，便利で新しくなるものの，これまでのものからは直接アップデートできないものが開発され公開・販売されるようになる。その後しばらくすると，従来のソフトウェアのセキュリティ対策アップデートは行われなくなってしまう。そうすると，セキュリティホールが開いたままのソフトウェアを使い続けることはできないため，新規ソフトウェアに移行しなければならないことになる。ハードウェア自体の寿命やサポート期間の限界が5年程度であることが多く，これにソフトウェアの寿命も加わるため，結果として，多くの場合には5年程度で抜本的なシステム移行を迫られることになる。

　システム移行のコストは様々である。ハードウェアからソフトウェアまですべてクラウドコンピューティングのような形で請け負ってくれる企業であれば，

契約内容次第では移行のコストはかからないということもあるかもしれない。しかし，なるべく自前で扱おうと思ったり，何らかの独自性を出すことを目指そうとする場合には，一定程度自前でソフトウェアやハードウェアを用意する必要がある。どこまで独自のものでまかなうかということは，そのプロジェクトの方針次第であり，ソフトウェアから自作することもできれば，企業のパッケージを購入してすべてお任せしてしまうこともできる。しかし，来たるシステム移行を考慮に入れるなら，この事柄は，後々に大きな影響を与える判断ということになる。では何かよい方法があるのかと言えば，残念ながら，少なくとも今のところ正解は存在しない。詳しくは後述するが，移行をスムーズにするための方策としてよく挙げられるのは，「ベンダーロックイン」等と呼ばれる特定企業の技術による囲い込みを避けて，なるべくオープンな標準規格・標準技術を採用しているシステムやソフトウェアやサービスを採用すること（あるいはそのようなサービスを提供している企業に依頼すること）である。特定企業のソフトウェア・システムでしか対応できないものになってしまった場合，他に選択肢がないために，移行時にかなりの費用を請求されても支払わざるを得なくなったり，あるいは，企業がそのソフトウェアの開発をやめてしまった場合，他社と一からまたやり直さなければならなくなることもある。いずれにしても，費用がかなりかかってしまうことになるため，「ベンダーロックイン」には十分に注意する必要がある。

　また，たとえば，最近のMSワード（ソフトウェア）とそれを用いて作った文書ファイル（データ）の関係において，MSワードを新しいバージョンに入れ替えても古いワード文書を閲覧更新できるのと同様に，比較的汎用的な作成・アップデートが可能なソフトウェアに比べると，データはその内容に関する専門的個別的な知識を反映したものとして作成されるため，データの作成・作り直しはコストがかかることが多く，専門的であればあるほど，なるべく作り直しを避けるようにした方がよい。そうすると，データの形式をなるべく汎用的なものにしておいて，システムやソフトウェアの移行時にもデータはなるべくそのまま移行できるようにしておくという方法も有効になってくる。詳しくは後述するが，移行のコストに関しても，作成段階，あるいは改良する段階などでいくつかの対策が可能であり，文化に関する専門知識を持つ人々がそこ

に関わる余地も十分に用意されているのである。

1.4 デジタル世界に関する情報収集・共有

　ここでもう一つ前提として確認しておきたいのは，この種の情報の共有が，なかなか容易ではないという点である。この点は，「デジタル世界に伝える」人だけでなく，デジタル世界に伝わったものを利用・活用する人にとってもなかなか容易ではない。

　まず前者について考えてみると，このことについて適切な判断を行うためには，日進月歩のデジタル技術についてある程度の理解を有しつつ情報収集を継続的に行わなければならないが，その一方で，対象となる文化的なものについても一定程度の知識が必要となるからである。とりわけ，デジタル技術の発展の速度には驚くべきものがあり，書籍等の従来的な情報収集手法ではついていくことがかなり難しく，Web上の情報源なども適宜参照していかねばならないという状況である。個別の技術動向についての情報収集が難しいだけでなく，そうした個々の動向が集まって織りなす全体の潮流も見ていかねばならず，これもまたわかりにくさを深めている。こういった情報を日々フォローしていく一方で，文化的なものにおいてそうした技術をどう応用・活用し得るかということについても配慮しておかねばならない。そのためには，扱っているものの特徴についてのある程度の知識が必要になることは言うまでもない。そのような原理的な難しさのなかでの判断が求められるのが，デジタル世界に文化を伝えるという営為なのである。

　一方，後者に関しても，たとえばTwitterやFacebookなどのSNSを見ていると，ほとんど毎日のように世界中のどこかから新たに文化的なものがデジタル世界に伝えられた（≒Webで公開された）という情報が発信されている。利用者としての自分に深い関係があるものもあればそれほど深くないがいつかは役に立つかもしれない，本で言えば積ん読しておきたいような情報もあるだろう。とはいえ，その時々の状況に応じて必要なものを常に適切に探し出すのはあまり容易なことではない。そういった情報を逐次集めてアップデートしてくれているWebサイトなどを把握しておくことが比較的現実的な対応だが，

それを十分に機能させるのはなかなか難しいことのように思われる．

　しかも，規格や技術がアップデートされたり新規に普及したりして便利になりつつあるのだが，中には，その新たなルールを利用者の側でもある程度知っておいた方がよいということになる場合もある．本章の冒頭の例で言えば，DOI はその一例だろう．この枠組みにおいては，DOI の URL さえ提示しておけば，それでデジタルオブジェクトを長期にわたって識別できるとされていることから，DOI が付与されている論文情報や書誌情報のデジタル情報は，ブックマークするにしても，その情報について他の文書等で参照するにしても，アクセスした URL よりもむしろ DOI を記載しておくことが正しい振る舞いということになる．この事例に限らず，デジタル世界では，情報を適切に利用するために踏まえておくべき情報・常識・ルールなどが時々アップデートされてしまうことがあるため，利用者側でも対応を迫られる場合がある．そして，「デジタル世界に伝える」側からすれば，その新しくて素晴らしい何かを利用者にきちんと周知しなければならないということになる．

1.5　まとめ

　ここまでで確認してきたことは，デジタル世界に文化を伝えていくことは常にコストと利便性のバランスの中で実現されていくものである，ということである．そうであれば，具体的には，何をどのようにすればどのように良くなり，どのようにコストがかかるのか，という点を把握しておくことが鍵になる．本書が目指すのは，これを読者の方々になるべく把握しやすい形で提示することで，デジタル世界に文化を伝えていくという営為を少しでもよりよいものにしていくことである．

第2章
デジタル世界への入り口

2.1　2値化・符号化の考え方

　デジタル世界とそうでない世界との間には，いくつかの乗り越えがたい壁がある。触れることのできる固有の現物資料であるかそうでないか，というのはすぐに思い浮かぶ相違点だが，これに関して言えば，たとえば，私たちはモナリザに触れることはできないし，そうでなくとも国宝級の文化財に触れることができる機会はきわめてまれであり，離れたところから視覚で体験することしかできないという場合も少なくない。また，研究でよく利用される古文書・古典籍等の場合には，影印本と呼ばれる，写真製版された本として刊行されていることがあり，現物資料の代わりにこれを閲覧・利用することもある。デジタル世界においては現物資料に触れることができないというデメリットはあるものの，現物資料だからと言っていつも触れることができるというわけではなく，資料によってはまったく触れる機会を得られない場合もある。そのように捉えてみると，この壁は，デジタルかどうかという境界とは少しずれたところに以前から存在しており，乗り越えが困難であるかどうかはともかくとして，私たちはデジタル以前からその壁への対処の仕方を織り込みながら文化資料に接してきたと言えるだろう。

　乗り越えがたい大きな壁の一つは，デジタルの世界では情報が2値化されてしまう，という点である。ただし，ここで注意しておかねばならないのは，2値化，すなわち，1と0の信号に置き換えられる，と言ってしまうと，あたかも文化的なものが機械的に1と0に置き換えられてしまうという印象を持ってしまいがちだが，実際には，その置き換えのルールは人間が決めている，とい

うことである。しかも，情報技術の高度化により，1と0の信号はより微細な単位についての選択に割り当てられるようになってきており，画像や音声・動画等では，1と0という二者択一的なことが行われていることを人の感覚で判断するのは難しくなりつつある。

　文化的な事柄のなかでも，文字に関しては，その識別しやすさという点で若干事情が異なってくる。文字コード，すなわち，文字を1と0の信号に置き換える場合に関しては，その置き換えルール（＝文字コード表）を国際標準化機構（ISO）の専門委員会で各国代表が集まって議論し投票で決まるということになっている。これなどはまさに人間が「文字はどのように区別すべきか」を決めており，コンピュータはそれに従っているに過ぎない，ということになる。ではこのようにして共通に利用する文字を規定してしまうことがデジタルならではのことかと言えば必ずしもそうではなく，日本でも常用漢字表などと言った形で文字の標準化に類することが行われてきており，そのようなものがデジタル世界において大規模にグローバルに行われつつある，と捉えておくとよいかもしれない。

　一方，文字，特に漢字に関しては，私たちは日頃，字形を見て意味を考えながら個々の文字を区別している。活字印刷においてすら字形の揺れが生じるように，文字ごとの形状の相違は細かく見ていくと意外と曖昧になっていることもある。しかし，文字コード表に基づいて文字をデジタル世界に移そうとすると，それをコード表に記載されているいずれかの字体にあてはめて，その字体に割り当てられた番号を利用するということになる。実際のところ，文字を入力してかな漢字変換をするという基本的な操作の裏側ではそのようなことが行われているのである。しかし，いずれかの字体にあてはめようとすると，部分的には字体Aの字形Zに似ているが，他の部分は字体Bの字形Xに似ている，ということになってしまってうまくあてはまらない場合がある。あるいは，字形としては違いがあるにもかかわらず，同じ字体とみなしている場合も少なくない。既存の資料に登場している字形を文字コード表に当てはめていこうとしたとき，私たちは，文字をどのように区別して認識してきたのか，そして，本当にその区別を共有できてきたのか，ということを改めて問われることになるとも言える。このことは文字に限らず，アナログな文化資料をデジタルに移そ

うとした時には様々な局面で出てくるだろう。たとえば、改行が行われていない古典籍の文章に段落をつけようとするなら、どこからどこまでが段落と言えるのか。そして、段落を段落として明示しようとするなら、そもそも段落とは何を意味する情報なのか。デジタルに移すにあたり、一つひとつの情報が明示的に記述されるたびに、そのような検討が必要になっていくことがある。

さて、文字コードにおいて字体に番号を振ることで1と0の信号におきかえる行為は符号化（encoding）と呼ばれるが、文化資料をデジタル世界に持ち込むという文脈では、この符号化という言葉は、文字のデジタル世界への置き換えだけでなく、テクストにおける段落や文、単語、あるいは異文の存在を記述したり、楽譜を資料としてコンピュータ上で記述するといった場合にも用いられる。詳しくは後述するが、このような場合にも、やはりその符号化のルールを決めるのはそれについてよく知る専門家コミュニティが中心となっていることが多く、そこではやはりコンピュータではなく人の判断に基づいてルールが策定されているのである。

以上のことを踏まえて押さえておきたいことは、デジタル世界への乗り越えがたい壁は確かに存在し、特に符号化に関するルールについては原理的には個人の力で乗り越えるのは難しく、あるいは不可能な場合もあるが、それでも、人の手で決められたルールであってコンピュータが機械的に決めたものではない場合が多い、ということである。

2.2 どの程度まで詳細に記述するか

デジタル世界に文化的なものを移すための基本的な手順は、すでに用意されている何らかのルールに従って1と0の2値に変換することである。ここまで述べてきたように、それぞれの分野・対象ごとに様々なルールが用意されている。文字情報であれば、とりあえずは何らかの文字コード表に沿って文字を入力していくことになる。それは、実際の作業としては、文字入力を行い、かな漢字変換ソフトで適切な漢字に変換する、という、比較的わかりやすいプロセスを経ることになる。あるいは、画像や音声、動画等であれば、それぞれ、カ

メラや録音機器，ビデオカメラ等を使って記録すれば，裏側では，標準的なフォーマットに変換してくれるのが一般的である。

　文字資料にしても，それ以外の様々な資料にしても，粗密があり，密にするほどコストがかかることが通例である。文字資料であれば，漢字の文字種は現在の Unicode においてはきわめて多く収録されており，さらに，字体として同じとみなしたものでも字形が異なるものを区別する仕組み IVS（Ideographic Variation Sequence）（図 2-1）が用意されていることから，10 万を超える字形が入力できるようになっている。しかし，そのすべてに対応させるべく字形を入力しようとすると，かなりの時間がかかってしまいそうである。所要時間はコストに直接反映することから，字形を細かく区別しようとするとそれだけコストがかかると考えておくのが一般的である。ただし，使える字体・字形を限定するということは，似た字形を一定の幅で統合しなければならないため，むしろ統合について検討するためのコストが多くかかってしまうという面もある。この場合には，字形が異なるが同種の字体として統合すべきかどうか疑わしい字形が登場するたびに，それを統合すべきかどうかの検討を行わねばならず，また，文字を入力する際に常にその情報を参照しながら入力していく必要がある。

　一方，文字種を限定しない方が手間がかからないという考え方もある。現在の Unicode における収録文字の数を考慮すると，デジタル入力の対象となる字形をかなり細かく区別することが可能となっている。このことは，文字を探す手間が増えることになる一方で，似たような字形を同一の字として統合すべきかどうかについて検討することや，それに基づいて作成された文字対照表のようなものをチェックする手間は減ることになる。したがって，IVS も含めた Unicode の文字を探し出す手間を軽減する方法を用意できる場合には，作業内容や分量によっては，むしろ字体・字形を限定しない方が所要時間を短く済ま

53F7　　　号　　　号

　　　　E0101　　E0102
　　　　Moji_Joho　Moji_Joho
　　　　MJ008047　MJ057144

図 2-1　IVS によって表現可能な二種類の「号」の字形

せることができる場合もある．そのようなことから，字形の区別に関しては，ケースバイケースで考えていく必要もあるだろう．

　また，あくまでも上述のようなコストを勘案しながらの話になるが，文字をデジタル入力する際には，なるべく細かく区別して記述しておくという方向も検討しておくべきである．文字の微細な区別は，それが何かの意味を持たされている場合もあれば，何らかの無意識的な事象を反映している場合もある．デジタル入力する側が気づいていないとしても，利用者側，あるいは，将来の利用者がそれに気がつくことがあるかもしれない．目の前のデータだけでなく，他で蓄積されたデータと組み合わせることで発見される新しい事実があるかもしれない．一方，字形の細かな相違を区別せずにデジタル入力すると，その違いを後から入力することになった場合，最初からほとんどやり直しということにもなりかねず，膨大な労力が必要となってしまうこともある．時間や費用などのコストの見合う範囲で，ということにはなるが，なるべく入力時点では細かな区別を再現できるようにしておきたい．その際には，上述のように，字形の違いを統合するコストとの比較も考えておきたい．

　元になった資料の微細な違いをどこまで詳細に記録・記述しておくか，という課題は，字形の違いに限ったことではない．たとえば，デジタル入力しようとしているテキストの中に「信長」という文字列が出てきた場合に，これが「織田信長」という人物のことであるという情報を何らかの方法で付与しておけば，検索が非常にしやすくなる上に統計調査や視覚化にもつながるため，そのような情報を記述するための手法がいくつか用意されている．そういった情報を付与するにも，ある程度までは自動的に対応できると期待したいところだが，正確さを期するなら最終的には人の目で判断しなければならないことになる．そうすると，自動的に情報付与するためのコストだけでなく，内容を見て判断できる人の人件費，あるいは，その人が時間を費やすことも考慮しなければならない．文字の形の差異を記述しようとする場合と同様に，詳細にすればするほど利便性は高まるがコストもあがる，ということになる．

　あるいはまた，書籍・古典籍・古文書などの静止画像のデジタル撮影においても同様のことが言えるだろう．高級なレンズを備えた高解像度のカメラを用意し，限りなく平面にして，細かな凹凸までも表現できるように撮影すること

2.2 どの程度まで詳細に記述するか | 15

ができれば比較的望ましい状況であると言える。微細な情報がデジタル世界においてもきちんと認識されるようになれば，それがいつか新しい発見につながることがあるだろう。しかし，機材を高性能なものにすればするほど，手間をかければかけるほど，撮影にかかる費用が高騰してしまう。あるいは，表面に触れることが許されない貴重資料であれば，ガラス板で圧着する等の方策がとれないため，資料をなるべく平面にしようとするだけで時間がかかってしまい，その分の人件費がかさむことになる。画素数を増やすとデータもどんどん大きくなってしまい，管理もなかなか容易ではない。8,000万画素のカメラで撮影するとTIFF画像1枚あたり250MBというサイズになる場合もある。専門企業に依頼する場合も，機材と資料の状況に応じて費用は大幅に変わってくる。デジタル撮影のところに費用をかけすぎると，メタデータ作成や翻刻付与などの他の工程に手間をかけられなくなってしまったり，利用料を徴収する場合には不当に高いように見える金額になってしまったりするなど，何らかの形で他のことにしわ寄せがいってしまい後々に禍根を残すこともある。それゆえ，特別な理由がない限り，その時点でコモディティ化した機材と手法を使っておくのがよいだろう。

　もう一つの観点として，「その資料がどれくらい貴重か」という観点もある。現在ヴァージニア大学図書館長を務めるJohn Unsworth博士は，2011年に東京大学で行った講演[1]で，(A)複製が大量に存在するものか，(B)希少なものか。そして，(1)利用頻度の高いものか，(2)低いものか。という二つの軸を提示したうえで，デジタル化（ここではデジタル代替物（digital surrogate）と呼んでいる）のあり方を検討している。複製が大量に存在していて希少ではないが利用頻度が高いものの場合(A-1)には，保存という観点からはデジタル化の意義はそれほど高くないが，利用者に提供するためのコストを下げ，結果的に利用されやすくなるという観点で意義があるとしている。希少ではなく利用頻度も高くない資料の場合(A-2)には，利用者に提供するためのコストを下げるとともに，デジタル化した場合の必然的な副産物としての検索サービス等によって利用頻度を高める可能性もあるとしている。希少であり利用頻度も高いものの場合

1：「デジタル化と人文学研究」http://21dzk.l.u-tokyo.ac.jp/CEH/index.php?Unsworth

(B-1)には，デジタル化したものを提供することによって現物の劣化を防ぎつつアクセス性を高めることができる。そして，希少であり利用頻度が低いものの場合(B-2)には，希少であるがゆえにデジタル化のコストがかかるため，そもそもデジタル化されにくいが，デジタル化によって発見性が高まり，結果として利用頻度が高まることもあるだろう，としている。記述の詳細さという観点からすると，利用頻度が高いものほど，デジタル化に際して詳細に記述された情報の利用頻度も高まるのであり，結果としてその意義は高いということになるだろう。一方，利用頻度が低いものは基本的に詳細な記述を付与する価値を高く評価することが難しいが，記述を詳細化して発見性を高めることによって，利用頻度を高めることもできるかもしれない。むしろこのケースにおいてこそ，デジタル化の潜在的な意義が大きく期待されるところである。

2.3 事業としてのライフサイクル

ここまで，デジタル世界に文化を移すという取り組みにおけるコストと成果のバランスを考慮する必要性について検討してきたが，それでは，そのコストはどのような枠組みで考えるべきだろうか。これについては，事業として収支を考えると比較的捉えやすく対処しやすい。助成金のようなものが出ている事業であればその助成金の期間でバランスを考えればよいだろう。あるいは，組織や機関としての取り組みであれば，それが存続し得る期間で考えることができる。研究者による個人的な取り組みが核になっている場合にはライフワークのような長さで考えてみてもいいだろう。

助成金の範囲で考えるのであれば，話はシビアだが単純である。助成金を受け取る期間が終わる頃に何らかの成果が出ていることを想定し，そこから，その成果に向けて作業内容と使用可能な予算を勘案して逆算して計画を組み立てていくだけである。想定する成果は必ずしも具体的なものである必要はないが，助成金を支出した組織・人に対してその意義をきちんと説明ができるものであり，かつ，その助成金のために作成した事業計画書にしたためた内容を実現している必要がある。なお，助成金のための事業計画を立案した時点では実現可能性が十分に考えられていないこともあるため，実際の計画を立てる際にはそ

の点もよく考慮しつつ，実現可能な計画へと落とし込む必要がある．その過程で，目標をよりよく達成できるようにするための取り組みにコストを大きくかけ，そうでないところにはあまり大きなコストをかけない，というような形で事業の大枠を作っていくことになる．たとえば，画像の細かな部分まできちんと見えるようにするために高性能な撮影機材を使用して丁寧なデジタル撮影を行うことを専門企業に依頼したなら，そこに大きく投資した分，たとえば，公開用システムにはそれほど大きなお金をかけず簡素なものにする，といった形になる．あるいは，翻刻テクストをなるべくきちんとつけて検索や内容分析などの利便性を高めることを目指すなら，テクスト入力や校正等にコストをかけることになる．その分，たとえば，デジタル画像に関してはそれほど高精細でないものとし，そこでコストを低く抑えるという選択肢もあるだろう．そのように決まった期間内に効率的にコストをかけていくことを実現可能な範囲で考えていくことが重要である．また，助成金が終了した後にも何らかの形で成果が継続的に利用されるようにすることも考慮しておく必要があるが，それについては後述する．

　組織や機関が存続する期間を前提としてコストを考える場合には，少し話が変わってくる．もちろん，外部からの助成金を受けた上で行う場合もあるが，より長い期間で事業を遂行することができるため，たとえ一時的に助成金を受けたとしても，それが終了した後にも継続的に取り組んでいくことを前提として計画を立てていくことができる．この場合には，その組織・機関が掲げる目標や社会的役割に合わせつつ，その都度の情報技術の水準を考慮してデジタル世界へ移していくための具体的な計画を用意することになる．ここでも重点項目とそうでない項目との間でかけるコストのバランスを検討することになるが，たとえば，専門的過ぎてあまり担当者の人数を増やすことができないような事柄に関しては長い時間をかけて細々と続けていく形にしたり，近い将来の技術的進歩によって機械化されてしまいそうなことはいったん保留にしておいたり，成果として提示しやすい事柄に取り組む時期を調整して成果発表をしなければならないタイミングに合わせたりするといったことも考慮する余地が出てくる．また，この場合にはシステム更新が必ずついてくることになるので，それに対応できるような体制も必要である．たとえば，更新しやすいようなシステムや

データ形式を採用すること，データについての説明をきちんと文書化して共有できるようにしておくこと等である。ただし，そのような工夫によってコストを削減できたとしても，やはり予算や人員をある程度かけなければうまくいかないことであるという点には留意しておきたい。

　研究者等の個人によるライフワーク的な取り組みとして考える場合には，時間の捉え方は組織や機関の場合とやや似ているが，合意形成の必要性が大きくないため，それに伴う相違点がある。誰に，何を，どのように届けたいか，ということのすべてを自分で決めることができるという前提で取り組みを進めることになる。デジタル世界で24時間365日，誰でもアクセスできるようにして，それもなるべく便利に利用してもらえるようにしたい，と思う人もいるだろうが，一方で，いつでもアクセスできる必要はない，アクセスできる人は限定的に，利便性はそんなに追求しなくてもよい，等といった様々なバリエーションがあり得る。さらに言えば，組織であれば社会的責任として持続可能性についても考慮する必要があるが，個人の活動としてのライフワークの場合，その点についても，本人が希望するかどうかにかかっている面がある。紙媒体において著書が国立国会図書館に永続的に保管されて閲覧可能になることに比べると，デジタル世界に情報を移したり，そこで情報発信したりすることは，著者の意向をより強く反映できる面があるという捉え方もできるだろう。手続き的な面から考えるなら，自らWeb公開しておくとともに，再配布可能な利用条件を付しておけば，自分で公開できなくなったとしてもどこかで公開され続ける可能性を残しておくことができる。さらには，比較的永続性が高いと思われるリポジトリ等にデータを寄託してしまうという手もある。いずれにせよ，何らかの理由で活動をやめてしまった後にどうなるかを考えておく必要はあるだろう。

　自分の活動が終わっても成果は共有され続けるようにしたいかどうか，その点はライフワーク的な取り組みを着実に進めていく上では重要なポイントである。ライフワークは急にやめることになる場合もあるので，その場合にも成果をある程度は残していけるようにするのであれば，助成金の場合と同様に，一定の期間で公開可能な成果を出すというサイクルを繰り返していくか，あるいは，途中経過も含めてすべて公開しながら取り組みを進めていく，といった何らかの方策が必要だろう。後者に関しては，最近は，オープンソースソフトウ

ェアの開発のために開発・運用されているデータ共有サイトである GitHub など，デジタルな作業の途中経過を共有するための便利なシステムが登場しているので，そういったものを利用することで大きな手間をかけずに実現することが可能である．

　いずれにせよ，ライフワーク的な取り組みの場合には，本人の労力のみで細く長く続けることができるのが魅力であり，多少の無駄も含め，全体として，自由に色々な可能性を考えてみたいところである．

第3章
利便性を高めるには？

　デジタル世界に文化的なものを移していく場合によく問われるのは利便性である。残念ながら，現物，あるいはアナログの資料に長く接してきた人にとって不便になる点が生じるのを完全に避けることはできない。しかし，それをなるべく避けつつ，デジタルならではのメリットを生かして利便性をより高めることは可能であり，デジタル化するのであればなるべくその方向を目指すべきである。それは，利便性を高めること自体に価値があるだけでなく，デジタル世界では維持にかかる費用が一定程度必要であり，利便性の高さへの認識が共有されることによってそのためのコスト負担に対するインセンティブが維持される可能性が高まるからでもある。

　ここでは，この利便性の追求を二つの観点から検討してみたい。一つは，情報技術の発展への対応という観点であり，もう一つは，利用者のニーズに基づく観点である。前者は，日進月歩の情報技術がもたらす利便性をいかにしてうまく反映するか，という課題につながっており，後者は，様々に異なる利用者のニーズにどのようにして適切に対応するか，という課題として捉えることができる。

3.1　情報技術の発展への対応

　特にWebが普及して以降，情報技術の発展には目を見張るものがある。様々な技術がWeb上に構築された様々な規格やプラットフォームを利用して開発され，それについての情報共有もソースコードを含めてあっという間に広がってしてしまう。文化資料関連でも，たとえば2011年頃にプロジェクトが始

まったIIIF（International Image Interoperability Framework，トリプルアイエフ）は，2018年にはすでに米英仏独日をはじめとする世界の多くのデジタル文化資料公開機関で採用されるようになるなど，新しい技術や規格が広まる速度が高まりつつある。デジタル技術を介した多様な共同事業が国をまたいで様々に展開され，人材も流動するようになり，デジタルツールを介した日常的な共同作業も広がりつつあることから，文化機関同士の国境を越えた協調的な動きが速くなってきていることも背景にある。デジタル世界での文化資料には，国際的に共通化することで効率化したり低コスト化したりすることが可能な面が，技術としても業務の進め方としても様々に存在することが近年の国際的な協調の動きにつながっている。日本の文化機関も予算的に潤沢ではないため，こういった動向に何らかの形で対応していく必要があると思われる。最近の例で見れば，IIIF に関しては日本でも関係者の努力により比較的諸外国に遅れることなく対応が進められつつあるように思われるが，文化的なものをデジタル世界に移すにあたっての日本での一般的な仕事の進め方を考えると，このような流れについていくのは時としてなかなか難しい判断を要求されることになる。

　日本の多くの文化資料を扱う機関では，通常，何かをデジタル化して公開する事業を行う場合，企画・予算化・予算獲得・仕様策定・発注・構築・納品検収・公開，といったステップを踏む必要があるため，はやくても1年，通常は2〜3年を要することが多い。これに関して，図3-1を見ながら確認してみよう。文化機関においては，あまり広まっていない技術を採用してしまうことは高コスト化につながる上にユーザの認知度が低く利便性が低いと判断されてしまう危惧も生じるため，一般的によく使われるようになった技術を用いてデジタル化・公開を行うことになる。そこで，企画の時点では，技術Aや技術Dがよく使われているため，とりあえず技術Aと技術Dを採用した企画を立てることになる。しかし，発注したり構築を開始したりする時点では，技術Bもほぼ使えるようになっている一方，技術Dはやや普及しなくなってきており今後がやや心配されるが，この時点ではまだ大丈夫である。そうすると，発注・構築時点である程度の変更が可能である場合には，技術A，B，Dを用いたシステムを構築し始めることになるだろう。しかし，この時点で急速に広がろうとしている技術Cはまだ一般化していないので採用を見送るというのも

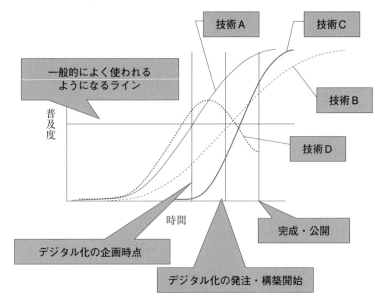

図3-1　デジタル化公開事業のスケジュール感
▶「技術」は適宜「規格」「サービス」等にも読み替えて考えてみていただきたい。

通常の判断である．そして実際に公開した時には，実は技術Dはもう完全に下り坂で一般的なパソコン環境では使えなくなってしまっていることもある．一方，技術Cは急速に普及して，技術Bを凌駕してしまうほどである．そうすると，完成・公開時点では，すでに使いにくいものになってしまった技術Dを用いつつ，よく使われている技術Cは採用されていない，という若干ちぐはぐなものを公開してしまうことになるのである．継続して使われる技術Aや技術Bのようなものであればちょっと古いということで済む話だが，公開前に新しい技術に置き換えられてしまったような場合には，せっかく公開したシステムがかなり早い段階で古くさいものになってしまい，利便性が低いとみなされてしまうこともある．このような事態を完全に避けることは原理的に難しい面があるが，対症療法的にでも何らかの工夫をしてみることは可能である．

こうした状況にならないように国内各機関の足並みをそろえる，という発想をすることもあるかもしれないが，デジタル技術に関しては，多くの利用者は

グーグルやアマゾンをはじめとする海外の使いやすい仕組みにダイレクトに触れているため，国内だけで足並みをそろえてもあまり意味をなさないということになりがちである．そうすると，企画時点か，あるいは発注・構築開始の時点で，完成・公開時点での技術的な状況についてある程度の目算を立てることができると望ましいということになる．ただし，企画時点での方針を発注・構築時点で変更できないという状況は可能なかぎり避けねばならない．というのは，上記の図で言えば，技術Cの登場も技術Dの凋落も企画時点ではほとんど予測できない上に，予測できたとしても説得力をもって企画に組み込むことができないからである．それでももし事業遂行上そのようにしなければならない場合には，技術Cや技術Dのような状況があり得ることを企画時点でなんとかして組み込んでおくしかないだろう．

　発注・構築開始時点での技術Cや技術Dのその後の予測に関しては，技術動向をきちんとフォローできていればそれほど難しくない場合もある．1年後にどの技術がかなり廃れてどの技術が広まってくるか，ということについては，海外の複数の有力文化機関の動向を押さえておけばなんとなく見えてくるだろう．というのは，海外の有力文化機関では，エンジニアを内部で雇用したり，技術の方針を立てるための技術系の専門家を内部において，システムを内製したり，そのシステムを実現するためのソフトウェアまでも内製してフリーソフトとして配布してしまったりすることが多くなってきており，そして，そういったものを世界の文化機関が採用していくという流れが強くなってきているからである．さらに言えば，そのような場で活躍しているエンジニアの動向を押さえておくことで，各機関がどのようなことを今後しようとしており，どのようなトレンドになっていくかということは，よりくっきりと見えてくるだろう．

　ただ，ここでまた一つ問題になるのは，そのような情報の収集に関する難しさである．海外の有力文化機関では，デジタル文化資料に関わる様々なオフィシャル・アンオフィシャルな会合を世界各地で開催して交流と情報共有を図っており，そこに集まったエンジニア達は，その成果を自分の機関に持ち帰って，自らの事業のポリシーや内容に反映させたりするようになってきている．そこで，そのような場に出向いて一緒に話をすることができれば最も簡単なのだが，残念なことに，この種の仕事のカウンターパートにあたるコミュニティが日本

にはほとんどなく、したがって、そこに日本人が参加するどころか、そのような会合の存在を知ることすらなかなか容易ではないこともある。図書館や博物館、美術館、文書館等でデジタルを専門として担当している人がいればそこに参加することができるかもしれないが、たいていのやりとりは英語であり、会合は主に欧州か北米で行われるため、旅費もかさんでしまう。ただ英語ができる人を派遣すれば良いというわけではなく、技術的なことを相当程度理解できる人でなければ、日本に持ち帰ってもうまく情報共有することができない。この点は多くの機関にとって対応が容易ではないと思われるが、しかし、今後ますます重要になっていくことが予想される。

　なお、海外での会合に参加せずとも、この種の会合の成果がある程度まとまってきた段階では、日本にて日本語でもある程度は得ることができる。現在のところ、比較的安定した情報源としては、国立国会図書館のカレントアウェアネス・ポータル[1]やメールマガジン『人文情報学月報』[2]等がある。カレントアウェアネス・ポータルは海外の情報も簡単な紹介とともに情報元URLを提示してくれるため、これをリンク先も含めて常に丁寧にチェックすることができれば、情報としてはかなり豊富なものとなる。ただ、リンク先の、主に英語で書かれた様々な技術的・文化的背景知識を必要とする情報を読み込んで十分に理解するためにはその方面の知識をある程度持っていなければなかなか容易ではないだろう。一方、『人文情報学月報』は月一回の刊行であり網羅性は高くないが、海外のデジタル文化資料の構築・活用に関する様々な事例が日本語で紹介されることがあり、当事者が執筆したものが和訳されて掲載されることもあるため、比較的理解しやすいときもあるだろう。

　とは言え、やはり海外各地でのこの種の会合での検討状況を適切なはやさで共有することが今後の全体の効率化のためには必要であり、この件については、日本語文化圏として何らかの形できちんとした体制作りを早急に行っていく必要がある。

1：カレントアウェアネス・ポータル http://current.ndl.go.jp/
2：メールマガジン『人文情報学月報』http://www.dhii.jp/DHM/

3.2 ユーザのニーズへの対応

さて，新しい技術にただついていくだけではユーザのニーズとかけ離れてしまう場合もある。ユーザのニーズと新しい技術をどのように対応づけてデジタルへの移行を行うか，そしてそれを維持していくか，ということは重要な課題である。ユーザのニーズとして検討すべき方向性として，ここではまず二つの観点から考えてみたい。一つは技術の発展との関係である。そしてもう一つは，対象となる文化資料についての関心の深さの違いとの関係である。

3.2.1 技術の発展とユーザのニーズ

ユーザのニーズと言えば，ユーザ自身が自覚的に要求する利便性がまず挙げられる。個々の技術だけでなく，様々な技術を組み合わせた形でのサービスといったものもそこには出てくるだろう。これは，基本的には，ユーザ側が知っている技術やサービスが実現されているか，実行可能かどうか，という観点から判断することになる。ただ，ユーザのニーズということを考える時には，多くのユーザはまだ自覚できていないが，その都度の技術水準と費用対効果から見たときにごく近い将来に実現可能と思われる技術やサービスへの配慮も必要である。3.1の図で言えば，企画時点での技術 B，発注・構築開始時点での技術 C といったものがそれに当たる。これは，潜在的に要求される利便性ということもできるだろう。

これについてもう少し具体的な事例で考えてみると，たとえば，Web で資料の全文検索ができれば便利だ，ということは，Google をはじめとするこれまでの様々な Web 全文検索エンジンが提供する利便性のおかげでほとんどのユーザが知っていることであり，これが実現できていなければ要求され，実現できていればその面での利便性が確保されていると認識される。これに加えて，現在では，たとえば Google の全文検索では新字旧字の違いなどの異体字は一緒に検索されるようになっている。そのように広く使われる一般向けのサービスで提供されるようになった機能は，やはりユーザが希望する機能の一つとしてリストアップされることになる。あるいは，Web で画像を閲覧する場合に

は，最近ではサムネイル画像を検索結果として表示しつつ，どれか一つを選択すると自由に拡大縮小できる高精細画像が表示されるという機能が一般的になってきている。そうすると，Webで高精細画像を自由に拡大表示できる機能はユーザの要求リストに入っていき，利便性を実現する要素の一つとして認識されるようになる。

　ユーザの考える利便性は，このようにして，技術の進展と普及を追いかける形で認識が広がっていく。それは，言い方を変えると，認識していない利便性については利便性として認識できないということにもなる。たとえば，異体字を一緒に検索できる機能は，最近は十分に普及したために，当たり前であるかのように認識されることも多く，テクスト入力をする際にも新字と旧字を混在させても問題ないから，むしろ原資料に忠実に記述しておこう，ということになっている。また，異体字を同時に検索することとは別に，必要であれば個々の文字についてもそれぞれ検索してみるという作法が認知されるようになっている。しかし，異体字同時検索機能が広まる以前は，たとえWeb公開用であっても，テクストデータを作成する際には検索を確実にするために新字か旧字のどちらかに統一する必要があるという理解が一般的であったように思われる。一方でまた，異体字を同時に検索してしまうことで利用者が何らかの誤解をする危険性があるのではないかという指摘もあった。

　同様のことは，高精細画像の拡大表示に関しても見られた。画像の拡大表示は不要だ，という声を，かつては時折聞くことがあった。理由としては，操作が若干複雑になることであったり，拡大できたからと言ってもしょせんは現物資料ではない，といったようなものであったと記憶している。これについても，様々な機関のサイトから拡大表示可能な高精細画像が公開されるようになったことで，利用者の間でのこの種のものの操作性への理解が深まったことや高精細画像を部分的に拡大して詳細にWebで確認できることの長所についての認知が高まったことなどから，現在ではユーザが求める利便性リストの一角を占めるようになっている。

　このようにみてくると，ユーザが要求する利便性は，あくまでもユーザが認知している範囲での利便性ということになる。そして，通常，個々のユーザの認識には大きなばらつきがあり，声の大きなユーザの意見が支配的になりやす

いという面はあるものの，多くの人がまだ知らない機能は利便性として認知されにくいということになる。しかし，そのようなユーザの認識に頼ってしまうと，なかなか利便性を高める方向には進まない場合もあり，さらに，前節で述べたような，情報技術の発展と事業遂行プロセスのギャップという問題もからんでくる。

　ユーザにはまだ十分に認知されていないが，技術水準的にも費用対効果としても十分に実現が可能であり，明らかに利便性を高めることができる技術や機能が存在するという状況，つまり，前節の図での企画時点での技術Bや発注・構築時点での技術Cのようなものは，デジタル化に際してはしばしば登場する。上述の漢字の異体字同時検索や，高精細画像の拡大表示などは，ある時期，まさにそのような位置づけだった。そのような技術のうちの多くは，その後さらに広まっていき様々な場面で使えるようになっていく。さらに時間を遡るなら，現在は当たり前のように使われ多言語環境の実現の基盤になっているUnicodeもまた，1990年代後半にはまだ十分に利用されず，また，現在はデジタルインフラの基盤となっているWebでさえも，90年代半ばにはまだ懐疑的な向きも多かった。しかし現在では，Web上で多言語を自在に操作できる環境の利便性を私たちはユーザとして広く享受しており，それができないという状況があれば不便であると認識する視点を持つことができるようになっている。あるいは，デジタルインフラ上の情報資源のすべてがユニークなIDを持ち，それらが相互に部分単位でリンクできる環境の利便性はユーザの間でも徐々に共有されつつあり，それをいかにしてうまく活用するかという議論はユーザとしても積極的に取り組むことができるようになってきている。一方で，ユーザが認知できる利便性だけでなく，将来ユーザが認知してくれることが見込まれる利便性についてもある程度配慮した上で事業を進めていくことも時として必要である。前節でも述べたように，現状では，そのための情報収集・情報共有の手段が十分に整備されているとは言えないが，それを可能にする枠組みも徐々に整備していく必要があるだろう。

　ただし，この種の事柄で気をつけなければならない点として，前節の図における技術Dのように一度は一般にも広まったものであればまだしも，鳴り物入りで登場し，十分に広まることが期待されながら，実際にはそれほど広まら

ずに消えてしまったり，あるいは，消えるとまではいかずとも，うまく広まらずに長い間高コストなままにとどまってしまう技術もあるということがある。一例としてよく挙げられるのは JPEG 2000 という画像フォーマットである。これは ISO/IEC 15444-1:2000 として国際標準規格にもなったものであり，広く用いられる JPEG フォーマットの問題点を解決すべく，画像に圧縮をかけてサイズを小さくした後に元のサイズに戻すことができる可逆圧縮を可能にするとともに，非可逆圧縮においては圧縮率をより高めることもできるようにした規格である。登場した当初は急速に普及することが期待され，超大規模画像リポジトリを運営しなければならない国立国会図書館をはじめとする国内外の一部の機関で導入された。しかし，画像を処理するためのソフトウェアの開発が難しく，結果的に有料のものと自由に使えるものとの性能差がかなり大きくなってしまい，それなりの費用を出さなければ効率的に利用することが難しいということになり，いまだにそれほど普及していないという状況に陥っている。画質を落とさずに大量画像を保存しておくという目的は十分に達成したと思われるものの，処理ソフトウェアの開発の困難さは，MS Windows で標準対応しなかったこととあいまって，画像閲覧時にはいったん JPEG 等のよく用いられる画像形式に変換しなければならず，しかしその画像変換に時間がかかるために画像配信数に制限をかけなければならないということになり，結果として，画像の配信・表示において利便性を損なう場面も見られた。つまり，ユーザから見ると，超大規模画像リポジトリが実現されたという点では利便性が高まったものの，実際の画像閲覧に際しては利便性が低い状態になってしまったのである。とはいえ，JPEG 2000 は規格としてなくなったわけではなく，依然として十分に普及しているとは言えない状況であるものの，10 年以上の時間をかけて，画像処理技術の発展やコンピュータの高速化に伴い，少しずつ改善に向かってきていることにも留意しておきたい。つまり，前節の図で言えば，公開後かなりの時間を経てその利便性が認知されることになる可能性もあると言える。

3.2.2　ユーザの関心の深さの違いと利便性

文化的なものをデジタル世界に移していくにあたってその利便性を考えるな

ら，避けて通れない課題の一つは，その対象についてのユーザの関心の深さの違いである。その対象について関心が深ければ深いほど，より詳細な情報が有用になり，また，より他の関連情報とのより深い連携も有益なものとなる。関心の深さに対応すればするほど，それに対応するユーザの数は少なくなっていくが，一方で，研究者をはじめとする専門家は，それを元にして新たな知識を創り出して社会に還元してくれるという役割を担っているため，ユーザ数が少ないとしても社会的な有用性をそこに見いだすことは可能である。それについての議論は後述するとして，ここではまず，ユーザの関心の深さの違いと利便性という点について検討してみたい。ここでは『中論』というインド仏教哲学文献を事例として取り上げてみたい。なお，これに注目する理由としては，たとえば，日本にも貴重な資料が存在してすでにそのうちの幾分かはデジタル化公開されていること，千年以上前のものを含む様々な言語の多様な関連資料が世界中の文化機関に保管され，それもまた幾分かはそれらの機関からデジタル化公開されていること等が挙げられる。つまり，世界中に分散した多言語資料を一元的に扱う必要があり，貴重な資料の一部が日本にも伝統的に保管されていながらデジタル化公開もされつつあることが，デジタル世界に文化資料を移していく上で重要な様々なテーマを内包しているからである。

　『中論』は，インドで2〜3世紀頃に活躍し，高等学校の教科書にも出てくるほどに重視されてきた仏教僧ナーガールジュナ（龍樹）による著作であり，インドのみならず東アジア・チベットの仏教や思想一般にまで広く大きな影響を与えた大乗仏教思想の代表的な書物である。ナーガールジュナ自身が書いたものは失われているが，大乗仏教を信仰する各地で書写され，翻訳され，サンスクリット語のみならず翻訳されたそれぞれの言語においても様々な注釈書が著わされてきている。とりわけ，中国，チベット，日本における翻訳による注釈書はかなりの量が現在にも伝えられている。日本には中国語訳の貴重な資料も各地に残されており，時代を遡って思想を研究する上では欠かせないものとなっている。その広がりの一部を以下に示しておく。

　図3-2のうち，「Mūlamadhyamaka kārikā」というのが『中論』であり，それが書写（scribe）され，注釈（interpretation）され，翻訳（translation）され，

30 | 第3章 利便性を高めるには？

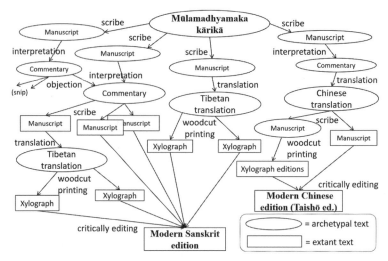

図3-2 『中論』が持つ広がり

現在まで保存された資料（extant text）を用いて現在皆が読める形のサンスクリット語・中国語訳のテクストへと編集され，共有されているということを示している。研究としてきちんと取り組もうと思うなら，このような状況を念頭に置きつつ『中論』のデジタル画像を見ていくことになる。

この『中論』に関連する資料のうち実際に現在デジタルで比較的容易に閲覧できるものとしては，たとえば慶應義塾大学斯道文庫にて公開されている宮内庁書陵部収蔵漢籍集覧[3]では，中国の宋代に木版で印刷された「宋版一切經」の中で『中論』やその注釈書の画像を閲覧することができる。あるいは，万暦版大蔵経（嘉興蔵／径山蔵）デジタル版[4]では，東京大学総合図書館に所蔵されている明代末から清の初期にかけて木版印刷された画像が上述の IIIF に対応する形で公開されており，ここでもそれを見ることができる。国立台湾大学図書館[5]では明代に木版印刷された仏典の叢書を PDF で公開しており，ここにも『中論』等の画像が含まれている。国文学研究資料館の新日本古典籍総合デー

3：http://db.sido.keio.ac.jp/kanseki/T_bib_search.php
4：https://dzkimgs.l.u-tokyo.ac.jp/kkz/
5：http://buddhism.lib.ntu.edu.tw/DLMBS/index.jsp

タベース[6]でも，善通寺所蔵の江戸時代に木版で出版されたとおぼしき木版本のマイクロフィルムによるモノクロ画像をデジタル化した『中論』画像が閲覧できる。フランス国立図書館のデジタルリポジトリ gallica[7]では，10世紀頃の書写とされる『中論』写本の断片が複数閲覧できるようになっている。龍谷大学図書館[8]から公開されているカラー画像は江戸時代の木版本のようだが，朱引きがなされており，当時どのように読まれたかを伝える資料としても有用である。国立国会図書館[9]では，古典籍としては公開がないものの，昭和初期に刊行された和訳を著作権保護期間満了に伴ってデジタル画像公開しており，やや硬い日本語ではあるものの，日本語でも読めるようになっている。一方，『中論』が元々書かれたサンスクリット語の資料に関しては，たとえば，『中論』をほぼ完全に含む7世紀頃の注釈書が東京大学東洋文化研究所の南アジア・サンスクリット語写本データベース[10]で閲覧できるようになっている。9世紀頃に作成されたチベット語訳に関しては，Buddhist Digital Resource Center[11]において複数種の木版のデジタル化画像が閲覧できる。以上はWebで表面的に探して発見されたものだが，『中論』は重要な著作として各地で所蔵されており，これ以外にも様々なサイトで公開されているものと想定される。また，『中論』やその注釈書に関しては，テキストデータベースもそれぞれの言語で公開されており，検索や簡単な分析もWeb上でできるようになっている。

　このように，『中論』の研究に利用可能なデジタル化資料は各地で様々に公開されるようになっている。とはいえ，現在のところデジタル世界だけでは『中論』研究を完結させることはできず，デジタル世界は研究にかかる手間を多少便利にするということに資するのみであることには留意しておかねばならない。それを踏まえた上で，『中論』デジタル化資料をめぐる利用者のニーズについて検討してみよう。

6：http://kotenseki.nijl.ac.jp/
7：https://gallica.bnf.fr/
8：http://www.afc.ryukoku.ac.jp/kicho/top.html
9：http://dl.ndl.go.jp/
10：http://utlsktms.ioc.u-tokyo.ac.jp/index.html
11：https://www.tbrc.org/#!footer/about/newhome

『中論』は，その広がりだけでなく内容的な興味深さもあり，インド仏教思想研究においても，インド思想や仏教思想研究全体としても，そして，思想研究一般の対象としても注目されることがあり，哲学思想に関心がある人であれば一度は関心を持つことも少なくないだろう。一方で，個々の資料自体はそこに保存されるに至る歴史的な経緯を有している。このようなことから，『中論』のデジタル資料の利便性を考える場合には，想定すべきユーザは比較的幅が広い人々ということになる。それをたとえば以下のようにして分類してみよう。

(a) 『中論』の専門家
(b) 仏教思想の専門家
(c) 思想全般の専門家
(d) 仏教・仏典に関心があるその他の分野の専門家
(e) 仏教や思想に関心のある一般の人・学生

より詳しい分類も可能であり，他にも様々なユーザがあり得るが，ここではこの5種類のユーザを想定して個々に提供すべき利便性について検討してみよう。

(a) 『中論』の専門家
この場合には，写本や木版本など，個々の資料において具体的にどのようにテクストが記述されているかをきちんと確認していくことが研究の基盤として必要になる。書写における誤記や意図的な再編集など，長く伝承されるテクストは元のテクストに対する様々な変更や増補削減がなされることがある。様々な時代の写本や木版本を対比しつつそれらの伝承の系統を推定することによって，元のテクストに近いものを再構成しようとしたり，あるいは，特定の時代に読まれていたテクストを想定してみたりするのは，仏典のみならず様々な古典の研究の基礎的作業として行われてきたことである。『中論』のデジタル資料の現状は，まだ不十分ではあるにせよ，それを多少なりとも補足してくれる形になってきていると言える。そのようにして世界各地の文化機関から公開されるすべての資料の画像をなるべく効率的に閲覧でき，それぞれの詳細な書誌

情報をも容易に入手できることができれば，この基礎的作業にとっては大きな利便性が提供されることになる．また，『中論』に関する学術論文や関連するデジタル資料，とりわけ，新規情報が継続的に簡単に入手できるようになっていると便利である．さらに，『中論』への直接の関連は薄いがより大きな関心から必要になるような学術情報も容易に入手する方法があれば利便性が高い．たとえば，『中論』で扱われているテーマについてギリシャ哲学との関連を検討してみたいときや，現代社会に関して同じテーマが論じられる場合などには，むしろ異なる分野の学術論文を探せたりそれに関連する解説書を見つけやすくなっていたりする方がよく，また，そういった情報がある程度体系的に提示されていれば，なおありがたいだろう．とはいえ，それは日常的に利用するものではなく，ごくまれに，そういうことに取り組んでいる時にのみ利用することになる．その場合，利用価値は大きいものの，利用頻度としてはあまり高くならないだろう．これに加えて，著者であるナーガールジュナの図像等もデジタル化されたものが公開されるようになってきており，簡単に利用できれば色々な場面で活用しやすくなるが，それもやはり利用頻度としてはあまり高くならないだろう．

(b) 仏教思想の専門家

仏教には多様な思想が含まれており，それに伴って様々なテクストが伝承されてきている．それらのいずれもが研究対象として世界中の研究者によって取り組まれてきている．そのような中で，『中論』に関して，比較的深入りしないような利用の仕方を考えてみよう．この場合，特定の地域・時代にどのようなテクストが流通していたかということにまで関心が向き，たまたまそれに対応する写本・木版本などが公開されていた場合には，その限りでは有益であるということになるだろう．しかしそうでなければ，『中論』の個々の資料にどう書いてあるかということまでいちいちすべて確認するわけではない．誤植や誤読等が疑われるなどしてどうしても気になった箇所があった場合にその箇所だけを確認できればよく，むしろ，『中論』の専門家が上記のような基礎的な作業の結果として作成し提供している標準的なテクストを利用できる方がよいということが多いだろう．このような場合には，『中論』やそれに関連するテ

クストのサンスクリット語や中国語訳，チベット語訳などのテクストデータを利用できればよく，むしろ，テクストを検索したりコピー&ペーストしたりできるようになっていた方が効率が良い．また，『中論』を専門としていない利用者であるなら，それについてどのような研究成果が蓄積されているかを十分に把握できていない場合もあることから，『中論』に関する学術論文を探しやすくなっているとより便利だろう．そして，(a)と同様に，異なるテクスト，異なる仏教思想，あるいは異なる思想一般の学術論文を探しやすくなっている方がよいだろう．一方，このようなケースでは，デジタル画像を公開しただけでは利便性の向上にはそれほど寄与しないことになる，という点にも留意しておきたい．

(c) 思想全般の専門家

洋の東西を問わず，仏教思想は思想研究の文脈で広く関心を集めてきた．日本でも西洋哲学や中国思想，日本思想など様々な分野の研究者が仏教思想に言及してきている．そのような人々にとって『中論』の写本や木版本をデジタル化したものが有益かと言えば，特にサンスクリット語やチベット語訳になるとトレーニングを受けてないことには読解は困難であるし，中国語訳であっても専門用語があまりに多いために仏教漢文を読むトレーニングを受けていなければなかなか難しい．したがって，この場合には，写本や版本の画像が提示されることはあまり有益ではない．むしろ，テクストを読むための支援ツールや，英語訳・日本語訳などの現代語訳が有用になる．検索するにしても，現代語訳での検索ができないことには対応はなかなか難しいということになる．また，(b)と同様に，学術論文を探しやすくなっていると便利だろう．そして，仏教思想における『中論』の位置づけや，さらには思想全般におけるそれを把握することに役立つツールがあればさらに有益だろう．

(d) 思想研究以外の分野で仏教・仏典に関心がある専門家

思想研究を離れてみても，アジア地域の文学や歴史の研究に取り組むのであれば，仏典や仏教は欠かせない要素になっている．そのような研究に取り組む専門家が『中論』を扱おうとする際に，何らかの利便性を提供しようとするな

らどのようなことが可能だろうか。この場合，(c)のケースとは異なり，扱う地域・時代が同じであれば読解のトレーニングはそれほど必要ではなく，専門用語辞書があればなんとかなることもあるだろう。また，書写・印刷の経緯や来歴などについて，歴史史料として関心を持つ場合もあるだろう。その場合には，書誌情報を詳細に閲覧でき，それが検索もできるようになっているとさらに有用だろう。また，物としての資料をなるべく詳細に閲覧・確認できるようにすることも有益である。一方で，思想的な側面にも関心を持つ場合には(c)のケースと同様に考えればよいだろう。

(e) 仏教や思想に関心のある一般の人・学生

このようなタイプの人たちが『中論』に期待することは，(c)に近いものであると考えるのがよいだろう。ただし，思想研究のトレーニングを受けているとは限らず，学生の場合には，まさにこれからそれに取りかかるところかもしれない。現代語訳であれば，『中論』自体は難解ではあるものの読み物としては興味深く，解説書や辞書などがあればそれなりに読み進めることは可能だろう。そこから，『中論』の各種デジタル資料に何らかの形でつながっていたとしたら，そういった古い資料に興味を持ち，より深い関心へとつながることも期待されるところである。

さて，(a)から(e)まで，ユーザの5類型とその資料への関わりについて見てきた。『中論』のような古典資料の場合，デジタル世界に移したとしても，そのままデジタル撮影して公開しただけでは利便性を感じられる人は(a)か，せいぜい(b)くらいまでであり，その数は決して多くはない。『中論』に限らず，古典籍・古文書のような古い資料の場合，著作権保護期間が満了していることが多く，とりあえずデジタル撮影して公開することに関するハードルは比較的低く，そしてそれほど手を加えずに公開したとしても専門的なユーザには重宝されることになる。一方，専門的でないユーザ層の方が潜在的な数が圧倒的に多いため，その層にも使いやすいようにすることを目指すと，それを解釈したり翻訳したりすることになり，その分コストが高くなっていく。現代語訳が本として出版されていることもあるが，読みやすいものであればあるほど刊行時期が新

しく，多くは著作権保護期間中であり，簡単に利用できるようにするのは難しいことが多い。せっかく公開したのだから利用件数を増やすべきだと考えてしまうと，こういった問題に突き当たって止まってしまうことになる。

　この問題の解決策には，いずれにしてもコストをかけざるを得ないのは確かである。もちろん，文字起こしをして，翻訳を作り，辞書も用意して，関連論文にもアクセスしやすいようにしておく，といったコストをかけられるのであればそれに越したことはない。ただ，そのようなことができる状況はあまり多くなく，むしろ，少ないリソースをいかにうまく利用して最良の成果を出すかという取り組み方にならざるを得ない場合が多いだろう。

3.2.3　なるべく低コストで利便性を高めるために

　利便性を高めるという課題に取り組む場合には，定番とも言えるいくつかの方法がある。近年よく見られる手法としては，専門的ユーザから協力を得ること，クラウドソーシング，横断検索，共通規格，オープンライセンス，といったものが挙げられる。それぞれについて検討してみよう。

(1) 専門的ユーザから協力を得る

　これは，上述のユーザの類型で言えば，(a)や(b)にあたるような，デジタル化された資料をそのまま利用できるユーザを念頭に置いている。専門的ユーザであれば，それほどコストをかけなくともその資料を利用することができるため，コストが限られている場合には，専門的ユーザとの協力関係を築くことに力を入れるのも一つの手である。専門的ユーザが利用する場合，その成果は，学術論文や書籍など，そのユーザが利用してそこで終了してしまうのではなく，他の人がさらにそれを用いて考えたり何かをしたりするための礎になるようなものであることが多い。とりわけ研究者であればそのような行動は必然的なものである。そこでデジタル化資料を利用したことをその成果物に明記してもらうことができれば，その成果物の発行部数や引用・参照数など，比較的明確な形で成果として現れてくる。さらに，それらを見て同じデジタル化資料を参照しようとする人が増えることも確実に期待できる。専門的ユーザによる利用は，てこの原理のように，少ない人数による利用であってもそれが大きな成果につ

ながっていく可能性を常に有しているのである。専門家のための利便性を高めようとすると，一部の人のためだけにコストをかけているように見られてしまいがちな場合もあるが，上記のような観点から専門的ユーザに対して専門的な利便性を提供できるようなサービスや機能を組み込むことは，その成果の意味を考慮するなら，単にアクセス数を増やすこととは異なる意義を持つ成果へとつなげていくことができるだろう。

さらに，専門的ユーザは，文字起こしや現代語訳などを作成することもできる場合が多い。また，資料の解説もできるだろう。そういったコンテンツの作成・提供を，デジタル化公開やその後の継続的運用と引き換えに約束することができれば，双方ともにメリットを得ることができる。現在のところ，これには双方の歩み寄りと認識のすりあわせが必要な場合が多いと思われるが，取り組んでみる価値は十分にあるだろう。

(2) クラウドソーシング

クラウドソーシングという言葉は，近年，ネット上にいる群衆に仕事をしてもらうという意味で用いられ，広く人口に膾炙しつつある。Wikipediaはその典型例であり，功罪の両面においてまさにクラウドソーシングを体現する存在である。コストが少ない状態でデジタル化・公開した文化資料をうまく活用するための選択肢の一つとしては有力なものである。そこで，デジタル化文化資料におけるクラウドソーシングの例を見ながら少し検討してみよう。

クラウドソーシングはデジタル化文化資料の扱いにおいても広まりつつある。英国のユニヴァーシティ・カレッジ・ロンドンで進められている思想家ジェレミー・ベンタムの自筆原稿からの著作集刊行事業は，一時期取り潰しの危機にあったものの，クラウドソーシング翻刻（文字起こし）のおかげで息を吹き返し，デジタル・ヒューマニティーズ分野における代表的なプロジェクトTranscribe Benthamとして認知されるようになった[12]。「最大多数の最大幸福」という原理を提唱したことで世界的に有名なこの思想家の自筆原稿は，文字が判読しづらいとは言え英語で書かれていることもあり，そのデジタル画像と共同

12：http://blogs.ucl.ac.uk/transcribe-bentham/

翻刻システムが公開されるや否や，世界中から協力者が集まったのである。コンテンツの有名さや言語の扱いやすさはクラウドソーシングを成功させるには重要な要素であり，その点でこのプロジェクトは恵まれていたとも言えるだろう。ただし，クラウドソーシングによって入力されたデータには精度にばらつきがあり，著作集刊行のようになるべく正確な翻刻が必要な場合には，いわゆるクオリティコントロールが課題として残ることになる。

クラウドソーシングの例をもう少し見てみよう。オーストラリア国立図書館の情報探索システム Trove[13] では，1803年からの1億3千万件の新聞記事（2014年時点の数字）を含むデータベースを持っており，OCR をかけた英語の新聞のテクストデータを公開している[14]が，同時に，誰でも誤字を修正できる仕組みを導入している。英語の活字記事の OCR の場合，比較的精度は高いものの，やはり誤認識も完全に防ぐことはできないため，クラウドソーシング修正に依拠することは一つの選択肢である。同様の事例としては，Chinese Text Project[15]もまた，中国の古典籍の OCR テクストに対するクラウドソーシング修正を実施している。ここでは3万件超の資料における50億文字以上のテクストを手入力や OCR によって作成して提供している。木版資料を主に対象としているようであり，OCR の精度はそれほど高くないが，クラウドソーシングの参加者は3桁にのぼるとのことである。クラウドソーシングだけでなく，テクスト検索や，様々なテクスト分析をする機能も提供しており，中国古典のためのサイトとしては充実したものとなっている。

マイクロタスク・クラウドソーシングという考え方もある。これは Crowd4U[16]というプロジェクトによって進められているものだが，なすべき作業を細かく分割し，yes か no などの単純な問いかけによる回答を積み重ねることで意味のあるコンテンツを作成していったりコンテンツの精度を高めたりするといったことを志向している。yes か no の選択操作も，パソコンを開かずともスマホでできるようにしたり，大学の廊下に機器を設置し，その右側を通る

13：https://trove.nla.gov.au/
14：https://www.dhii.jp/DHM/sherratt_jadh2014
15：https://ctext.org/pre-qin-and-han
16：https://crowd4u.org/ja/

か左側を通るかで判定結果を表明できるような試みも行っている。タスクをマイクロ化することによって作業の数が膨大になってしまい成果にうまくたどりつけないという可能性も考慮する必要があるが，今のところ，具体的な成果としては，書誌情報のチェックや，画像中に絵や写真が入っているかどうかを確認することなどに用いられており，今後も期待されるところである。

　日本の文化資料に関するクラウドソーシングの成功例としては，古地震資料を翻刻する「みんなで翻刻」[17]がある。京都大学古地震研究会によるプロジェクトだが，先行するくずし字学習用の大ヒットスマホアプリ KuLA との組み合わせにより，くずし字をアプリで学んだ上でくずし字資料のクラウドソーシング翻刻に参加するという流れも作られて大きな注目を浴びた。現在も活発に展開しているところであり，すでに500万字を超えるというかなり大きな成果となっている。翻刻した文字数のランキングが表示されるなど，ゲーム性を取り入れた仕組みも功を奏した面があるように思われる。「正しい読み方」についての議論が発生したりすることもあるようだが，おおむね順調に進んでいるようである。

　クラウドソーシングにおいては，誰でも作業を担当できてしまうために，正確性の問題を避けて通れない。専門家がすべて最終確認をすることができれば確実だが，それではクラウドソーシングの意義である速さや規模をうまく生かすことができない。それぞれのプロジェクトで様々な工夫を行っているが，一つには，必ずしも正確でないということを前提として利用に供するという方法もある。正確な統計分析や「ある単語やフレーズが存在しないことを証明する」ことには利用できなくとも，発見性を高める等の利用方法であればそれなりの利便性は提供可能である。また，クラウドソーシングの成果を利用した発見性を高めるツールを提供しつつ，誤りを発見した場合には修正したり，修正案を提供したりできる仕組みも同時に提供すれば，データとしてはより良いものになっていくだろう。

　そのようにしてデータを改良していったとしても，やはり完全に誤りを避けることは難しい。成果の利用に際しては，常にその点についての留保を忘れな

17：https://honkoku.org/

いようにする必要がある。とはいえ，デジタルデータ以前はどうだったのかと言えば，紙媒体においても誤りを完全に避けることは困難であり，正誤表が後から提供されたり，重版の際に修正されたりするケースも少なくない。それでも紙媒体の資料がクラウドソーシング翻刻と異なる重要な点は，紙媒体の場合には，責任者が明確にされていることが多いという点だろう。特に，専門家が自らの責任において公表したものの場合には，専門家が責任を持ってくれるという信頼感が伴う。専門家はそれまでの専門分野の蓄積を体現してくれるだけでなく，専門分野としての責任を負って成果を公表する。そのような成果であれば，たとえ誤りがあったとしても何らかの適切な対応がとられることを期待できることになるからである。クラウドソーシングには，そのような意味での期待感が必ずしも提供されないという点に違いがある。とは言え，紙媒体においては，正誤表や重版等を入手できなければ訂正後の情報を入手することはできず，それも常に行われるわけではない。また，すべての成果物の正誤を完全に保証し続けることは，必ずしも数多くない専門家の手には余ることであり，現実には困難である。そのような状況を考えたとき，たとえば，何らかの信頼感を伴う修正方法が提供され，比較的容易に修正版を入手できるのであれば，その点に有用性を見いだすこともできるだろう。

(3) 横断検索

　低コストで利便性を高めるための手法の一つとして，他サイトの横断検索機能にデータを提供し，そちらでの検索結果を導線にするという方法がある。Google 等の全文検索でヒットするようにするという手法はすでに古典的なものになっているが，いまだ健在かつ有用である。Google Chrome や Firefox 等のよく使われる Web ブラウザでは URL 欄に検索語を入れると Google 等で全文検索するようになっているため，とりあえず Web 全文検索をしてみるという情報探索パターンをとる人はいまだに多いことだろう。現在の Google 検索では異体字同時検索など便利な検索機能も組み込まれているため，わざわざ自前で仕組みを用意するコストをかけるよりは Google 検索してもらえるようにサイトの作り方を工夫した方が低コストで効率的であると考えることもできる。ただし，Google はあくまでも私企業であり，特に利用者に断りもなく検索の

仕組みを変更したりする可能性もあり，結果としてそれまで検索できていたコンテンツが急に見えなくなってしまったとしても対処が難しいこともある。対策としては，Google以外にもBingや百度などがあるので，そのような別の企業による検索システムでも同様にヒットするようにしておくのが暫定的な解決策になり得る。

　一方，横断検索は私企業の手に委ねるよりも民主的な手続きに則って提供されるべきだという考え方もある。欧州の文化機関のコンテンツ5,800万件超の横断検索機能を提供するEuropeana[18]は，そのような方向性の横断検索システムと言えるだろう。EuropeanaはEUの予算を中心として運営されており，欧州各地の文化機関の所蔵品の目録データをとりまとめて検索システムに集積し，横断検索サービスを展開している。したがって，Europeanaに参加する欧州の各文化機関は，Europeanaに検索用データを提供すればEuropeanaを検索したユーザに自分のコンテンツを発見してもらうことができることになる。ただ，欧州は多言語地域であり文字の種類も多様であることから，それに対応するだけでも容易ではない上に，欧州各文化機関が所蔵する資料は世界中から集められたものであり，そこには日本文化資料も含まれている。少なくとも検索に関してはそれらの言語にも対応しなければ十分な利便性が確保できているとは言いがたい。実際のところ，たとえば同じ固有名詞でも記法に関して様々な揺れがあり，特に日本文化資料に至ってはひらがなや漢字で検索できるものもあればローマ字表記でしか検索できないものもあり，ローマ字表記も必ずしも統一されているわけではない。中国語資料でも，たとえば一つの単語を検索するのに文字間にスペースを入れないと検索できない場合がある。横断検索システムにデータを提供するのは低コストだとしても，横断検索システムを皆が満足いく利便性にまで仕上げることは，対応範囲が広がれば広がるほど難しい課題になる。そしてまた，ヒットする資料が多ければ多いほど，欲しい資料に行き当たるのが難しくなるという点も忘れてはならない。絞り込み検索機能は用意されるとしても，表記揺れに対応した検索の仕方も考えるとなると，ユーザとしてもなかなか大変である。また，一般に横断検索システムは，一度必要

18：https://www.europeana.eu/portal/en

な情報にたどり着いたらそこで利用は終了してしまうため，利用頻度がなかなか上がらないという難しさがあるが，表記揺れがあったり検索結果が多すぎたりすると何度も検索し直したり絞り込み検索をしたりすることになり，利用頻度は高まることになる。アクセス数だけ見ていると利用頻度が高くよく使われているように見えるが，実際の利便性という観点ではあまりよくないという状況になっている場合もあるかもしれないことは考慮しておく必要があるだろう。これまで，Europeana の年間検索キーワード上位10件に Japan が入ったことが何度かあったが，その数字にはそういった事情が反映されていることも可能性として考慮しておきたい。また，米国でも，私企業によらない文化資料横断検索システムの機能をもった DPLA（Digital Public Library of America，アメリカデジタル公共図書館）が運用されており，Europeana との協働による連携検索サービスも提供している。

　日本においても，NDL サーチや文化遺産オンラインなどの横断検索システムが動いており，さらに，原稿執筆時点ではそれらを含むより大きな横断検索システムとなるジャパンサーチがいよいよ正式稼働しようとしているところである。ここでも，参加機関はデータさえ提供すれば横断検索できるような仕組みが用意される見込みであり，低コストな利便性向上策としてはきわめて有用だろう。検索結果がヒットしすぎる問題や多言語対応，アクセス回数以外の評価指標の必要性等の課題が生じる可能性はあるものの何らかの対応策も行われることが期待される。とにかく，ここに行けば日本における文化コンテンツの大半を横断検索できるという状況が生まれるのであれば，とてもありがたいことである。

（4）共通規格の意義

　利便性を高める上で，共通規格に準拠することは基本中の基本である。共通規格と言っても，ISO 等の国際標準規格に類するものから，業界標準的なものまで様々なものがあり，なかには早めに準拠したのになかなか広まらずかえってコストがかかってしまう場合もあるが，ある程度広まっているものを採用したならば，色々な局面での低コスト化を図れることになる。

　ソフトウェアそのものを共通化することも一時的には低コスト化を図れる場

合があるが，ソフトウェアもいずれはバージョンアップしたり廃れてしまったりする上にいつも同じソフトウェアを採用できるとは限らないため，むしろソフトウェアが代わってもデータをなるべくそのまま移行できるようにしておいたり，データのやりとりの仕方を共通のものにしておくことが肝心である。少し長い目でみれば，インターネット上でのサーバを含むコンピュータ同士のやりとりの仕方（プロトコルと呼ばれる）を決めている IETF（Internet Engineering Task Force）では，インターネットの基盤的な情報交換を担う TCP/IP や Web での通信の仕方を定める HTTP をはじめとする様々な規格を定めており，世界中のソフトウェアが長い時間をかけてそういった規格に準拠するようになった結果として，現在のように Web で色々なやりとりをしたりスマホで便利なアプリを使えるようになったりしている。どこの会社が作ったソフトウェアでも同じようなサービスを受けられるという利便性は，まさにこの共通規格のおかげなのである。

　文化的なものの利便性に関しても，共通規格は重要である。共通規格の中でも，上述のような通信の仕方に関しては，すでにデファクトスタンダードになっている規格に準拠しているソフトウェアを採用するという選択の仕方になるため，文化資料を扱う側にはあまり自由度はなく，それを採用するだけで大方の話は済んでしまう。一方，文化資料を扱う側ではデータ作成を自ら行うことになることが少なくないが，共通規格の中でもデータ形式は比較的自由度が高いため，共通化をきちんと意識しながら取り組む必要がある。

　データ形式と一口に言っても，それもまた色々な種類のデータ形式を含んでいるので，まずはどのようなデータを作るのか，ということから検討を始めてみよう。

　文化的なものをデジタル世界に移していこうとする場合，最近は，まずデジタル撮影やデジタル録音・録画などが行われることが多い。これを総称してデジタル化と呼ぶことが多いが，データ形式の共通規格によってもたらされる利便性という観点からここで重要になるのは，デジタル化した資料を永続的に様々なソフトウェアで自由に読み込み・表示し続けられる可能性が高まるという点である。画像であれば JPEG や TIFF，動画であれば MP4 などが比較的わ

かりやすい例だが，こういった共通規格の場合，対応するソフトウェアを誰もが自由に開発することができるため，色々なソフトウェアで対応がなされるだけでなく，ライブラリなどと呼ばれるソフトウェア開発用の共通ソフトウェアが作成・公開されることも少なくない。そのような状況になれば，様々なソフトウェアがそのデータ形式に容易に対応できるようになり，結果として，公開側は商用にしてもフリーにしてもソフトウェアの選択の幅が広まることになり，より目的に沿ったソフトウェアの選択が可能になる。ユーザ側でも，自分が普段使っているソフトウェアを使って閲覧したり編集したりでき，他のソフトウェアに乗り換える際にもデータ形式に関する問題に悩まされることはきわめて少なくなる。実際のところ，近年は，文化資料向けのソフトウェアを開発した場合には無償で公開して誰でも再利用できるようにするという流れが強まってきており，たとえばこの種の活動に多大な資金提供をし続けてきたアンドリュー・メロン財団では資金援助の条件としてそのことを提示することでその流れを後押ししている。

　数年に一度，システムを更新する際にも，共通規格が使われていたなら，更新後のシステムでもそれに対応している可能性が高い。このことは，移行時のコストを下げることができるだけでなく，システムの選択肢が広がり，ユーザ，あるいは資料の性質にとってより利便性の高いものを採用することも可能になるだろう。

　あるいは，もし，共通規格が改良された結果，既存のデータ形式がうまく使えなくなったとしても，改良後のデータ形式に変換して利用できるようにするツールが開発される公算が高い。このことは，たとえば，システム更新の際，それまで利用してきたデータ形式を新しいものに更新しなければならなくなった場合にもそれほど手間をかける必要がなくなるため，結果としてシステム更新時のコスト削減にもつながるだろう。

　国際的に見ると，このような課題については，文化に関わる専門家コミュニティの側からの取り組みが様々に見られる。アーカイブズであれば国際公文書館会議（International Council on Archives, ICA）によって策定されたISAD（G）（General International Standard Archival Description），博物館・美術館なら国際博物館会議（ICOM）によるCIDOC CRM，図書館なら国際図書館連盟（International Federation of Library Associations and Institutions）による FRBR（Functional Requirements for Bibliographic Records）やその後継とされる LRM（Library Reference Model），人文学研究者による TEI ガイドライン（Text Encoding Initiative）などの業界標準的なルールが挙げられる[19]。いずれも，コンピュータの専門家が関わっている場合もあるにせよ，主体となっているのはあくまでもそれぞれの資料の専門家コミュニティであり，取り扱う資料やそれを取り巻く状況の特性をよく反映するような形で共通規格が練り上げられている。中には国際標準化機構（ISO）の規格になっているものもあるが，基本的には誰でも参照・利用できる形で公開されている。文化的なものをデジタルに移していくためには資料に関する専門知を持った人々による取り組みが必要であり，その専門知が共通規格という形で表現されているのである。このようになってくると，それぞれの資料はそれぞれの専門家コミュニティが提供するデータ形式に従ってデータを作成すればよいということになる。利用する側としても，そのデータ形式についてある程度の知識を持っておくことで利便性の高さを実感できるようになる。さらに，そういったデータ形式でデータそのものがオープンデータとして公開されたり Web API のような形で外部から利用できるようになっていたりすると，技術的なことに多少通じているような人にとっては高度な利用が可能となるため，単に利便性を高めるだけでなく，より利便性の高い利用方法を利用者に編み出してもらえたり，さらには，そういったサービスを別に提供してもらうといったことも可能になる。たとえば，上記のいずれかの規格に従って「作者名」と「刊行年・制作年」が書いてあったとしたら，同じ規格に従って作られたすべてのデータから「作者名」と「刊行年・制作年」を同じ方法で簡単に取り出せる可能性が出てくる。ここで取り出されたデジタルデータは，さらにコンピュータで処理することによって，統計処理を行って一覧表を作ったり，それをグラフや年表等の手法で視覚化してみたりすることが可能であり，さらにはそういったものを別の便利なサービスとして Web で公開することもライセンス（利用許諾条件）次第では可能である。いわば，サービスがさらなるサービスを生み出すという形で，より高度であったりよりフレンドリ

19：ここで挙げているものには参照モデルとデータフォーマットが混在しているので注意されたい。詳しくは後述する。

ーであったりするような利便性が提供されることになるのである。

　システム移行時の様々な問題についてはすでに触れてきたが，この場合にも共通規格は大きな力を発揮する。まず，すでに誰もが知っているデータ形式であり，既存のデータがすでにそれに対応していれば，移行先のシステムもまた同じデータ形式に対応していて比較的容易に移行を行える可能性が出てくる。また，移行先のシステムが対応していなかったとしても，対応させるための共通規格がすでに文書として公開されているため，それを参照しながら対応を行うことができる。あるいはまた，既存のデータが対応していない場合でも，共通規格についての説明が公開されているため，それがない状態に比べると，対応させることは比較的容易である。

　ここまで見て来ると，文化的なものをデジタル化するに際しては，単にコンピュータの専門家に委ねれば済むというものではなく，資料に関する専門知を有する人たちがきちんと関わらねばならないということがわかるだろう。この種の規格のほとんどは国際的な組織において策定されるものであり，日本語で提供されている情報はきわめて少ないため，どうしても縁が遠いものに思えてしまいがちだが，同じような種類の資料であれば同じように扱わざるを得ない面がある。言語が異なっていたりコンピュータ用語がちりばめられているとしても，それらは世界中に散らばる専門家が必要に迫られつつ将来を見据えて策定したものであり，具体的に資料に向き合ってそれらを適用しようとしたとき，同じような種類の資料に似たような立場から取り組む専門家であれば，きっとその意図を理解することができるはずである。しかし一方で，日本語文化圏の専門家が策定に十分関わっていない規格については，必ずしもそのまま適用できるとは限らない場合もある。そうした点については，よく検討した上で，日本語にも対応できるように規格を変えていく必要があるかどうかを決断することになる。この種の努力は，デジタル世界の文化資料の多様性を支えることにつながることであり，単に日本の文化を益するだけでなく，結果として世界の文化に貢献することにつながるという観点も忘れないでおきたい。

　一方，共通規格やそれに関わる重要なソフトウェアが特許などによって保護されていないかどうかということも重要な点として留意しておく必要がある。

もし何らかの強い利用制限がかかっている場合，対応ソフトウェアやライブラリを自由に使えるものとして作成・公開することが困難になるからである。たとえば，Web でよく用いられる画像フォーマットの一つである GIF（Graphics Interchange Format）は，十分に普及した後，1999年になって GIF に対応したソフトウェアの作成者に特許料が要求されるという事態が生じた。さらに，特許料が支払われたソフトウェアを使って作成した GIF 画像でない限り，Web ページに GIF 画像を使っていると特許料が徴収されることになった。なぜこのようなことになったのかと言えば，Unisys 社が1985年に取得した特許が GIF の画像圧縮手法（LZW）として用いられていたためである。ただし，GIF は画像圧縮をせずに利用することもできるために特許に抵触しない GIF というのもあり得たが，しかし，当時のインターネット回線では圧縮しないことには画像閲覧は難しく，GIF を使うということは圧縮することが基本的には前提となっており，したがって，GIF を利用することとその圧縮手法である LZW を利用することとほぼ同義だったのである。そもそも，当初 Unisys 社はフリーソフトウェアの開発者に対しては LZW の特許料を徴収していなかった。そこで，透過や動画など便利な機能を持ちつつ，画像サイズもかなり小さくなることが多い GIF は，様々なフリーソフトウェアでも採用され，Web においては大いに広まることとなった。その後，1999年になって Unisys 社の方針が転換され，上述のように，特許料を広範囲に徴収するようになったのである。当時の Web には大きな混乱が生じ，代替画像フォーマットとして完全に自由に使える PNG（Portable Network Graphics）が開発公開されることにもなった。2003年から2004年にかけて，この特許は期限切れとなり失効したため，現在は特に問題なく GIF を使えるようになっているが，このことの与えた衝撃は大きく，GIF を敢えて避け PNG を使う人や組織もいまだに多いようである。共通規格であり広まっているからと言っても，何らかの権利が留保されている場合，このようにうまくいかなくなってしまうケースもあるということは，念頭に置いておきたい。

　また，共通規格を採用する際には，少なくとも同じような資料を扱っている機関や専門家集団でよく用いられるものを選ぶことも重要である。というのは，

データの相互連携が難しくなってしまうだけでなく，専門的な利用者が少ないと，強いニーズがないために，たとえばデータ形式の変換が必要になった場合にそういうツールを作成・共有するという流れになりにくくなってしまい，結果として自力で対応しなければならなくなることもあるからである。場合によっては，自らの予算で変換ツール作成を企業に発注するということにもなりかねない。もちろん，フリーライダーの誇りを免れたいのであれば，むしろ自らの手による変換ツール作成にこだわるのは一つの選択肢ではあるものの，目指すシステムにおいて要求される機能を対応可能なコストの範囲で実現させることは欠かせない条件である。

　以上をまとめてみると，データ形式に関して共通規格を採用することによる利便性向上への貢献とは，ソフトウェアの選択の自由が高まることと，データ連携による効果的なサービスを開発・提供し得ること，そして，システム移行時にデータ移行・データ変換のコストを削減することにより，利便性を高めるための他の取り組みに注力しやすくなることである。

（5）目録の作成

　さて，資料そのものをデジタル化したとしても，現在のところ，それだけでは利用しやすいとは言えない。その資料がどういうものであるか，ということが記述されていなければ検索をすることができず，本来見られるべき資料が死蔵されてしまうということにもなりかねない。そこで，タイトルや作者，作成年などの，資料についての情報，いわゆるメタデータを作成して検索できるようにどこかに記述しておくという手法がよく見られる。インターネットの世界でのメタデータとしては，ダブリン・コアがよく挙げられる。

　ダブリン・コアは，Web上の情報資源に関する共通のメタデータとなることを目指して開発されたものであり，最初の会合が米国オハイオ州のダブリンで開催されたためにこの名前がつけられている。この会合を主催したのは，ダブリンに本拠地を置き世界最大のオンライン蔵書目録WorldCatを提供するOCLC（Online Computer Library Center, Inc）であった。ダブリン・コアでは，Dublin Core Metadata Element Set（DCMES）[20]として15のメタデータ要素，

すなわち，タイトル，制作者，主題，詳細，発行者，貢献者，日付，タイプ，フォーマット，識別子，ソース，言語，関連，範囲（地名，地理情報，時代など），権利，を定義しており，2003年には ISO 15836及び NISO Z39.85として国際標準になっている。そして，これをより詳細に記述するために，DCMI Metadata Terms[21]が定められ，DCMES の15要素も含めて55要素を定義した。これらは，Web 上で意味を交換できるようにすることを目指すセマンティック Web においても広く採用されるなど，Web では基盤的な標準になっている。また，日本の国立国会図書館では，これを日本語対応させるなどの独自拡張を行ったものを DC-NDL として公開している[22]。ダブリン・コアは様々なメタデータを相互運用することが主眼となっているため，デジタル化資料を提供する側がダブリン・コアの各要素に自らの資料のメタデータを適切にマッピングすることが重要になる。とはいえ，ダブリン・コアは何らかの特定分野の資料・資料群のためのメタデータではないため，すべてのメタデータをマッピングすることは難しいが，目録を作る際や既存の目録をデジタルに移行する際には，この点を意識しておくとよいだろう。

　一方，デジタル世界に移していくべき紙やアナログの資料ということに即して考えた場合，たとえば，紙媒体における文献目録や索引などの発展形と考えることもできる。
　ここで注意しておかねばならないことの一つは，メタデータ項目の多様性であり，たとえば，文献目録だけを見てみても，対象となる資料の状況に応じて様々な構造・項目を持っているという点である。慶応3年（1867年）までに日本人により著述・編纂・翻訳された約50万点の典籍の所蔵先を含む目録として1963〜1972年にかけて刊行された『国書総目録』の冒頭部分（図3-3）を見てみると，典籍のタイトルを太字にした上で，丸囲み文字を用いて項目を表現し，それぞれの項目に関する対象資料の状況や内容等をそれに続けて記載している。（類）は国書総目録が定義する分類を表しており，（成）はその典籍が成立した

20：http://dublincore.org/documents/dces/
21：http://www.ndl.go.jp/jp/dlib/standards/translation/dcmi-terms.htm
22：http://www.ndl.go.jp/jp/dlib/standards/meta/about_dcndl.html

あ

一巻 ㊥天台 ㊎保安四 ㊆京都来迎
院如来蔵

嗚呼勇四人与市 (ああこうゆうよにんよいち)
柳川桂子作、鳥居清経画 ㊞明和八刊
八版―東北大狩野、安永八版―国会
黒本を安永八年黄表紙として刊行

嗚呼お江戸 (ああおえど) 一冊 ㊄黄表紙・咄
本 ㊞寛政八刊 *日本小説年表による
→細見嗚呼お江戸

嗚呼可笑 (ああかし) 一冊 ㊄落咄 ㊟鼠足舎万化
㊞天明元刊 ㊆東大・大東急

嗚呼奇々羅金鶏 (ああきからきんけい) 二冊 ㊄淀屋宝物
鷹画 ㊞寛政元刊 ㊟山東京伝作、喜多川歌
麿画 ㊞寛政元刊 ㊆国会・大東急 *寛政二年
「福種笑門松」と改題再版

嗚呼孝哉 (ああこうかな) →敵討垣衣摺 (かたきうちしのぶずり)

嗚呼辛気楼 (ああしんきろう)
表紙 ㊟一橋山人 (為薬亭長根) 作、蘭徳斎画
㊞寛政元刊 二冊 ㊄鴫蛤 (しぎはまぐり)
賀・果園・大東急 ㊄黄

図3-3 『国書総目録』の冒頭部分

年代，(写) は書写した年代，(版) は版本の所蔵先情報であり，もし複数の版があれば版ごとにそれが記載され，(著) は著者名，というふうに，略号に対応する情報が，判明したものに関して記載されている。刊行当時としては学界を挙げての大規模な取り組みであり，その収録情報の多量さは圧巻である。とはいえ，個々の情報を見ていくと，たとえば写本と版本では記載項目が異なっているという点に端的に見られるように，収録されている資料が多様であるために資料によって記載項目が様々であり，また，刊行年・書写年・発行者等，重要な情報でありながら，元の資料での情報が十分ではないために記載されていない場合も少なくない。後者に関しては専門家が十分に研究することによって判明することもあるが，この膨大な分量のすべてにおいてそのようなコストをかけることは困難だっただろう。『国書総目録』は，国書という括りの下，様々な分野の資料が収録された，言わば横断的な目録であって，重要な目的は所在情報を提供することであり，所蔵先以外については概要が把握できれば，それで目的は十分に達成できていたのだろう。

次に，より詳細な文献目録の例として，16世紀末から17世紀頃にかけて中国で刊行され現在は東京大学総合図書館に所蔵されている木版線装本の仏典叢書

帙番号	冊番号	経典番号	経名	編著者・訳者	巻数	丁数	千字文	刊記（年月）	刊記（場所）	音釈	校譌	[illegible]	[illegible]	篆千字文	絵	印記	[illegible]	備考
1	4	1	大般若波羅蜜多経	玄奘譯	19	21	地九	萬暦戊申歳二月	径山寂照庵	×	×	×						乱丁あり（巻19の17・18丁が巻20へ）。
1	4	1	大般若波羅蜜多経	玄奘譯	20	23	地十	[　　　] 五月	径山寂照庵	×	×	×						23丁左一部破損。乱丁あり（16丁→巻19・17〜18丁→17丁）。
1	5	1	大般若波羅蜜多経	玄奘譯	21	23	玄一	萬暦癸卯秋八月	径山寂照庵	×	×	×	×書	×玄	×	ABCE	イメ五	

図3-4　文献目録の一例（『嘉興蔵目録』）

（大蔵経）（図3-4）の目録（『嘉興蔵目録』）[23]を見てみよう。ここには，この大蔵経に含まれる個々の線装本についての様々な情報が記載されている。まず，資料を一意に同定できるようにするための，帙の番号，冊番号，経典番号である。それから，内容を示すタイトル（経名）がある。編著者・訳者，というのは，この資料の場合，インドでサンスクリット語で書かれたものを中国語に翻訳（漢訳）したものが多く含まれており，訳者の名前から翻訳年代等が判明するため，この分野では重要な情報である。次に，巻数・丁数というのは，木版の漢訳大蔵経の特徴的な数え方である。かつて写本の巻物として伝承されていた頃には巻物一つあたり1巻，という数え方をしていたため，たとえば写本の時代に作成された辞書では，この巻の単位で経典本文を参照することがあり，写本時代に作成された目録も，この巻の単位で各経典の大きさを記述している。そのようなこともあり，木版で印刷するようになった際には，この巻という区切りは残しつつ，巻物4巻分くらいをまとめて木版一帖，あるいは一冊とするようになったことから，ここでもその巻物の単位が使用されている。したがって，ここの例で書かれている「巻数」は「大般若波羅蜜多経」の第19〜21巻であり，そのうち第19, 20巻は第1帙の4冊目に含まれており，第21巻は5冊目に含まれている，ということになる。そして，丁数というのは，そのような区分けの仕方におけるそれぞれの巻の丁数を示している。次に，刊記として年月と場所が記載されている。これは，中国で刊行された木版叢書だが，比較的大部（ここに所蔵され目録に記載されているものは1814冊だが本来は2,000冊以上）の叢書であり冊毎に印刷場所が異なっている場合もあるため，この情報が重要となる研究領域は少なくない。その後，音釋・校譌等の項目が並んでいるが，これらは，この資料を扱う場合に重要となる項目である。そして，備考欄には乱丁

23：横手裕，末木文美士，渡辺麻里子，菊地大樹監修『東京大学総合図書館所蔵嘉興大蔵経：目録と研究』（2010年9月発行）

の具体的な状況や虫食い等、表の項目としては用意されていないが目録作成時点で気がついた情報が記載されている。このように個々の情報を精緻に記載した目録であれば、利用しようと思う人が資料の状況を知る際にも、そして、それを所蔵者が適切に管理していく上でも有益だろう。

さて、二つほど文献目録の例を確認した。この2例を見ただけでも想像できるように、目録はきわめて多様であり、ここで見ているものはそのうちの文献に関するものの、さらにごく一部を反映しているに過ぎないということを踏まえておかねばならない。その上で、この二つを例として、デジタルな目録作成を通じた利便性の向上について検討してみよう。

『国書総目録』をデジタル世界で利用できるようにしたものはすでに存在する。国文学研究資料館が公開する「日本古典籍総合目録データベース[24]」であり、単に『国書総目録』をデジタル化しただけでなく、内容をさらに増補しつつ、いくつかの項目で検索できるようにし、さらに、デジタル画像がWeb公開されている古典籍については所蔵先情報とともにそのデジタル画像へのリンクも提供している。すべての古典籍の画像が提供されているわけではないが、典籍のタイトルや著者・訳者名などで検索して所蔵先を確認したいという場合にはこれだけでも十分であるように思える。『国書総目録』を引き継いで国内外の多くの日本古典籍所蔵機関の所蔵情報を追加しており、利便性はさらに高まっている。また、一つの作品に関する様々な写本・版本等のタイトルの違いを吸収して統合的に扱えるようにするべく統一書名を提供し、検索だけでなく検索結果表示においても利用している。たとえば、『うつほ物語』や『宇都保物語』、『空穂物語』というタイトルを持つ目録情報は、同じ作品であるとみなし得ることから『宇津保物語』という統一書名に割り当てられており、いずれの名前で検索してもこの統一書名の下で他のタイトルの目録情報も参照できるようになっている。統一書名を軸とする目録情報の構造は基本的には『国書総目録』を引き継いでおり、既存の『国書総目録』の利用者にとっては比較的受け入れやすいものであったことが想像される。

利便性を高める要素として横断検索についてすでに触れてきたが、発想とし

24：https://base1.nijl.ac.jp/~tkoten/

ては紙媒体である『国書総目録』の段階でもすでに実現されており，それをデジタル世界に移すことで，より強力な日本古典籍の横断検索が提供されるようになっている．新たに古典籍の画像を公開した場合にも，この「日本古典籍総合目録データベース」に目録情報が搭載され検索されれば，日本古典籍の利用者層には比較的容易に届くことになるだろう．さらに，2014年より，同じく国文学研究資料館において「日本語の歴史的典籍の国際共同研究ネットワーク構築計画」[25]というプロジェクトによる約30万点の画像データ公開に向けて，既存の書誌情報データベースと統合させた「日本語の歴史的典籍データベース」が構築されつつある．これが達成されれば日本古典籍へのアクセスは飛躍的に向上し，研究が進むだけでなく，研究の振興や，古典籍に親しむ人を増やすといったことにもつながるだろう．利便性という観点では，目録を検索して各地の古典籍の写本や木版の画像を閲覧できること自体は，どちらかと言えば専門家向けの機能ということになるだろうが，工夫次第で，より広いユーザに向けた利便性の提供も可能であり，このプロジェクトもそれを一つの方向性としているようである．

　一方，『嘉興蔵目録』の場合には，叢書の目録であり様式や書式が基本的にはそろっているため，『国書総目録』に比べると目録情報の項目をそろえやすい．上述のように，刊行年・刊行場所のみならず，「音釈」や「題簽」などの項目もある．これがデジタル検索できるようになったならば，より詳細で専門家向けの検索が実現可能である．音釈は，漢訳大蔵経においては，文中に登場する語句の発音や説明を巻末に記載するものであり，古くから行われてきた慣習である．この音釈の内容は様々な示唆を与える可能性があるため，音釈の有無を検索によって一覧したり巻ごとに確認できれば，仏典研究者のみならず，中国語の研究者等，この情報を対象とする専門家にとっては有益なことがあるだろう．あるいはまた，刊行年や刊行場所は，すでにある程度書式がそろっていることから，デジタルデータとしてうまく整理できれば，年表や地図上に視覚化することが可能だろう．この情報は，同時期の他の資料の同種の情報を入手することができればさらに広がりが出てくることになり，仏典研究以外にも，

---

25 : https://www.nijl.ac.jp/projects/

印刷出版史や当地の寺院の歴史の研究など，様々な専門家にとって有益な情報となる可能性がある。

そして，『嘉興蔵目録』の対象は仏典の叢書であるため，『国書総目録』と同様に，統一書名のようなものが存在している。これは4世紀に活躍した釋道安の『綜理衆経目録』に端を発するものであり，中国における仏典の伝統の中で育まれ，近代に至ってはサンスクリット語やパーリ語・チベット語訳等，各地に伝承された仏典も併せた対照目録による統一的な書名が与えられるに至っている。この種の対照目録もまた，紙媒体の時代にすでに刊行されているのだが，これを媒介とすることにより，様々な写本・版本ともひもづけられ，検索や閲覧ができることになる。世界各地に所蔵される仏典の目録情報の統一書名によるリンク付けや横断検索は，SAT大蔵経テキストデータベース研究会をはじめとして世界の各地で取り組まれており，やはり専門家向けということになるが，各地の資料を縦横無尽に活用できるという高い利便性を提供することになるのである。

このようにみてくると，デジタル世界における目録の作成は，横断検索を意識して行うことに有益さがあるが，一方で，ある特定のまとまりに合わせた専門的な項目を提供することによって資料の独自性を踏まえた利便性を高めることもできることがわかる。そして，その種の専門性が高くなるほど専門的なユーザにとっての利便性は高まることになる。それは一部のユーザを利するようにみえてしまう面もあるが，一方で，専門性の高いユーザが十分に活用した上でその成果を社会に還元してくれるのであれば，それは間接的にではあるが，より広いユーザにとっての利便性を高めることになるのである。

（6）翻刻の作成

特に文献資料の場合には，書かれている文章を文字列検索できるととても便利である。ある程度きちんとテキストデータを用意できた場合，単に文字列検索をするだけでなく，コンピュータを用いたテキスト分析を通じてこれまで気がつかなかった関係などを発見することができるかもしれず，また，そのような探索をできる環境を用意することも可能である。たとえば図3-5はSAT大蔵経データベースにおいてWord2Vecというアルゴリズムを用いた関連語

3.2 ユーザのニーズへの対応 | 55

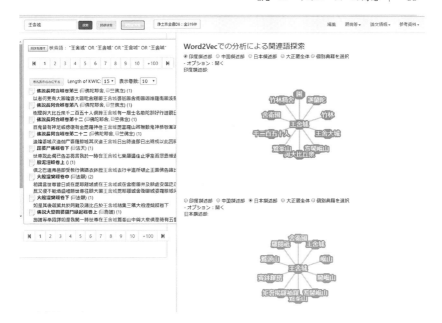

図3-5 SAT大蔵経データベースにおける関連語ネットワークの例

ネットワークの例である。

　しかしながら，日本語における多くの文献資料の翻刻の作成にはいくつかの課題が立ちはだかっている。すでに述べたようにクラウドソーシングによる翻刻は一つの有力な解決策であり，クラウドソーシング翻刻のためのプラットフォームも有料・無料のものがいくつか提供されているため，そういったものを利用することで実施することも不可能ではない。とはいえ，いくつかの成功例のように協力者が集まるとは限らず，集まったとしてもテクストデータの精度を確保するためにはまた別の努力が必要となる。

　翻刻作成にあたっての別の方法としては，OCR（光学文字認識）がある。ルビや返り点のない活字で，ある程度デジタル画像が鮮明であれば，日本語文献資料のOCRはかなり高い精度が出る。しかし，デジタル世界に移した方がよい文献資料には，そのような条件のいずれか，もしくはすべてを欠いたものが少なくない。特に，著作権保護期間が満了していてパブリックドメインとして

自由に利用可能な資料にそういったものが多い。写本や木版であったり，ルビや返り点がついていたり，そもそもモノクロのマイクロフィルムをデジタル撮影したもので，その様々な手順のどこかで不鮮明になってしまったものなど，OCRには適さない資料がすでに日本文化のデジタル世界には大量に持ち込まれている。再度デジタル撮影を実施するコストをかけることは困難である場合が多く，ここから始めざるを得ないことも多いだろう。個々の作業者が分担してOCR資料を修正するのがその後のステップということになるが，そこで，OCRを協働で修正する，あるいは，OCR後の修正作業をクラウドソーシングで行うといった選択肢も出てくるだろう。企業でも，こうした手法を採って受注した翻刻作業を効率化しようとしている事例がいくつかみられるため，発展の余地もあるかもしれない。

　また，すでに翻刻テクストデータが用意されている文献資料と同じ著作の別の版，あるいは別の写本の翻刻を用意する場合には，既存の翻刻を修正する形で作成することも可能である。ただし，その場合には，既存の翻刻テクストデータのライセンス（利用許諾条件）を確認しておく必要がある。たとえば，再配布や改変を禁止している場合にはこの用途には使えないので，やはり別途一から翻刻テクストデータを作成すべきだろう。

　あるいは，文献資料の版面をデジタル画像として公開できる場合には，翻刻とまではいかずとも，発見性を高めるために，部分的に翻刻を行ったり，タグのようなものをページ毎，あるいは，該当する文字の箇所に付したりしておくことも利便性の向上には有効である。それによって，画像の該当ページ，あるいは該当箇所等が検索可能になるからである。画像内の任意の箇所にタグを付する場合には，後述するIIIFという規格に準拠しておくことが色々な点で利便性を高めることになるので，その点についても留意されたい。

　デジタル画像として文献資料の版面を公開する場合には，翻刻の作成者は必ずしも画像の提供者である必要はない。画像を再利用可能な利用許諾条件で公開していれば，あとはそれをWebで見ているどこかの誰かが翻刻作成して公開してくれるかもしれないのである。たとえば，クラウドソーシング翻刻プラットフォームとして2014年に公開された翻デジ2014[26]では，NDLデジコレ（国立国会図書館デジタルコレクション）から公開されている複数の図書資料画像の

翻刻テクストデータが作成され，パブリックドメインで公開されている。NDL デジコレは2018年に IIIF に対応したため，今後は翻刻テクストデータの作成やそのためのシステム構築もより簡便になり，こういった形での翻刻テクストデータ公開もより広まっていくことが期待される。

　さて，ユーザのニーズという観点から翻刻の作成を検討してみると，デジタル画像を提供する側で翻刻テクストデータを提供できる場合には，様々な種類のユーザにとって利便性が高いということになり，やはり翻刻の提供は大いに期待したく，また，力を入れたいところである。そして，翻刻の作成の場合，利用者がそれに取り組むというケースもあり得る。この場合には，文献資料読解の難易度によって対応できるユーザの種類が大きく変わってくる。たとえば，明治大正期の活字本でありルビがたくさんふってある資料ならば，比較的幅広いユーザが対応できることになる。しかし，くずし字であったり，返り点や朱引きなどが付されたりするような資料であれば，読み取りにしても入力にしてもやや難易度が高くなり，対応できるユーザが限定されてしまうだろう。くずし字に関しては，前出の「みんなで翻刻」は，くずし字学習アプリと連携することでユーザ層を拡大することに成功しているように思えるが，他の困難な要素についても何らかの対応を検討してみると面白いことになるかもしれない。

（7） TEI（Text Encoding Initiative）ガイドラインの可能性

　何らかの方法で翻刻テクストデータを用意できた場合，次に期待されるのはそれを用いてより高い利便性を提供することである。上述のように，自動的にテクストを分析するツールを組み込むことで利用者が何らかの発見を可能とする環境を提供することは一つの有力な手段である。一方で，提供者側でさらにデータを作り込むことで利便性を提供するという方向もあり得る。そのための有力な手段として，TEI ガイドラインを活用するという選択肢がある。詳しくは後に説明するが，このTEIガイドラインでは，XML タグを用いることで，たとえば，文献資料の本文中の固有名詞に典拠情報を付与したり，単語に品詞情報を付与したり，翻刻者による訂正を記したりするための手法を提示してい

26：https://lab.ndl.go.jp/dhii/omk2/

る。このガイドラインは日本ではまだあまり広まっていないが，欧米では1987年に策定が始まって以来，長く人文学資料に適用されてきており，すでに膨大なデータの蓄積がある。このガイドラインに従って情報を付与しておけば，現在のところでは海外の同種のデータと連携させたりすることが容易になり，可能性が大いに広がることになる。今後，日本でも広まっていけば，これに従っておくことでデータの活用可能性が飛躍的に高まっていくことが期待される。

具体的には，たとえば，数年前から書簡の構造化に関する研究会が活発に活動しており，書簡の差出人・受取人・住所・日付等のメタデータの記述方法を共通化し，欧州の過去の著名人同士の手紙のやりとりを地図上にインタラクティブに可視化するという活用例を提供している。そのような例であれば，幅広いユーザに対する利便性の提供ということになるだろう。一方，専門的なユーザ向けには，たとえば，著者や翻刻者による訂正をガイドラインに沿って記述することで誤記の箇所を確認しやすくしたり統計情報をとったりすることは，翻刻テクストデータの基本的な活用例ということになるだろう。前出のTranscribe Benthamプロジェクトでは，これをMediawikiシステムに組み込んでクラウドソーシング翻刻参加者が簡単に訂正などのタグを付与できるようにしている。

また，TEIガイドラインは，写本や木版等の貴重資料の目録情報を詳細に記述するためのルールをも提供している。目録の作成において見てきたような，あるいは，さらに詳細な目録情報をメタデータとして共有する際には有効な手法である。これは，タイトルや著者，刊行年といった基本的な情報だけでなく，所蔵の来歴情報や筆記用具，綴じ方，紙質など，資料に関する様々な情報を記述できるようにしており，データ量が増えれば地図・年表などにインタラクティブに可視化することも可能であり，やはり様々な分野の専門家にも一般のユーザにも広く高い利便性を提供することになるだろう。

（8）文字について

日本に限らず，漢字文化圏で創り出された資料は，多種多様な漢字に何らかの形で対応しなければならない。さらに，日本に所蔵される文化資料という視点で考えてみると，漢字文化圏発のものばかりではなく，欧米の貴重資料もあ

ればインド系文字やアラビア文字で書かれたものなど，様々な文字種が登場することになる．漢字における異体字の多様さについてはよく知られているように思われるが，欧州でさえ，中世の文字を Unicode に登録するためのプロジェクト[27]が運営されている等，中世における文字はかなり多様であり，26文字のアルファベットさえあればなんとかなるという世界からはかけ離れている印象である．

　ユーザの種類と利便性という観点で考えるなら，資料に関する専門性が高ければ高いほどなるべく元の資料に即して細かな文字の形の相違をきちんとデジタルにも残していくことが求められる．一方，それほど専門性が高くないユーザやその点にこだわりの少ない専門家，あるいは一般ユーザにとっては，細かな文字の形の相違についてコストをかけられても利便性はあまり高まらないだろう．

　すでに述べてきたように，かつては，検索を便利に行えるようにするために，常用漢字表にあるものはそれにすべて置換すべし，あるいは，すべて旧字体とすべし，ということが真剣に検討されていた時期があった．しかしながら，近年は，異体字のデータベースがフリーで公開され，それを使って異体字同時検索をしたり，その種のサービスを提供したりすることもさほど難しいことではなくなってきた．そうなると，テクストデータとしては常用漢字と旧字，さらには様々な異体字が混在したとしても検索でヒットしないという問題がなくなり，むしろ，そのような違いを残したとしてもさほどの不都合は生じないということになるだろう．異体字同時検索を手元のパソコンで実行するにはまだ若干のハードルがあるものの，Web サービスのような形でデジタル化資料を公開する側がそのような検索機能を実装することは，もはや当たり前のように行われているのである．

　このような状況であれば，文字の区別をどのように行うかという判断をするにあたって検討すべきなのは，コストということになる．コストに関しての注意点は，文字種が増えれば増えるほどコストが高くなってしまうと思いがちだが，しかし，文字種を減らすためには，たとえば，文献の中に登場する旧字一

---

27 : Medieval Unicode Font Initiative　https://folk.uib.no/hnooh/mufi/

つ一つを常用漢字に置き換える（もしくは逆方向の）ためのルールを作らねばならず，さらに，その置き換え表を適宜参照しながら文字の入力作業を行うということになる。一方で，そういった置き換えを行わない場合には，Unicodeが提供する膨大な文字種のなかから，該当するように見える文字を探し出して入力することになる。つまり，置き換え表や置き換えルールの作成がそれほど大変でなければ前者の方法が低いコストで済むということになり，そこに大きなコストがかかってしまう場合には後者の方が低コストになる場合もあるということになる。

　それではUnicodeが現在どのくらいの種類の文字を提供しているのか，ということを漢字に関して見てみると，部首として割り当てられた文字も含めると約89,900字が提供されている。また，元の資料に近い字の形にこだわった翻刻ということを考慮する場合，これに加えて，異体字セレクタ（Ideographic Variation Sequence, IVS）による約39,000種（ただし，重複も含む），計13万に近い字の形の中から目当てのものを選択できることになる。多漢字フォントとしてかつて広まっていた今昔文字鏡[28]の16万字に比べるとやや少ないとは言え，Unicodeに対応する字形であれば，標準的なパソコン環境で特に特殊な操作も必要なくコピー&ペーストから表示印刷まで一通り対応できるため，利便性という観点からも大いにメリットがある。

　文字の微細な差異を記述する上で，今昔文字鏡やGT書体フォント[29]などの，いわゆる多漢字フォントを用いるという選択もかつては広く行われてきた。これは，既存の文字コード表の番号を利用しつつフォントセットごとに異なる文字群を用意し，ワープロソフトなどの割り当てフォント情報を表示・保存できるソフトウェアの上でフォントセットを切り替えることによって目当ての形の文字を表示したり保存したりするというものである。Unicodeがまだ現在ほどに文字を多く収録していなかった頃には，様々な字形をコンピュータ上で伝えるための数少ない選択肢の一つであった。しかしながら，この手法の場合，個々の文字にそれぞれフォント情報を持たせる必要があり，それが失われてしまうと，どの文字が書かれていたかわからなくなってしまうという問題があっ

28：http://www.mojikyo.co.jp/
29：http://www.l.u-tokyo.ac.jp/GT/

た。このことにより，たとえば異なるソフトウェア間でコピー&ペーストをしたり，Web でテキストデータを公開したりした場合などに，どの文字だったかわからなくなってしまうという状態に陥ることがあった。パソコンで文書を作成して紙に印刷して共有していた頃にはそのような問題が表面化することはそれほど多くなかったようだが，テキストデータをデータとして共有して処理したり，オープンな形でテキストデータを公開したりするという流れが強くなってきたことで，この種の多漢字フォントの問題点がより強く表出するようになってしまったとも言えるだろう。テキストデータとして流通させることができず，フォント情報を文字ごとに埋め込むことが必須であれば，コンピュータを利用したテキスト分析手法を適用するにはやや難しく，通常のデータベース等に載せて全文検索を行えるようにすることも容易ではないだろう。そのようなことから，近年は徐々に使われなくなりつつあり，むしろ Unicode を学術用途にも対応させるという方向性が強まりつつある。Unicode を管理する業界団体である Unicode コンソーシアムや，国際標準として UCS（Universal Coded Character Set）を司る ISO/IEC JTC1/SC2 のワーキンググループ WG2 でも，学術用途での文字の登録に積極的になってきており，カリフォルニア大学バークレー校による SEI（Script Encoding Initiative）や上述の SAT 大蔵経データベース研究会等，学術団体もリエゾンメンバーとして加わるようになっている。特に後者は，それまで政府自治体等の代表団しか参加できなかった漢字の登録（符号化）を議論する IRG 会議に学術団体として初めて参加し，学術用途の漢字を学術団体として直接に符号化提案を行い，すでに CJK 統合漢字拡張 F には2,800字ほど新規登録している。Unicode への文字の登録はそれほど容易ではないとはいえ，徐々に道は整備されつつある。字の形の微細な違いに関しては，異体字セレクタ（IVS）で対応可能であり，これも上述のようにすでに約39,000種が登録されており，今後も徐々に拡張が行われる見通しである。これからは日本の学術用途においても Unicode を積極的に活用していくことが一つの道になるかもしれない。

　すでに述べたとおり，字の形を細かく区別することは，基本的には専門的なユーザの利便性を高めることになる。それも，必ずしも文字の専門家だけでなく，たとえば，ある字形の微細な相違を確認したときに，それが何かの文脈を

反映している可能性を探究するような研究，あるいはそのような成果が成果たり得る分野の専門家にとっても，利便性が高いと認識されることになるだろう。また，専門的でないユーザを考えてみた場合，検索用途としては問題なくなった上に，多漢字フォントのような難しい操作も必要なくなっていたとしたら，それは利便性の高さと認識することができるだろう。あるいは，たとえば，字の形の違いのマッピングのようなものが提供されれば，それに何らかの面白さを感じる人はある程度存在するだろう。特に漢字に関しては，文字情報サービス環境 CHISE[30]をはじめとする様々なツールがフリーで提供されており，そういったものをうまく組み合わせることでさらに利便性を高めることもできるだろう。

（9）オープンライセンス

さて，ここまでは，基本的にはユーザが Web サイト上でデータを検索・閲覧したりする場合の利便性の高さについて検討してきた。一方，ここでは，別な観点からの利便性向上，すなわち，ユーザがデータをダウンロードして様々に処理したり加工したりした上で，さらにそれを Web 上で公開したり，紙媒体で刊行したりできるようにすることによる利便性の向上，すなわち，オープンなライセンスの適用について検討してみたい。

近年，先進諸国では「オープンサイエンス」という考え方が普及しつつあり，日本政府としてもこの流れに沿った施策を展開し始めている。サイエンスを一般市民にも開いていくことによってイノベーションの可能性を広げていく，そのためにデータや研究成果を再利用可能な形で公開していく，という流れは，人文学資料においても少しずつ浸透しつつある。人文学の場合には，専任の研究職ポストが徐々に減っていくなかで，別の職に就きながらも研究を続けていける環境を提供しようという文脈も含みつつパブリック・ヒューマニティーズと呼ばれることもある。特に欧米先進諸国では，研究助成金の条件として成果物のオープン化を要求するなど，政策的にも研究成果のオープン化がサポート

30：http://www.chise.org/

される情勢にある。

　オープン化と一口に言っても，そこには色々な種類のものがある。まず，上述のオープンサイエンス以外に，オープンアクセス，オープンデータ，オープンソース，といった言葉がよく用いられる。オープンアクセスは，学術雑誌のオープン化に際して用いられることが多い言葉であり，オープンデータは，各国政府が行政情報を提供する際に用いて広まった言葉であると思われるが，自然科学データや政府の各種統計情報から文化資料まで，とにかくデータをオープン化する際によく用いられる言葉となっている。オープンソースは，ソフトウェアのソースコードを公開して誰でも改良できるようにするという話であり，一見すると人文学とは若干距離があるようにも思えるが，人文学も含め，インターネットを活用するあらゆる活動の基盤となっている考え方である。

　このように「オープン」には様々な文脈が組み込まれるようになってきているが，さらに，その利用許諾条件においてもいくつかのパターンがある。もっとも制約の緩い利用許諾条件は，パブリックドメインと呼ばれるもので，何の制約もなく誰でも自由に使って良い，公共の知的財産として提供するものである。Web に関係の深いものとしては，Web の生みの親，ティム・バーナーズ＝リーが開発した World Wide Web の技術がパブリックドメインとして公開・共有されている。また，著作権保護期間が終了すればパブリックドメインとなるため，多くの古い図書資料は基本的にはパブリックドメインである。知的財産権としては，著作権だけでなく特許や商標等，様々なものがあるが，中でも本書のテーマに深い関係があるのは著作権であることから，ここでは主に著作権に関連する事柄についてみてみよう。

　Web では多くのコンテンツを無料で閲覧することができる。では，これらは「オープン」なのか。充実したコンテンツを提供している Web サイトでは，しばしば，利用許諾条件を掲げている。人文学向けのコンテンツの中には，商用利用不可，改変不可，あるいは学術利用のみ可，といった条件が示されている場合もある。しかし，一つひとつ利用許諾条件を読んで確認していくことはなかなか容易ではない。そこで用意されるようになった枠組みの一つがクリエイティブ・コモンズ（以下，CC）ライセンスである。

CCライセンスは，ローレンス・レッシグをはじめとするインターネット法の専門家らによって策定された，著作物の適切な再利用を促進するための枠組みであり，初版が公開されたのは2002年のことであった。これに従えば，利用許諾条件は，表示（Attribution, BY）・非営利（Noncommercial, NC）・改変禁止（NoDerivatives, ND）・継承（Share Alike, SA）という要素の組み合わせで表現できるものとされ，いずれも，何らかの制約の下で再配布が可能となる。たとえば，CC BY と表記した場合，権利保持者についての「適切なクレジットを表示し，ライセンスへのリンクを提供し，変更があったらその旨を示」しさえすれば，改変も再配布も自由に行って良いという条件を提示することになる。CC BY-NC であれば，クレジットの適切な表示は CC BY と同様に必須であり改変・再配布は許容するが，ただし，商用利用の場合は不可という条件になる。CC BY-ND は見ての通りだが，ここでもう一つ留意しておきたいのが CC BY-SA である。この場合，利用者が対象となる資料をリミックスしたり，改変したり，加工した場合にも，その部分を元の作品と同じライセンスの下に頒布しなければならないという制約がかかる。この利用許諾条件は，「コピーライト」に対して「コピーレフト」とも呼ばれる，1980年代に始まったフリーソフトウェア運動を支えてきた GNU 一般公用利用許諾条件（General Public License, GPL）の流れを汲むものであると言える。

　GNU GPL は，排他的な利用許諾条件を持つソフトウェアが増えてきたことに対抗して，フリーソフトウェアがフリーのままで改良し続けられることを保証するために作られた利用許諾条件で，ソフトウェアを自由に利用・改変して良いが，同じ自由を他の人にも与えなければならないという考えに基づいている。一見すると極端な考え方に見えるが，実際のところ，この考え方に基づいて作られたフリーソフトウェア群がインターネットの発展を支えてきたという経緯があり，さらに，近年のスーパーコンピュータランキングでもこれに基づいて開発されたソフトウェア（この場合はオペレーティングシステム Linux）が上位を独占している。ソフトウェアの知的財産と発展に関して，このような考え方が一定の有効性を持っていることは，このように，すでに疑いようのないものになっている。しかし，ソフトウェアに関しては成功しているこの考え方が文化資料のデジタルデータについても有効であるかどうかは，両者の性質の違

いもあり，今後注視していく必要があるだろう．とりわけ，文化資料のデジタルデータの場合には，ソフトウェアのように正しく書かれているかどうかを判定する仕組みがまだほとんど用意されておらず，内容の正誤を人の眼で子細に確認しなければならないという点が大きく異なっている．また，波及効果についても，ソフトウェアと文化資料系のデータとでは，現状では圧倒的に前者に分がある．一度作成すれば色々なことに応用できる上に，改良してさらに利便性を高めたり，一部を切り出して他のソフトウェアに応用したりすることもできるソフトウェアに対して，文化資料のデータの方は，いまだほとんどそのようにはなっていない．分量を増やしつつ規格を整備していくことで，そうした状況を改善し，データがデータを検証できるような仕組みも提言されているが，道半ばである．このような状況だからこそ，コピーレフトによって相互利用を広く可能にしていくことが重要であるということをフリーソフトウェア開発の歴史から学ぶことができるが，一方で，そのためのコストをどこがどう負担するかという問題が横たわっている．

　文化資料のデジタルデータ化に際しては，もう一つ，留意すべき側面がある．それは，権利保護がどこまで認められるかという問題である．多くの古典籍・古文書は，著作権保護期間満了となっている．しかしながら，それを再版するなりデジタル化するなり，再利用可能な形にしようとすると少なくないコストがかかる場合がある．あるいはまた，複数の写本・刊本等を比較対照して一つの文書にまとめ上げるような仕事を行うこともある．たとえば聖書や仏典等，オリジナルの文書が残っていないテクストに関して，現在も保存されていて閲覧可能な写本や古い刊本を集めて，当初の文章がどのようであったかを推測したり，それぞれの時代・地域でどのような文章が読まれたりしたのかを閲覧できるようにしたりするもので，校訂テクストや学術編集テクスト等と呼ばれるものがその成果物となる．これらは，膨大で深い知的作業を伴うにもかかわらず，ある時点でのテクストを忠実に再現することを旨とするために，著作権において求められる創造性からは縁遠いものとなってしまい，結果として，知的労働の成果物であるにも関わらず著作権で保護されにくいという状況になってしまう．こういった問題に対応すべく，ドイツの著作権法では著作権消滅後の作品でも一定条件下で排他的な権利を認める条項を設けており[31]，校訂テクス

ト等も少なくともこの範疇での権利保護が可能であるようだが，日本ではこの種の仕事についての権利保護が十分ではなく，古典作品を広めるための原資を確保するという意味ではやや難しい状況であると言える．また，それゆえ，古典籍作品をオープンデータとして公開する場合に CC ライセンスを付与する場合があるが，著作権がなく法的に権利保護されないデジタル化文化資料においてはその有効性を発揮することはあまり期待できない．CC ライセンスにおいても，対象資料中に含まれるパブリックドメインの部分については自由に利用してよいという条項があり，CC ライセンス付きの著作権保護期間満了資料は CC ライセンスを付与したとしても大部分はパブリックドメインとして扱われることになってしまうかもしれない．公開者側は，この点をどのように考えるべきか検討していく必要があるだろう．

さて，このようにしてオープン化され，再配布が可能となったなら，どのようなユーザにとっての利便性が高まるのかと言えば，やはりまずはその資料の専門家であり，たとえば，自らの研究等の成果を公表する際に，許諾手続きなしにオープンなコンテンツを含むことができるようになるという点が挙げられる．一方で，何らかの特定の，あるいは特定分野の資料だけでなく，むしろ，その資料を含む様々な資料を対象とし，それらを集約して新たなサービスとして提供するといった状況を創出しようとするユーザがいたなら，その人にとってもオープン化の利便性は極めて高いものであると言えるだろう．そして，そのようにして再配布されることは，たとえば Web で公開している元の資料へのアクセス数を減らすことになってしまう場合もあるが，その資料の社会のなかでの位置づけや貢献度という観点から考えてみた場合，各地で様々な形で公開された方がよいということも少なくないだろう．

あるいはまた，デジタル文化資料を Web に公開している機関が何らかの理由で Web 公開を続けられなくなり，しかしそれをうまく引き継ぐこともできないという状態に陥った場合にも，オープンなライセンスが付与されていたなら，どこかの別の機関が，当該機関の許諾を待つことなく Web 公開することもできる．その場合に認めることのできる利便性は，あらゆるタイプのユーザ

31：http://www.cric.or.jp/db/world/germany/germany_c1b.html

にとって有益なものだろう。

　このように，オープンライセンスの効用には様々なものがあり，コンテンツ利活用の活性化を目指す上では検討すべき重要事項の一つである。

第4章
デジタル世界に移した後，なるべく長持ちさせるには

　デジタル世界に移した資料は，長持ちさせることがなかなか容易ではないように思える。これを紙媒体の場合で考えてみると，たとえば，紙媒体で出版した場合は，国立国会図書館に納本すれば，あとは永続的に利用することができる。あるいは，紙に墨で書かれたものは1000年を経て書いた人の気持ちが伝わってくるような筆致を残してくれている。こういった状況に比較すると，デジタル世界の資料はなんとも心許ないような印象を持ってしまうことも多いだろう。しかしながら，国立国会図書館の場合は，本や雑誌，すなわち，専門企業の手によって市場に流通できる形に作り上げられたもの，あるいはそれに準ずるものとして制作されたものが送り届けられるようになっており，それを受け取る国立国会図書館の側では，国立国会図書館法に裏づけられた制度に基づき，館長，副館長を含む平成27年4月現在の職員数（定員）は約900名，東京本館に加えて関西館という体制で保管を行っているのである。たとえば，自分で作成したデジタル資料を自らの手で長く保存しようと考えた場合と比べると，とても比較のしようがないほどに体制が整備されている。あるいはまた，寺院等にも貴重な文化資料が多く残され，なかには1000年を超えて伝承されてきているものもあるが，これもやはり，多くは倉に収められ，適切な環境が保たれ貴重なものであればきちんとした目録が作成されたりもするなど，長い間丁寧に保存されているものは，それなりに体制が整備されていることが多い。一方で，保管のためにそれほど手間をかけなかった場合には，長持ちすることは少なく，そもそも長持ちしているのかどうかもよくわからない，ということにもなりかねない。また，図書館であっても本の廃棄を業務の一環として行っているところが多く，必ずしも何もかも長期的に保存されているというわけでもない。

このようにして考えてみると，デジタルの場合にも，長期保存の必要性について検討するならば，紙媒体の資料のための長期保存と同程度の体制を作ることを目指して相応のコストをかけることを前提としなければ，紙媒体における高度な保存と対比することはあまり意味をなさないだろう。とはいえ，すべてのデジタル資料の保存が，国立国会図書館の納本制度や1000年にわたって資料を保存してきた寺院のようなコストをかけて実施できるわけではない。そこで，ここでは，適性なコストで現実的なことをするにはどうすればいいのか，そして，その結果どういうことが可能になるのか，あるいは期待できるのか，ということを中心に検討してみたい。なお，この章では，話の流れの関係上，前章までに述べてきたことと内容的に重複する部分も少なくないので，その点はご容赦されたい。

4.1 長持ちさせるための基本

さて，デジタル世界に移した資料をなるべく長持ちさせるにはどうしたらいいのか。ごく当たり前のことを言えば，定常的な予算と人材が確保されればよいということになる。上に述べたように，紙媒体資料の保存における国立国会図書館や由緒ある寺院などにならえばよいのである。しかしながら，ただ予算と人材さえあればよいというものでもなく，また，予算にも人材にも限りがあるので，なるべく効果的にそれらを投入できるようにするためにはどうしたらいいのか，ということについて考える必要がある。

4.1.1 必要な人材について

デジタル化資料を長持ちさせるとしたら，どのような人材が必要となるか。まずはデジタル技術に関する専門知識を持つ人だろう。詳しくは後述するが，OAIS 参照モデル等の長期保存に関する枠組みもあり，これに対応することでデータの長期保存に関する様々な観点からの知見を活かすことができるようになるため，これに関わる知識や経験を持った人材がいれば心強い。また，Web で継続的に公開するのであれば，Web に関する技術を持った人か，あるいは少なくとも，それを外部に依頼できるだけの知見を持った人が必要となる。

とりわけ，日進月歩の技術革新とともに日々報告されるセキュリティバグの類いをはじめとするセキュリティ上の問題に対応できることは，Web公開においては必須である。もちろん，各種トラブルが発生した場合に対応できる人も必要だが，これも外部に依頼できる知見と，そのための予算が用意できるのであればそれで十分だろう。

　これを紙媒体やマイクロフィルムによる複製等の保存との対比で考えてみた場合，媒体の劣化については目視で確認するしかないため，それに問題がないことを確認できる専門家が必要になる上に，専門家が目視でチェックするための時間と場所も必要になるだろう。この点に関しては，デジタルであれば，データが2値化されており，少なくとも「前の状態から変化があったかどうか」については自動的にチェックすることが可能であるため，このレベルで劣化していないかどうかの確認に限って言えば，資料に関する専門家でなくとも，デジタル技術の専門家でも対応可能なことが多い。たとえば，データが改ざんされていないか，壊れていないか，といったことについては，プログラムでチェックすることができ，ハードウェアが壊れていないかどうか，ということについては，システムからのエラーメッセージやエラーランプによって判断できるため，いずれもデジタル技術の専門家によって対応可能である。このような作業においては，個別に資料を目視する場合に比べると負担はきわめて少なく，資料が大量になればなるほどその負担の少なさは際立っていく。とはいえ，誰かがそれを実行しなければならないため，そのようなことを内部で誰かが担当するか，あるいは，対応可能な外部の専門家や企業に依頼するといったことが必要になるだろう。

　以上のことを踏まえた上で，それでも，文化資料が対象であるなら，その文化資料の内容についての理解をある程度持っている人が必要である。そうでなければ，データが想定通りに適切にユーザに見えているのか，という最後の部分がわからない場合があるからである。

4.1.2　必要なシステムと体制について

　デジタル化資料を長持ちさせようと思ったなら，まず，保存媒体やデータそのものが壊れた場合に備えてバックアップをとっておく必要がある。それを保

存するためのデータ容量をハードウェアかクラウドサービス等で常に確保しておく必要がある．このためには，データ容量として，最低でも予想されるデータ量の2倍以上，できれば，3倍は用意しておくことが望ましい．ただし，保存用のデータとそれを保存する媒体は頻繁にアクセスされることを想定する必要はないため，着実に保存できる媒体であれば多少アクセスしにくいものでもよい．したがって，近年保存容量が飛躍的に大きなものになってきている磁気テープを用いることも有力な選択肢である．本稿執筆時点で最新のLTO-8ではテープ1本で非圧縮12TB，圧縮時30TBのデータ保存が可能となっている．あるいは，アマゾンのクラウドストレージサービスにおけるAmazon S3 GlacierやAmazon S3 Glacier Deep Archiveのように保存を主目的とした比較的安価なストレージサービスも提供されるようになってきており，クラウド，すなわち，ネット上のどこかのコンピュータに大きなデータのバックアップを長期にわたって保存しておくということも徐々に選択肢に入るようになりつつある．これを紙媒体との対比で考えるなら，貴重な資料なので副本を作っておいて，そのための収蔵庫を別の所に用意しておくようなものであると捉えることはできるかもしれない．

　また，ハードウェアが故障した場合に備えて，専門企業と保守契約を結んでおいたり，修理代金をあらかじめ見積もって予算を組んでおくといったことも必要になる．近年のハードウェア故障は，たとえばRAID1やRAID5，RAID6等の複数のハードディスクを並列してデータを分散して保存する仕組みを用いれば，ハードディスクの故障程度ならサーバを止めずに交換できてしまうなど，サービスを止めずに作業することが可能な場合も増えてきており，止めたとしても，故障部品を交換すればすぐに再稼働できる場合が多い．しかしながら，運悪く，修復後にバックアップからデータ復旧しなければならないような故障の仕方をする場合もあるため，それを実行できるハードウェアと人的体制も整えておかねばならない．

　Web公開し続ける場合には，上記の事柄に加えて，検討事項はさらに増える．空調に関しては，クラウドサービスを利用する場合には不要になるが，一般に，Web公開に利用するようなコンピュータは比較的発熱量が大きく，特に夏期は熱暴走で自動停止してしまうことが懸念される．そこで，冷房を入れ

るということになるが，停電や冷房用空調機自体のトラブル等によって冷房が止まってしまうことも考えられる。それを避けるためには，冷房の二重化等，検討すべき事柄が出てくるが，そういった問題までクリアしなければならないとしたら，コンピュータをサーバ専用スペースで管理してくれるクラウドサービスは選択肢としての重要性が高くなってくる。

　すでに人材のところで触れたが，セキュリティ対策も必須である。広く用いられているソフトウェアは，世界のどこかでセキュリティホールの探索が日々行われており，見つかるとそれを悪用しようとする様々な攻撃が世界的に行われるようになる。サーバ側のセキュリティ対策が十分でないうちにそのような攻撃が行われると，そのままサーバを乗っ取られてさらなる悪用の踏み台にされることになる。知らぬ間に自分のサーバが攻撃者になって重要な政府機関のサーバへの侵入を試みているという事態も決して他人事ではない。そういう事態を避けるためには，セキュリティホールがみつかり対策のためのセキュリティアップデートがリリースされるたびに，それをきちんと自分のサーバに適用するという作業が必須になる。これは企業との保守契約の中で対応を依頼することが可能であり，クラウドサービスでは基礎的な部分に関してはサービス企業側が対応してくれることもあるため，そのための予算の確保さえ可能であれば，Web公開の担当者自身が実施する必要はない。ただし，特注品で凝った作りのWeb公開システムの場合，制作した企業でなければセキュリティ対策が困難ということもあるので，特注する際にはセキュリティ対策にかかる費用も考慮に入れる必要がある。また，いずれにしても，セキュリティアップデートを適用したためにソフトウェアがうまく動かなくなるということは稀にある。担当者の技術力でカバーできるのであればそのための時間さえ確保できればよいが，外に助力を求めなければならないということになった場合の対応も検討しておく必要がある。セキュリティアップデートによって動作しなくなり，数ヶ月間公開停止になってしまったり，結局そのまま有耶無耶のうちになくなってしまうという残念な事態も実際に生じてしまっている。

　さらには，セキュリティホールが見つかったので対策をしなければならないのに，セキュリティアップデートがリリースされなくなって身動きがとれない状態になる場合もある。そのようなことは，システムが依拠しているソフトウ

ェアがメジャーバージョンアップしてしばらく時間が経った場合に生じやすい。たとえば，マイクロソフトのWindowsで言えば，Windows 98のサポートが終了してしまい，もう不具合があってもアップデートされなくなってしまったので，Windows 98をWindows 10にアップデートしなければならない，というようなことである。この場合には，それまで使っていたMS-Officeも新しいWindowsでは動かないので新しいものを買い直さなければならなくなったり，Windows 98では動いていたけど新しいWindows用にはリリースされていないソフトウェアはもう使うのを諦めるしかない，ということが生じた。Web公開システムにおいても同様のことはしばしば生じてきている。特に，Web公開システムの場合，色々なソフトウェアを組み合わせてサービスを構築することになるため，利用しているソフトウェアのそれぞれについてセキュリティアップデートも必要であり，それが止まってしまった場合には，メジャーバージョンアップを行わなければならない。メジャーバージョンアップは，ソフトウェアの機能の重要な部分に変更が加えられる事が多く，相互に連携しているソフトウェアのどれか一つだけがそうなってしまうと，他のソフトとの連携がとれなくなってシステムが動かなくなってしまうということがある。こうした場合には，もはやシステム全体を入れ替えた方がはやいということにもなりかねない。こういったことは，導入時点でよほど古いシステムでない限り，3〜5年くらいに一度と考えておけばよく，そのための予算や人手などを確保できるようにしておくというのが穏当なところだろう。

4.2　URLの維持

　ここまでで確認してきたように，Web公開しているデジタル化資料を長持ちさせようと思ったなら，おそらくいつかは，システム移行が必要となる時がくる。その際に費用や人手が必要になるのはもちろんのことだが，そういったことを踏まえた上での作業上の注意点として，URLの維持という課題がある。

　URLの維持に関してWebサイトの説明のなかでよく見るのは，サイト内のURLの維持を保証しないという免責事項である。確かに，保証すると言明してしまった場合に発生するかもしれない責任を想定すると，この免責事項は仕

方がないようにも思える。しかし，URL が変更されてしまうと，それまでの Web でのつながりがすべて切れてしまう。多くの場合，Web 公開サービスや Web コンテンツは，時間をかけて徐々に Web のつながりのなかにその位置を占めていくものであり，一度それが切れてしまうと，再構築するのは時として非常に難しい。たとえば，Web 公開サービスへのリンクとともにブログに書かれたコメントは，内容についての学術的な批判や意義の説明だけでなく，使い勝手についての感想や，そのコンテンツに関わった時の筆者の想い出話等，様々なものがある。あるいは，学術論文や研究報告のようなものに URL が引用され，それを元に何かが論じられていることもある。URL を変えたとき，それらは皆修正を必要とすることになってしまう。修正可能なものは対応するとしても，修正ができないものやかなり難しいというものも少なくないだろう。結局のところ，おそらく，URL 変更にあわせてすべてを網羅的に修正することは現時点では不可能だろう。そのような事態を考慮すると，やはり URL はなるべく変更しないようにしたいところである。

　URL の維持に際しては，パーマリンクと呼ばれる，永続的に利用できる URL を設計し，外部に対しては常に同じ URL でコンテンツにアクセスできるようにしておくことが，情報のつながりに根ざす Web 上の情報の価値を維持していくためにも重要なことである。と言ってもそれほど難しいことではなく，機関・組織のなかで，個々のデジタル化資料に固有かつ不変の識別番号がついていれば，それを用いることでサイト内での維持は実現できることになる。ただし，識別番号に変更があり得たり，あるいは識別番号が他の資料のものと重複したりする可能性がある場合には，別途何らかの方法を考える必要がある。国立国会図書館デジタルコレクションで各資料に付与している「永続的識別子」は，まさにこの課題に取り組んだ結果として公開されているものだろう。

　サイト内で識別番号を維持する見通しが立ったなら，次は，URL 中のそれよりも上位の部分である。多くの場合，ここで問題になるのはホスト名と呼ばれるだろう。たとえば，http://images.lib.digital.ac.jp/resources/book0001.html となっていた場合，book0001 が識別番号だとしたら，上位の部分は images.lib.digital.ac.jp/resources である。このうち，resources の部分はサイト内で決めることができることが多いので維持に関してはそれほど問題にならな

いだろう。URL 維持に際して難しいことになる場合があるのは，images.lib.digital.ac.jp の部分である。これは仮の URL だが，この場合，「日本」の「学術機関」の「デジタルという組織」の「lib（多くの場合図書館）」の「images というサーバ」ということになる。たとえば，これが組織内のルール変更により，da.lib.digital.ac.jp となったり，あるいは，da.library.digital.ac.jp となったり，組織全体の URL 変更により image.center.digital.jp のように「ac」のところまで変更されてしまう場合もあり得る。さらに言えば，他の機関との統合等が行われて，images.library.comp.jp 等と変更される場合もあり得る。

　このようなホスト名の変更においては，いずれの場合も，元の URL にアクセスがあったときに新しい URL への自動的にリダイレクトしてくれるサービスをサーバ側で常に提供し続けられれば一応の解決は可能である。しかしながら，常にそのようなサービスを提供するのは必ずしも容易ではない。システムの構成やその運用・保守の契約内容，あるいは担当者の技量等によっては実現が困難な場合もあるだろう。

　これに関しては，すでに理工系及び海外の人文社会科学系の学術論文では広く普及しており，デジタル化文化資料の Web 公開サービスにおいても少し未来に実現しそうな一つの解決策がある。DOI（Digital Object Identifier）と呼ばれるものであり，かいつまんで言えば，DOI 財団のサイトに元サイト上の URL を登録しておき，利用者が DOI 財団のサイトにアクセスすると元サイトの URL に飛ばしてくれる，というものである。この仕組みでは，元サイト上のコンテンツの URL が変更になった場合，DOI 財団の登録 URL を変更すれば，ユーザは引き続き DOI 財団の同じ URL にアクセスすると元サイトコンテンツの URL に飛ばしてもらえることになる。学術論文の世界では URL 変更の悪影響が甚大であるため，デジタル化された論文の URL 維持の枠組みとしてこういうものが普及することは理解しやすい。日本では，国立情報学研究所，科学技術振興機構，国立国会図書館等によって組織される JaLC が受け皿となってこの DOI の管理を担っており，この世界でも，国立国会図書館デジタルコレクション等，古典籍を中心に少しずつ広まりつつある。

4.3 システム移行による断絶について

　第1章で述べたように，ソフトウェアにしてもハードウェアにしても，いずれは寿命が来てしまう。ソフトウェアであれば，そのソフトウェアそのものか，あるいは，そのソフトウェアが依拠するソフトウェア（OSやミドルウェア，フレームワーク，データベースサーバ等，様々なものがこれに該当する）のセキュリティ対策のための更新が行われなくなり，ハードウェアであれば交換部品がなくなるか，あるいは，最新のセキュリティ対策がなされたソフトウェアを動かせなくなれば，少なくともWeb上では使えないことになってしまう。したがって，作成したデジタル化資料を長持ちさせたければ，いずれは別のシステムに移行させることを想定しておく必要がある。

4.3.1　使い勝手の継承

　システムを移行すると使い勝手も変わってしまう。紙の書籍とのアナロジーで考えてみた場合，頁の開き方が変わったり索引の使い方が変わったり，章末注だったものがページ内の脚注になったりするというようなことと考えるとよいのかもしれない。内容は変更されないが使い勝手が変わるということは，Webで共有されるデジタル化資料をシステム移行を超えて長持ちさせようとする場合には避けられないことである。とはいえ，この点については多くの人が実感していることと思うが，たとえばMacOSやMS Windowsがバージョンアップのたびに利便性を高めつつも徐々に使い方を変えていくように，あるいはマウスからタッチパッド，そしてタッチパネルへと入れ替わっていくように，デバイスが進化しつつ利便性を高めていくことはデジタル機器では日常的なことである。Webのインターフェイスも着々と使い勝手が変化していっており，大勢としては利便性が高まっていると言ってよいだろう。一方で，たとえば，現在，利便性の高いシステムを初期のWebのようなインターフェイスで提供されたなら，使いにくく不便だと思ってしまう人も少なくないだろう。そのような状況であれば，重要なことは，まったく同じ使い勝手を継承していくよりもむしろ，デジタル化資料を通じて享受したい事柄が継承されていくこ

とだろう。文字列検索できていたのであれば，次期システムでもそれが同様に利用できるように，あるいは，画像に付けたタグを検索できるようにしていたのであれば，次期システムでもそれができるように，という風にしておくことが重要になってくる。言い方を換えれば，「どういうサービスを提供していたのか」ということを把握した上で次期システムに取り組むことが重要になる。ただし，もう一つ留意しておくべきは，次期システムで新しい機能が提供されることによって，より利便性を高めた，しかし前回と同じではないサービスが提供されることもあるという点である。典型的なのは，文字列検索において異体字を同時に検索できるようになることによる検索結果数の増加である。検索結果数を手がかりとして何かをしていた人がいたりそういうサービスがあったりした場合，公開側としては，検索結果数が変化したことを提示しなければならないだろう。利用者側としても，システム更新時にはそういったことに注意しておく必要があるだろう。

4.3.2 データの継承

　ソフトウェアとデータを別のものとして考えてそれぞれ構築し，システム移行時にはデータのみをなるべく効率的に移行させることで，システム移行時の負担を減らしつつより効果的な次期システムの立ち上げを目指す。そのためには，データの構造がどういうものであるかということについて，他の人が読んでも理解できるような形できちんと記述しておく必要がある。とはいえ，そのような記述の仕方を一から考えることはなかなか容易ではないため，その筋の専門家コミュニティが定めるルールになるべく準拠させることが有効だろう。第1章でも触れたように，このことは，デジタル化資料を長持ちさせるための要である。

　ソフトウェアとデータを切り分けて作成することは，かつてはやや難しいことだったが，その難しさの最大の原因は，コンピュータの処理速度が十分でないという点に尽きる。ソフトウェアにとって効率の良いデータを作成しないことには，高速な検索やデータ処理がなかなか難しかった時代は比較的長く続いた。それでも，処理速度を犠牲にしながらも敢えてデータを切り分けて作成する動きもあったものの，それは酔狂の一種と捉える向きもあった。しかしなが

ら，近年はむしろ，コンピュータが高速化したことで，データを扱うコミュニティの文脈に基づく規格やガイドラインが作成されるようになってきているため，それに従ってデータ構築した上で，それに合わせてソフトウェアを作成するというスタイルが可能となってきた。さらに，そのようなデータを前提としてソフトウェア構築の技術が蓄積されていくという流れもできつつある。

　たとえば，アーカイブズの専門家による国際的なコミュニティである国際公文書館会議（ICA）では，記録史料をデジタル化する際のデータの構造として参照すべき規格 ISAD（G）を定めている。すでにこの規格に対応したソフトウェアが複数利用可能となっており，AtoM, ArchivesSpace など，ISAD（G）のデータを読み込むだけでなく Web 上でデータ構築もできるようになっているフリーソフトも広く利用されている。このような状況であれば，この規格に沿ってデータを作成すれば，対応ソフトウェアに読み込ませることでデータを利用することができるため，特定のソフトウェアに依存する必要がなくなるだけでなく，むしろ，ソフトウェアを必要に応じて選択することが可能となってくる。このことは，データの継承性を高めるだけでなく，特定企業への依存を避けることによるメリットをももたらしており，さらに，アーカイブズ史料の情報を国際的に連携させることさえも容易になる。何らかの歴史を解明する上で，1文書館，1国の文書館だけで調査研究が完結しない場合には，ISAD（G）によるデータ規格の統一は少なからぬ利便性を提供してくれることだろう。同様のものに，博物館・美術館資料のための CIDOC CRM というものもあるが，これは国内企業でもこの規格に対応したソフトウェアを提供している例があり，採用自体は比較的容易であるように思われる。

　あるいは，人文学向けのテクストデータの構造を記述するためのルールとしては，TEI（Text Encoding Initiative）協会がガイドラインを定めている。これは人文学全体を対象としていることから対応範囲がきわめて広く，コーパスや校訂テクスト，辞書，古典文献目録など，様々な資料に関するガイドラインが提供されている。現在は XML 規格への準拠が基本となっており，XML 関連技術を用いた様々な活用ソフトウェアが世界各地から公開されているため，これも一度データを構築すれば色々な形で活用でき，かつ，作成した時点での意図を反映する形での継承が可能となっている。TEI が具体的にどのようなも

のであるかについては，詳しくは後述する。

　こうしたデータの作成には様々なアプローチの仕方がある。多くの場合はXMLで記述されることになるため，XMLのタグを直接記述していくという方法が選択肢にあがることがある。XMLタグの記述に特化された，いわゆるXMLエディタの中にはかなり利便性の高いものもあり，その使い方に習熟することを前提とすればそれほど困難なものではなく，とりわけTEIに関しては，そのようにすることで，データ作成者自身がガイドラインに沿いつつ自らのデータの構造を考えながら記述するという仕方が欧米先進国ではデジタル・ヒューマニティーズだけでなく中世研究等の授業科目の一部として定着しているほどである。一方で，XMLタグの記述には抵抗感を持つ人もいることから，タグをみせずにメニュー選択を通じて必要なタグのみを付与できるようなWebインターフェイスを用意するプロジェクトもあるようだ。他の規格においても，タグ等をいちいち利用者が入力するのでなく，所定のインターフェイスに入力すれば裏側でタグを自動的に付与してくれるようなものが用意されているケースが増えてきているように思われる。たとえば，前出の，功利主義思想家Benthamの草稿を皆で翻刻するプロジェクト，Transcribe Benthamでは，Mediawiki（Wikipediaで用いられているフリーソフトのWeb共同作業用のコンテンツ管理システム）をカスタマイズして，この翻刻作業に必要ないくつかのTEI/XMLタグをメニュー選択で入力できるようにしていた。プロジェクト単位でシステムを構築しなければならないという意味ではやや大変ではあるものの，この種の仕組みを開発するための手法はかなり整備されてきており，慣れている人にとってはそれほど難しい仕事ではないようだ。

　いずれにしても，標準規格，もしくは標準的なガイドライン等に沿ってデータを作成しておくことは，それを作成した専門家コミュニティの知見を一連の活動の中に反映させられるということでもあり，データの継承のみならず，データの利活用や連携，ソフトウェアの開発など，様々な局面でたいへん有用である。ただ，海外の専門家コミュニティが作成したものは，海外先進国ではデファクトスタンダードになっていたとしても，そういったルールブックのようなものが日本語になっていなかったりすると導入がやや難しいということになり，さらに，日本の文化資料の特殊性に対応が必要になるケースもあるため，

対応する日本の専門家コミュニティ（IT系ではない）が，きちんと対応する必要がある．既存のものの多くは，すでに何らかの形で対応が行われているが，現場での実践までつながっているかと言えば必ずしもそうではないようであり，今後のさらなる対応に向けて一層の奮起が期待される．

（1）規格に合わないデジタル化文化資料

　デジタル化文化資料を国際的な規格に合わせて作ろうとすると，うまく規格に合わせられない場合がある．日本の資料であれば，「漢字の外字」「縦書き」「ルビ」「返り点」といった事柄はしばしば問題になる．既存の規格になるべく準拠しつつ，それが不可能な部分のみ，なんらかの独自の方法で解決するような手法を編み出す場合もあるが，規格に合わない部分が多い時には，既存の規格に沿うのではなく独自の規格が創り出されることもある．独自の規格は，既存の規格とのデータ交換が合理的にできるのであればそれほど大きな問題はなく，資料が持つ本来の特性を可能な限りきちんと記録し共有するための手段の一つとして考えてもよいだろう．とは言え，独自の規格を作成し維持していくことはそれなりにコストがかかる．規格の性質，内容，対象，他の様々な規格の中での位置づけ，技術の発展にあわせた改定手続き，そしてそれらの情報の適切な記録と公開など，すべきことは多く，しかも，それほどの手間暇をかけるにもかかわらず，誰もが自由に利用可能な利用条件にしないことには普及や継承が難しくなってしまう．たとえば，外字を表示するために一時期よく使われていた今昔文字鏡では，既存の文字コードでは表示できない字形を表示できるようなフォントを作成するとともにそれぞれの字形に番号を付与してワープロソフトで扱えるようにしていた．今昔文字鏡の場合には，ワープロソフトにおける各文字のフォント情報を頼りにフォントセットを切り替えることで様々な文字を表示するという仕組みをとっていたため，何らかの事情でフォント情報が消えるとどの文字だったかわからなくなってしまうだけでなくテキストデータとして処理することもできないという技術的な困難さがある．それにもかかわらず，今昔文字鏡では，利用許諾条件として，Unicode等の他の文字処理体系に切り替えるための文字番号テーブル等を公表することを禁じてきており，他の文字処理体系への変換に大きなコストがかかってしまうため，今昔文字鏡

を含むテクストデータの扱いはやや難しい状況になっている。デジタルデータとしては残されており相応のコストをかければ広く再利用できる形になるため，非デジタルな状態から再度デジタル化することに比べれば幾分か容易ではあるものの，この歴史的経緯が残したコストを誰かが負担しなければならないことも確かである。

　そこで，既存の国際的な規格類ではどうしても日本の資料の固有性をデジタル化資料に反映できないとなったときに，独自規格を新たに作るのではなく，既存の国際的な規格を日本文化資料の固有性に合わせて変えるという方向が出てくる。既存の国際的な規格の多くは，英語で議論されている場に参画する難しさを除けば，上述のような規格を維持・改良するための基本的なプロセスはすでに国際的な次元で実施されており，その枠組みに従って手続きを行えばよいことになる。デジタル文化資料関連の規格の場合，日本から誰もそこに参加しておらず，日本語の固有性について理解してもらうことから始めなければならなかったり，日本にも貴重な古典籍が存在することを知らしめるところから説明しなければならなかったりと，やや困難な場合もあるが，特に国際性を志向している規格の場合には本来そのようなローカルな固有性を受容すべきであり，その点を丁寧に主張することでコミュニティがそれを自らの課題として認識すれば，そこから先はむしろ議論は建設的になるだろう。また，このようなことは工業規格等では以前から行われてきたことであり，そのためのノウハウは工業技術・情報技術の世界では日本にもかなりの蓄積があり[1]，取り組むに当たっては，その経験からも学んだ上で臨みたいところである。

（2）規格策定プロセスへの参画

　規格は誰かが作っているのであって天与のものではない。それを必要とする人達が集まって議論し，数多くの選択肢を縫って編み上げられたものである。国際的な専門家コミュニティの中には，自らの専門分野をデジタル時代に適切に対応させるための規格やガイドラインを策定し公表しているところがある。あるいは，専門家が集まってそのようなものを策定するためのコミュニティを

1：たとえば，小林龍生『ユニコード戦記―文字符号の国際標準化バトル』（東京電機大学出版局，2011年）は，Unicodeにおける関係者の苦労が如実に語られており興味深い。

形成することもある。すでに挙げたように、比較的目立つものとしては、国際公文書館会議 (International Council on Archives, ICA) によって策定された ISAD (G) (General International Standard Archival Description)、博物館・美術館では国際博物館会議 (ICOM) による CIDOC CRM、図書館では国際図書館連盟 (International Federation of Library Associations and Institutions) による FRBR (Functional Requirements for Bibliographic Records) やその後継とされる LRM (Library Reference Model)、人文学研究者が中心となって形成された TEI 協会による TEI ガイドライン (Text Encoding Initiative)、文化機関の Web エンジニアが中心となって結成された IIIF 協会による IIIF (International Image Interoperability Framework) などがある。文字に関する国際標準規格である Unicode は、対応する ISO/IEC 10646 と Unicode 協会との双方で文字の専門家が集って議論が行われている。中には議論のプロセスをオープンにしているものもあり、起案書さえ書けばすぐに議論に参加できるものもある。たとえば、TEI ガイドラインに関しては、東アジア／日本語分科会が TEI 協会内に設置されたため、日本文化資料に固有の事項はここを通じた起案が可能になっている。Unicode については、ISO で規格表を策定しているため、そのルールに則った形で手続きを行うことになるが、特に漢字以外の文字はカリフォルニア大学バークレー校の言語学部に設置されたプロジェクト、SEI (Script Encoding Initiative) が ISO への文字種の提案を支援してきている。いずれにしても時間がかかる上に決定プロセスの時間的なコントロールが想定通りに進まないこともあるため、時限付のプロジェクトで取り組むのはやや難しく、なるべく腰を据えて取り組める体制を整えた上で提案の準備を開始するのがよいだろう。

4.3.3 データを改良する場合

　データを標準的な形で作成しておくことは、ここまで見てきたように、デジタル化資料を継承していくためにとても有益である。しかし一方で、中長期的に有用性の高いものを提供し続けることを目指す場合には、やや遠い将来でのデータの作り直しを視野に入れておく必要がある。デジタル画像の場合とテクストデータの場合について、それぞれ例を挙げて以下に検討してみよう。

　たとえば、10年以上前に撮影したデジタル画像であれば、デジタル技術の進

4.3 システム移行による断絶について

展により，そろそろ再撮影した方が利用者にとって良いということがあるかもしれない。紙の資料とのアナロジーで考えてみるなら，貴重な奈良絵本の写真版をモノクロで印刷出版したが，やがてカラー印刷が安価になったためにカラー版での再刊行を目指す，という状況に近いかもしれない。デジタルの場合を具体的な例で考えてみると，資料をモノクロ撮影したマイクロフィルムをスキャナでデジタル画像化したものが国立国会図書館や国文学研究資料館をはじめとして様々な機関から公開されている。これはデジタル化に際しての時間短縮・費用圧縮や，マイクロフィルムの劣化対策など，いくつかの明確な理由があって行われているものである。しかし，これらについては，そもそもマイクロフィルムが持つ幅広い階調をデジタルスキャナが十分にうまくデジタル化できず，暗い部分がほぼ真っ黒になってしまったり，明るい部分が白く飛んでしまったりしていてうまく読み取れなくなっている場合があり，さらに，資料の性質上，カラーの高精細画像の方が適しているものも少なくない。予算や時間が許すならば，いずれは再度のデジタル化が行われることも期待したいところである。このような場合には，メタデータはほぼそのまま転用できるとしても，画像データは入れ替えになり，それに強く依存しているデータも作り直しということになる。さらに言えば，いずれ3D画像の高精細撮影が非常に安価に行える時代が来た場合には，紙資料であったとしてもその凹凸を記録・再現することで，綴じ方や書き方，墨や顔料，あるいは装飾ののり方などを統計的に処理することが可能となり，3Dで再撮影をしようという機運が出てくるかもしれない。すぐに行う必要はないとはいえ，10年，20年，50年といった時間感覚では，画像の作り直しも視野に入れる必要があるかもしれない。そのようなことから，やはり，デジタル化資料を作成したとしても，元になった現物資料は，それはそれできちんと保存しておかなければならないということになる。

　テキストデータの場合にも，いくつかの観点からデータの作り直しをしたくなる場合がある。近年はUnicodeに収録される文字種が増えてきたために，これまで区別できなかった文字種の区別が可能になってきた。Unicode11.0では，CJK統合漢字が87,887種，それに加えて変体仮名や梵字（悉曇文字）も利用可能となっている。それだけでなく，Unicodeとしては同じ文字であっても字の形の細かな違いを区別することを可能とするルールであるIVSの登場は，

文字の形状の再現性をテキストデータレベルで高めることに大いに貢献する形になっている。こういった事柄の善し悪しについては議論の余地が大いにあるにせよ、細かく区別したものを、どこかの段階で集約して利用するということはコンピュータ上ではとくに難しいことではない。字形の細かな違いから区別した二つの文字を検索や統計処理の段階では同じ文字として扱うということはコンピュータにとっては比較的得意な仕事の一つである。したがって、かつてテキストデータを作る際に、細かな字形の違いを泣く泣く無視して一つの文字として入力したものを、現在では異なる文字、あるいは異なる字形として記述し直すことは技術的には現実のものとなりつつある。もちろん、いまだUnicodeの文字としてもIVSとしても登録されていない文字や字形も多数あるため、すべての文字・字形の区別ができるようになったわけではないが、現在も着々とその数は増えてきている。どうしても必要なら自らUnicodeに文字を追加する道もあり、文字や字形の区別が必要かどうかという議論は、技術的制約を考えずに本来そうすべきかどうかという観点からの議論が可能になってきているのである。

　文字の扱いの変化における例をもう一つみてみよう。それは、細かな字形の違いやいわゆる外字をなんとか工夫してテキストとして記述しようとしてきたものに関してである。少し前までは、このために取り得た手段といえば、複数の文字を組み合わせてみたり、今昔文字鏡フォントやGT書体等の多漢字フォントを利用したりするといった方法が採られてきた。文化資料関連のデータでこういった工夫によってなんとかして文字を表示できるようにしている例は過去には少なからずあったようだ。このような場合には、テキストとしてのコピー＆ペーストがうまくできなかったり、フォント情報が消えたためにどの文字を表示しようとしていたのかわからなくなったり、検索や統計処理にうまく使えなかったりといった困難さがあった。この場合にもやはり、UnicodeやIVSの発展によって文字の置き換えが可能なものが増えてきている。Unicodeの文字に置き換えることができたなら、テキストのコピー＆ペーストや統計処理が特別な操作なしでできるようになり、利便性は飛躍的に高まるため、いずれIVSを含むUnicodeで十分に間に合うようになった暁には、データの作り直しとまではいかないにせよ、必要な文字を置き換えていくという作業を行うこ

とで，より利便性の高い仕組みを提供することが可能になるだろう。

　また，たとえば，テクスト中に登場する人名にタグなどをつけていた場合，それがバーチャル国際典拠ファイル（VIAF）[2]やISNI (International Standard Name Identifier)[3]が広まる前に作成されたものであれば，そういった典拠データベースのIDを各人名に付与していくといった改良をすることで他の情報との効果的な連携をできるようにするという手もあるだろう。

　このように，画像にしてもテクストデータにしても，技術や規格，周辺状況の変化に伴って改良を行った方がよい場合も出てくる。デジタル資料を長持ちさせる場合には，単にデータそのものを維持し続けるだけでなく，デジタル資料として公開し共有され続けることを踏まえた上で，必要に応じて更新していくということも考慮に入れておくとよいだろう。

4.4　幅広い利用・活用に向けて

　ここまで見てきたように，デジタル文化資料を長持ちさせるには，結局のところ，どこかで誰かが何らかの形で維持のための何かをする必要がある。そして業務として取り組み，予算を割り当てる必要があるのだとしたら，その必要性を説得力のある形で示す必要がある。文化を支え継承する，あるいは史資料を適切に保管していくといったごく基本的な使命感が共有されている場であればそれだけで十分だろう。一方で，もっと具体的な必要性を示さなければ継続的に予算をつけることができないという組織も昨今では少なくない。それを示すための方策の一つとして，デジタル化資料が幅広く利用されるようにするとともにそのことをきちんと提示するという方向性がある。やや後ろ向きではあるが，利用者が多いということは，施策としての効果があることを具体的に把握できるだけでなく，維持・運用をやめることによる悪影響を避けたいというインセンティブが働くこともあり，説得力を持ちやすい。では，幅広く利用されるようにするにはどのような手立てがあるのか。もちろん，魅力あるコンテンツを提供できればそれだけで利用者は増えるのであり，コンテンツの魅力は

2：https://viaf.org/
3：http://www.isni.org/

本件を大きく左右するものである。とはいえ，コンテンツそのままで魅力があるものをデジタル化公開できる例はそれほど多くなく，むしろ，これまでそれほど注目されていなかったものの魅力を発見してもらえるような，あるいは，ごく少数の，それに魅力を感じてくれる人に届くようなロングテール的なあり方を目指した方がいい場合が多いだろう。そのためにコンテンツの魅力を高めるようなイベントなどの仕掛けを工夫してみることは一つの有益な手段であり，また，ここまで述べてきたように，データが長く安心して使えるということも利用者を増やし利用実績を積み上げていくことに大きく貢献し得る。さらにここでは，比較的恒常的にできる事柄のなかで，そこにつながる手立てについて検討してみたい。

4.4.1 利用条件

デジタル化文化資料を幅広く利用・活用されるようにするために有用なのは，利用条件の明確化とわかりやすい提示の仕方である。利用条件が明確でないと，どうしても利用を躊躇してしまいがちであり，逆に，それが明確であれば，個人としても組織としても条件の範囲内では確実に利用できるということで余計な心配をすることなく活用されるようになり，結果として支持者を増やしたり利用実績を積み上げたりすることにつながっていくことが期待される。この種の資料の利用条件に関しては，著作権保護期間中の場合，保護期間中かどうか不明な場合，保護期間が満了している場合，という三つの状態に応じて検討しておく必要がある（本件については前章の「オープンライセンス」の項も参照されたい）。

まず，著作権保護期間中であり，著作権者が明確な場合には，話は明快である。著作権者がどのような条件で利用させたいかを決めればよいのであり，その条件に沿わない使い方は基本的には不可能であり諦めるしかない。個人としての利用や教育利用にはいくらかの例外が適用され，さらに，2019年からは，分析用途のみのためにデジタル化してその結果だけを表示するのであれば認められるようになったが，内容そのものを提示したり二次利用したりする場合の条件はやはり著作権者次第である。この著作権者の意向を表示するための枠組みとしては前章でも述べたクリエイティブ・コモンズが広く用いられている。

ここでは，一定の条件下で再利用・再配布を許可する提示の仕方が用意されており，著作権者が認める範囲を簡単に提示できるようになっている。さらに，クリエイティブ・コモンズはこの条件をURLで提示できるようにしているため，URLをコンピュータが読み込むことで商用利用の可否，作成者情報記載の要不要などを機械的に判断できるようになっている。一方，組織としてコンテンツの利用許諾条件を提示する枠組みとして，RightsStatements.orgというサイト[4]が12種類のステートメントを提供しており，近年一部機関で利用が始まっている。いずれの場合も，URLで自動的に利用条件を判定できることは，利用者側がその利用しやすさを判断する上で重要であり，利用条件による絞り込み検索を行う検索サイトも出てきているため，利用条件の提示の際にはこのような提示の仕方を採用することが，結果として利便性を高めるとともに利用者の注目度を高めることにもつながるだろう。

　一方，著作権者が不明な資料も多く，日本では文化庁長官による裁定制度を通じてデジタル化・Web公開は可能となっているものの，それをさらに再利用・再配布するといったことは難しい状況にある。これについては，オーファン・ワークス問題として，法曹関係者による取り組みが進められており，成果が期待されるところである。

　次に，著作権保護期間が満了した文物をデジタル化した資料についても検討してみよう。この場合は，本来，パブリックドメインと位置づけられ，誰かがその利用を制限することはできない状態になる。たとえば，最高裁判所での判例として，書家としても有名な唐代の政治家顔真卿の手になる「顔真卿自書建中告身帖」の複製販売について争ったものがあった[5]。所有権を主張して当該出版物の販売差し止めと破棄を求めた所有者である原告に対し，最高裁は，所有権は無体物である著作物自体には及ばず，そして，著作権が消滅した著作物の所有権者が複製権を有することもない，として上告棄却した。こうした判例にもかかわらず著作権保護期間が満了した作品に関して利用条件を提示したり再配布を禁じたりするWebサイトもあるようだが，ほとんどの場合，日本では法的拘束力を発揮することはなく，あくまでも紳士協定としての枠を出ないこ

4：https://rightsstatements.org/en/
5：http://www.courts.go.jp/app/files/hanrei_jp/181/052181_hanrei.pdf

とになるようである。また，デジタル化したことについて権利が発生するかどうかに関しては，パブリックドメインの資料を対象とした平面撮影画像に関する判例が存在するが[6]，そこでは，平面なものの平面撮影画像については他に撮影位置の選択の余地がなく，一方，光線の照射方法の選択と調節，フィルムやカメラの選択，露光の決定等における技術的配慮があったとしても，それらは原画をできるだけ忠実に再現するためにされたものであって，『思想又は感情を創作的に表現したもの』（著作権法二条一項一号）とは認められないため，著作権が認められることはない，とされた。このように，現在のところ，平面なパブリックドメイン資料を平面のままデジタル化して公開したものを複製することに関する権利主張の手立ては日本には存在しないと言わざるを得ない。したがって，その種のデジタル化資料の場合には，利用条件を付与することに意味がないのであれば，むしろそのことも含めて自由に利用可能な資料の存在を各方面に積極的に告知することで利用・活用を促進するという方向性で考えていくことがむしろ穏当だろう。

　なお，ドイツの著作権法では，未刊行の古典に限り，一定の条件下でパブリックドメインの資料であっても25年の著作権が刊行者に認められるとのことであり[7]，フランスのデジタル化資料では公文書管理のルールに従い，パブリックドメイン資料であってもデジタル化資料の複製の商用利用を差し止めることが可能な場合があるようだ[8]。これにやや関わりのある権利として，データベース著作権が認められたことがあるが[9]，これはかなり限定的な状況において適用されるものであり，これを通じたデジタル化資料の権利保護のようなものはあまり期待できないだろう。

4.4.2　コミュニティへの配慮

　文化資料をデジタル化して公開するという仕事は，時間と費用がかかること

6：http://www.courts.go.jp/app/files/hanrei_jp/734/013734_hanrei.pdf
7：http://www.cric.or.jp/db/world/germany/germany_c1b.html
8：小林拓実「Gallicaにおけるパブリックドメイン・コンテンツの利用規制について」『人文情報学月報』http://www.dhii.jp/DHM/dhm76-2
9：http://tyosaku.hanrei.jp/hanrei/cr/4153.html

が多く，かつ継続性も期待されるため，何らかの組織が担うことになる場合が多いように思われる。一方で，利用・活用の輪を広げようと思ったなら，その担い手は個人だけでなく，コミュニティ，たとえば，趣味の集まり，任意団体，NPO，企業，学会や研究会など，様々な形をとることになるだろう。既存の文化機関のなかには，すでにそうした様々なコミュニティと接しながら仕事をしてきているところも少なくないだろうが，デジタル公開の場合には，必ずしも人が対面で集まる場を用意せずともコミュティ形成や活動ができてしまうという点がそれ以前とは趣を異にしている。Web 掲示板，コンテンツマネジメントシステム，Google グループ，SNS，テレビ会議など，インターネットを通じたコミュニケーションの形態は多様であり，とりわけスピード感が関わる部分については大きな違いが出てくることもある。

　また，現物資料であれば提供物を利用者が持ち帰ったり加工したりできるケースはあまり多くないように思われるが，書跡や図像，立体物などのいずれの場合でも，デジタル公開においては，デジタル化された複製物が公開され提供されるのであり，公開されたものはほぼ完全に複製され，利用者が自分のパソコンやスマートフォン等にダウンロードして加工し，共有し，再公開することが可能となる。Web ブラウザで閲覧した時点で利用者側のパソコン等にはその複製が作成されるため，Web でのデジタル公開は複製を前提として考えざるを得ない。そのようにして公開されるデジタル化資料であれば，利用者側に対して期待することは，単なる閲覧のみならず，提供した複製を利用することで何らかの形での付加価値を与えてくれることにまで広げてもよいのではないだろうか。最近では，ブログやニュース記事等で国立国会図書館のデジタルコレクションをはじめとする再利用可能なコンテンツを採り上げて面白い点を紹介するような動きが出てきている。また，パブリックドメインや CC BY 等の商用利用を妨げない利用条件の古典籍や小説のデジタル画像に関しては，画像をダウンロードして整形し，紙媒体で刊行したりオンデマンドプリントで販売したりする事例も増えてきている。地名が登場する資料を地図とリンクさせたり，画像中の様々な要素にタグをつけたり，書名の同定が難しい古典籍の断片を同定して他の関連資料とリンクさせたりするなど，Web 上で見られる活用例も出てきている。こうした事例のなかには，公開機関側が外部による活用の

成果を取り込むことでより価値を高められるものもあるだろう。

　公開機関以外の個人やコミュニティによる利用・活用は，単に利便性を高めてくれる可能性があるだけでなく，資料に潜在するが公開機関では気がつかない価値を見いだして共有してくれることにも大きな意義がある。それを，単に便利な成果として取り込むだけでなく，そこで見い出された価値をうまく取り込めるような工夫が可能であればなおよいだろう。ただし，価値づけには様々な方向性があり，倫理的に問題があるような価値づけの扱いには注意しなければならない。特に自由な再利用・再配布を許容する利用条件やパブリックドメインの資料の場合には，公序良俗に反するような使い方も含めて多様な利用が可能であり様々な価値づけが行われる可能性もはらんでいるが，そのことは，個々の価値づけの方向性を公開機関として，あるいは利用者として是認したり受容したりするかどうかということとはまったく別な事柄であり，両者が混同されることがないように注意が必要である。

　ここまで，機関がデジタル化資料を公開して個人やコミュニティが利用するという形で話を進めてきているが，個人やコミュニティが公開の役割を担うこともあるため，適宜読み替えていただきたい。たとえば，ウィキペディアを運営するウィキメディア財団やインターネットアーカイブなどは機関というよりはどちらかと言えばコミュニティと言うべき存在のようにも思われるが，いずれもデジタル化資料の公開側か利用者側かと言えば公開側としての役割を多く担っていると言っていいだろう。いずれにしても，デジタル化資料の内容に対して主体的に関心を持つ傾向の強い個人やコミュニティに対して，公開機関は，どちらかと言えばそれがあるべき姿として提供されることに関心を持つ傾向が強く，両者の性質に違いがあることは否めない。前者はその主体的関心の霧消とともに終焉し，後者は機関としてのミッションとのズレが大きくなることによって公開を終了することになる可能性がある。そしてどちらもいつかは終了する可能性もある。とはいえ，前者には多様なあり方があり得るため，別の担い手が次々に現れてくる可能性もある一方で，後者に関しては，公開機関は意思決定の系統が単一である場合が多く，公開終了となってしまうとそのまま立ち行かなくなってしまいがちである。そのような事態を避け，デジタル化資料の命脈を保っていくことも考慮するなら，コンテンツを再配布可能なオープン

ライセンスとするか，あるいはパブリックドメインであればその旨を明示した上で公開することで，コミュニティに委ねられるようにしておくことも一つの有力な選択肢となるだろう．

4.4.3　公開手法について

　幅広い利活用を実現しようとする上では，公開手法についての配慮も欠かせない．Web サイトとしての使いやすさはもちろんだが，そこに至る導線についても検討し，発見性を高める工夫も必要だろう．さらに近年は，コンテンツ利用の際に，Web サイトのインターフェイスを通じて利用するだけでなく，Web API（Application Programming Interface）を通じて自動的にデータを取得・加工してより便利な形で利用できるようにしたり，コンテンツをダウンロードして様々な加工を施した上で再配布したりするという仕方も広まりつつある．つまり，Web API や加工しやすいダウンロード用データの提供の有効性が高まりつつある状況となっている．

　発見性を高める工夫については，Google 等の全文検索サイトでヒットしやすくする方向と，ある程度分野等を絞り込んだ統合検索サイトにデータを登録して，その分野に関心がある人に発見してもらえるようにするという方向がある．後者の大がかりな例としては，ジャパンサーチというサービスが現在準備中であり，日本国内のデジタル文化資料に関してはだいたいここで検索できるようになるのではないかという期待から注目を集めている．また，より分野を絞り込んだ検索サイトは色々な分野で作成されている．

　後者に関しては，用途やコンテンツの内容・種類によって様々なものが用意され共有されるようになってきているが，なかでも近年は，Web Annotation という規格が World Wide Web コンソーシアム（W3C）によって定められ，これに対応する形でデータを公開することで，Web 上で動的にデータを扱えるようにするという取り組みが世界各地で広がっている．この規格の応用例の一つとして，IIIF（International Image Interoperability Framework）という画像や音声・動画・テクストアノテーション等の Web コンテンツを共有するための枠組みが提唱され，具体的な Web API も定められており，すでに世界中の多くの文化機関でこれに準拠した Web 公開が行われている．IIIF はデジタル

化資料を全体から細部まで任意の箇所をターゲットにして注釈をつけたり取り出して処理したりできるようになっており，このWeb APIに基づく様々な高度な活用に向けた試みが始まっている．現在のところでは，書誌情報の効率的な共同編集システムや，各地のWebサイトの古典籍の挿絵に登場する人物や顔を切り出して一括検索できるサイトなど，主に古典籍を対象としたものが目立っている．詳しくは後述するが，仕組みとしては音声動画も含めて様々なデータをつなげていくことができるため，今後さらに大きな広がりが出てくるだろう．

4.4.4　利用実績の提示

　ここまで，Web公開を長続きさせるために，各所で幅広く利用されるための方策について検討してきた．利用実績の提示は，予算獲得・維持に説得力を持たせるための重要な一手である．利用実績を十分に示せなかったために予算が削減されたりサイトが閉鎖に追い込まれたりしたという残念な事例も仄聞することがあり，予算が逼迫している組織においては，状況次第ではこの点がかなり重要になる場合もある．単にWebサイトや各資料へのアクセス数を提示すれば十分な説得力を持つ場合もあるようだが，それだけではデジタル化資料の社会的波及効果を十分に示すことはできないだろう．特に，再配布を許可するライセンスを付した資料やパブリックドメイン資料の場合には，ダウンロードされて他のサイトで公開されてしまうと自前サイトへのアクセス数だけでは利用実績としての数字を十分に確認できないことになってしまう．そこで，アクセス数以外にも，たとえば一定の波及効果を持つ作品や学術論文に利用されたことなど，様々な利用実績についてとりまとめてカウントし，幅広く利用されていることをアピールすることも有益だろう．ただ，そのような方向で説得力を持たせようとするなら，どこでどのように利用されているかを誰かが取りまとめる必要があり，少なくともある程度の時間をかけなければならず，さらに，状況次第ではやや難しい場合も出てくるだろう．その困難さと対応の可能性について以下に少し検討してみたい．

　デジタル化資料が他のサイトに掲載されて利用された場合でも，公開Webサイトにリンクを張ってもらえたなら，Webサーバにはリファラー・ログと

呼ばれるリンク元 URL の記録が残る上に，Google 検索でもリンクサイトの検索が可能であるため，比較的容易に情報を収集することができる．しかし，上述のように，パブリックドメイン資料の場合には，何の断りもなく，オリジナルサイトへの言及もリンクもなしに他サイトで複製を掲載してしまうことも問題なく可能であり，そのようにして使われた場合には利用されていることの確認は少々難しい．それでも，Web サイトに掲載されていればなんとかして探すこともできるかもしれないが，紙媒体やその他のグッズのような形で利用されたり，公演や演奏などの記録としてアクセスしにくい形で利用されたりした場合には，利用状況確認はきわめて困難なことになるだろう．学術論文に引用・参照された場合でも，近年はオンラインで公開され内容まで検索できる論文が増えてきているとは言え，やはり論文検索サイト等で探索するための時間を確保せねばならず，さらに，そもそも紙媒体のみでの刊行で本文検索できない論文であれば，引用・参照の事実を確認することさえ困難である．探索のために一定の時間を確保することで多少は状況を改善できるものの，それでも十分な情報を得ることは困難というのが現状である．この場合にはむしろ，利用者に対して利用実績を報告することをお願いすることで，情報収集の効率化・実質化を図ることが一つの解決策であるように思われる．CC BY 等の再配布を許可する利用条件としていたり，パブリックドメイン資料であったりする場合には，利用実績の報告を義務化することはできず，あくまでも利用者の意向に委ねられる形になるのだが，利用者の多くは，わざわざそのサイトのコンテンツを利用しようとしている，いわばヘビーユーザであり，そのサイトが公開停止になるという事態は避けたいと思ってくれる人々の筆頭であろうことを期待するなら，義務ではない単なるお願いや呼びかけのようなものであっても相応の対応を期待したいところである．

4.5 長期保存のための枠組み

ここまで，デジタル化資料を長持ちさせる上での個々の課題について検討してきた．個々の課題になるべく適切な形で対応することは目標達成においてきわめて重要なことだが，一方で，デジタル化資料そのものだけでなく，長持ち

させるための個別の取り組みについての情報も含めてきちんと伝わるようにしていかなければ，その資料が何であるか，何故そのようになっているのか，ということがやがてわからなくなってしまうという問題もある。デジタルデータとして残すだけでも大変なことだが，残されたデジタルデータが何であるか，どういう文脈で残されているのか，といったこともまた，保存の対象として考える必要がある。つまり，デジタル化資料の作成・公開・維持・改良といった一連のプロセスをきちんと残し伝えられるようにしておく枠組みが必要なのである。その枠組みとして，現在国際的に広く用いられているのが，「開放型アーカイブ情報システムのための参照モデル（Reference Model for an Open Archival Information System：OAIS）（以下，OAIS参照モデル）」である。

OAIS参照モデルは元々，NASAをはじめとする宇宙開発機関が中心となって策定されたものであり，1999年5月に原案が出された後，2002年には国際標準規格（ISO 14721:2002）となり，さらに，2012年にはISO 14721:2012として改訂され現在に至っている。これがわかりにくいと思われることがあるのは，具体的な実装のための仕様や手続きが提示されているわけではなく，情報を長期的に保存するために必要な要素を提示しているに過ぎないためだろう。ここでは詳細にまでは踏み込まないが，OAIS参照モデルがどのような枠組みを提示しているか，おおまかに見ておこう。

OAIS参照モデルでは，情報作成者の助けを借りずとも，長い時間が経過しても，保存された情報を適切に利用できるようにすることをめざしている。適切な利用のためには，利用者が理解できる形で情報が記録されている必要がある。そこで，OAIS参照モデルでは，利用者として何らかのコミュニティを設定し（これをOAIS参照モデルでは「指定コミュニティ」と呼んでいる），そのコミュニティで理解可能なように各種情報を保存することとしている。そして，それを実現するために，「環境モデル」「機能エンティティ」「情報パッケージ」を定義し，この三者の関係に基づいて情報が長期保存されるという枠組みを提示している[10]。では，これらの三つの要素についてもう少し見てみよう。

まず，環境モデルにおいては，OAIS参照モデルに準拠した「アーカイブ」

10：https://www.dpconline.org/docs/technology-watch-reports/1359-dpctw14-02/file

を中心に，「作成者」，ポリシーに関わる意思決定を行う「管理者」，コンテンツを利用する「利用者」が定義されている。この利用者が上記の指定コミュニティということになる。そして，この環境モデルの関係のなかでやりとりされるのが情報パッケージである。

　情報パッケージとは，保存対象としての内容情報（データ）と保存記述情報（メタデータ）の組み合わせである。内容情報には，データそのものだけでなく，データ形式の情報等，コンテンツがどのように作られているかを示す表現情報も含まれる。それによって，作成者でなくても内容情報を適切に処理できることになる。一方，保存記述情報は，参照情報，コンテクスト情報，来歴情報，不変性情報から構成されており，当該情報がどのようなものであるかを判断する上で必要な情報が保存されることになる。なお，これらは論理的な概念であり，必ずしも一つの情報パッケージに対して一つのファイルが用意される必要はない。一つのファイルにすべての情報が含まれる場合もあれば，いくつかのファイルのまとまりによって情報パッケージが構成されるということもあり得る。そして，この情報パッケージは，状況に応じて「提出用（SIP）」「保存用（AIP）」「配布用（DIP）」のいずれかとして扱われることになる。

　デジタル媒体には機器としての寿命と規格としての寿命があるため，そこに保存される情報パッケージは移行されることが前提となる。この移行の仕方は，データの変更を伴う操作として，「リフレッシュ」と「複製」，データの変更を伴う操作として「再パッケージ」と「変換」が定義されている。操作の内容に応じて，情報パッケージの修正が必要となる場合があり，たとえば，「複製」は，新しい媒体にコピーすることになるため AIP の変更が必要になり，「変換」はコンテンツ情報か保存記述情報に変更が生じることになる。

　そして，管理者・利用者も含めた全体の機能として，受け入れ，保管，データ管理，運用統括，保存計画，アクセス，という六つの機能エンティティが定められている。そして，作成者・管理者・利用者がそれぞれに関わるべき機能エンティティに対して，適切な情報パッケージを作成して受け渡すことになっている。

　以上が，OAIS 参照モデルが提示するデジタルデータ長期保存のための概要である。ここでは必要な要件が挙げられているだけであり，これに準拠しよう

とするなら、自らが行っているデジタル化に関わる一連の業務を分析し、このモデルに当てはめてみることになる。そこでどうしても当てはめられないことがあれば、その部分は長期保存において障害になり得る部分であると考えて対応を考慮するとよいだろう。ISOの規格でありISOから文書を購入することはできるが、英語で書かれているので、日本語の解説があった方がよい場合は、BDCブログ[11]が参考になるだろう。また、同じ著者らにより、映像の長期保存にOAIS参照モデルを適用しようとした取り組みもあり、その報告書[12]も大いに参考になるだろう。NDLデジコレについてOAIS参照モデルとの対応を検討した報告[13]があり、こちらも参考にされたい。

11：http://www.momat.go.jp/nfc_bdc_blog/2016/12/22/ BDCブログ「情報の長期保存に有力なOAIS参照モデル 第1回（全2回）」
12：https://www.nfaj.go.jp/wp-content/uploads/sites/5/2018/04/NFC_BDCh28report_nttdata.pdf
13：https://doi.org/10.1241/johokanri.58.683

第 5 章
可用性を高めるための国際的な決まり事
：IIIF と TEI

　ここまですでに何度か，IIIF（International Image Interoperability Framework）と TEI（Text Encoding Initiative）という言葉が出てきている。いずれも ISO 等の国際標準規格ではないが，世界の文化機関関係者や人文学研究者たちが策定しつつ活用してきているルールであり，デジタル化資料の相互運用における可用性を高めるために有用なものとして欧米先進諸国では広く取り組まれているものである。この種のルールは採用が広がれば広がるほど有用性が高まるため，採用促進に向けた取り組みも盛んである。こういったものについて議論するコミュニティは主に文化資料を専門的に扱う IT エンジニアと研究者たちによって形成されており，機関や国境の壁を越えて専門家同士で手を取り合ってよりよいデジタル文化資料共有環境の構築を目指している。日本ではこの動向に対するカウンターパートが十分に成立していないため，どうしても後追いになってしまうが，多少遅れてでも対応しつつその輪の一員として活動していけるようにした方が，コストを低減させつつ利便性を高められるだろう。また，国内機関だけでなく，日本文化資料を海外の機関がデジタル化公開している例は膨大な数にのぼり，それらを日本で公開されているデジタル化資料とうまく連携させて効果的に利用できるようにするためにも，そして，日本の機関が所蔵する海外文化の資料を海外の利用者に効果的に利用してもらうためにも，こうしたコミュニティが形成するルールを通じて相互運用性を高めておくことはきわめて効果的である。そこで，ここでは，特に，Web コンテンツを自在に連携させて扱うことを目指す IIIF と，人文学研究に向けてテキストを構造化するためのルールを30年以上策定・改良してきている TEI について，その概要といくつかの事例について見ていこう。

5.1 IIIFについて

近年，IIIF (International Image Interoperability Framework)[1]という規格が世界中のデジタル画像公開サイト，日本で言うところの「デジタルアーカイブ」の間で急速な広がりを見せつつある。フランス国立図書館やオックスフォード大学ボドリアン図書館，スタンフォード大学，ハーバード大学，ウェルカム図書館など，すでに本格的に採用しているところは枚挙に暇がない。また，いわゆる統合検索サイトであるEuropeanaやDPLA等でも採用されており，たとえばEuropeanaでは，IIIFを介することで，フランス国立図書館で公開している高精細デジタル画像を自らのサイト上でも直接表示できるようになっている。日本でも，2016年5月にニューヨークで開催されたIIIFカンファレンスにて東京大学大学院人文社会系研究科次世代人文学開発センター人文情報学拠点により公表された仏典画像のデジタルアーカイブ，SAT大正蔵画像DB[2]での採用を皮切りに，各地で本格的な採用が広がりつつある。IIIFがこのように急速に広く普及しつつあるのは，Web上でのこれまでのデジタル画像公開・共有の問題点を抜本的に解決しているからである。

5.1.1 IIIF：問題とされたのは何だったのか？

IIIFは，Web上でのこれまでのデジタル画像公開・共有の問題点を抜本的に解決している技術仕様である。では，その問題点とはどういうものだったのだろうか。それを検討していくにあたり，Web上で発表スライドを共有するためのサイトSlideShareに公開されている，あるプレゼンテーション資料を取り上げてみよう。これは，IIIFの初期からの中心メンバーであるスタンフォード大学図書館チーフ・テクノロジー・ストラテジストのTom Cramer氏が2012年にデンバーで開催されたデジタル図書館連盟 (DLF) のフォーラムにおいてIIIFの構想を発表した際のスライド (以下，Cramer [2012]) である[3]。こ

1：http://iiif.io/
2：http://dzkimgs.l.u-tokyo.ac.jp/SATi/images.php
3：http://www.slideshare.net/Tom-Cramer/iiif-international-image-interopera-

れを手がかりとして，IIIF の当初の問題意識の一端を垣間見てみよう．

このスライドでは，当時のデジタル画像の配信を，重すぎ，遅すぎ，高価すぎ，不格好すぎるとした上で，リポジトリ担当者，ソフトウェア開発者，利用者，資金提供者のいずれもが苦しんでいると指摘する．そして，続くスライドにおいて，幾人かのステイクホルダーの例を挙げる．二つの異なるリポジトリにある写本の筆跡を比較したい古書体学者．様々な資料から教材用の画像をまとめたい美術教員．古地図の高精細画像に注釈をつけたい人文学研究者（しかし彼女の好む注釈ツールは他のサイトでしか使えない）．高精細ズーム機能付きの新聞画像閲覧ソフトを，開発やカスタマイズをせずに自分のサイトに設置したいリポジトリ管理者．新たな学術資源のデジタル化を支援したいが，改めて一から作ったスタンドアロンのデジタルコレクション Web サイトへの支出はしたくない資金提供者．

このようにして現状のニーズを例示した上で，次に，各地のデジタルリポジトリで公開されている西洋中世写本を例にとり，既存のリポジトリに共通する問題点を挙げる．それは，個別のサイロに閉じ込められて相互運用性がなく，アプリケーションソフトはリポジトリごとに別々に作成されるため開発と維持に費用がかかり，ユーザはほとんど統一されていない多くのインターフェイスになんとかして対応しなければならない，という三点である．そして，この現状を，サイロと重複の世界，すなわち，各地で同じような物が別々に作られてそれぞれが互いに閉じた状態になっている世界である，としている．

欧米先進諸国の文化機関やデジタル文化資料に関わる人々の間ではそのような問題意識が広く共有されていたようだが，日本では，こういった問題は，まさに「デジタルアーカイブ」という言葉で取り組まれてきたことであり，ここでは，日本のデジタルアーカイブの問題点として捉え直してみたい．それを考えるにあたっては，利用者と提供者という二つの視点でそれぞれに見てみるのがわかりやすいと思われるので，以下に，簡易な図とともに見ていこう．

利用者側でのデジタルアーカイブの問題点としては，まず，一つ新たにデジタルアーカイブが構築されるたびに，それぞれが独自性を追求したインターフ

---

bility-framework-dlf2012

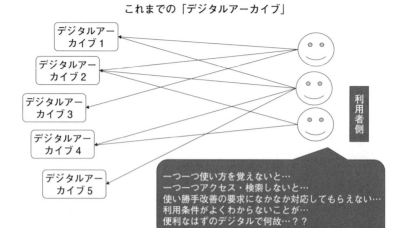

図5-1 利用者側から見たこれまでの「デジタルアーカイブ」

ェイスとなっていることが多いため，その使い方をほぼ毎回新たに覚えなければならないという点がある。同じようでいて微妙に違っていることも少なくないので，ストレスなく操作できるようになるのはなかなか大変である。そして，何かを探そうと思ったら，一つずつアクセスし，検索してみなくてはならない。デジタルアーカイブ群の横断検索ができるようになればある程度問題解決できることになるが，横断検索で発見した後，それぞれのデジタルアーカイブに見に行かなければならないので，結局，それぞれの使い勝手を覚えていかなければならない。そして，使い勝手がよくないので改善してもらいたいと思ったとしても，一つ一つのデジタルアーカイブサイトの運営者にそれぞれ要求を出さねばならず，しかも後述する理由により，対応してもらえることはきわめてまれである。さらに，見えている画像を自分のサイトで紹介したり，印刷物に取り込んだりしたいと思っても，多くの場合，利用条件がどこに書かれているのかわかりにくいことが多く，どうしたらいいのかよくわからない，ということになってしまう。デジタルデータは1と0に還元される単純明快な世界であり，それがこれからの知識基盤となって社会を効率的効果的に支えていくはずなのに，実際には，利用者側からみると，複雑怪奇であり，かつ，非効率的である

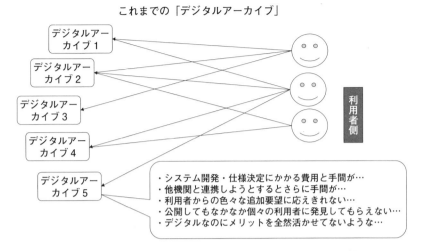

図5-2　提供者側から見たこれまでの「デジタルアーカイブ」

としか言いようがない。後述するように，このように個々に分断されていることにはそれなりの意味があるのだが，しかし，それは利用者の側に立つと十分な説得力があるとは言えないように思えてしまうのである。

　一方，提供者側で抱えていた問題点としては，デジタルアーカイブシステムを企業に発注して導入する場合には，かなり詳細なことまで逐一決めた上で仕様書に記載しなければならないという点がある。筆者が見たことのあるものの中には，「画像をズームする際に○秒以内に○○のサイズから○○のサイズにズームインできること」「画像を表示し次のページに遷移する際には○○のサイズでは○秒以内にできること」をはじめとして様々な細かな条件が書かれているものもあった。こういった内容を適切に記載するためには関連する情報の収集をはじめとしてかなりの手間暇がかかってしまう。さらに，納品されたあとに検収を行わねばならないが，これも仕様書に詳細に書いた内容がきちんと反映されているかどうか確認しなければならず，やはりかなり大変な仕事になってしまう。

　あるいは，そのようにしてなんとかして公開したデジタルアーカイブのコンテンツ画像が，他の機関のコンテンツ画像と同じコレクションなので一つにま

とめて見えるようにしたい，ということになった場合，あるいは，何らかの事情で一つの典籍や文書が分割されて別々の組織のサイトから公開されているのでそれらをひとまとめにして便利に見られるようにしたい，と思った場合，ハードルはさらに高くなる。同じIT企業の製品であってもそのようにして相互運用できるとは限らず，まして，異なる企業のデジタルアーカイブシステムを利用していたら，相互運用は諦めざるを得ないということが多いだろう。コンテンツとしての必要性や利用者の利便性とは異なる観点から，そのような制限が生じてしまっているのである。

　一方，デジタルアーカイブを公開していると，利用者から改善要求が来ることがある。コンテンツの内容に関することであれば，ある程度対応できることが多いだろうが，画像ビューワの使い勝手などのシステムに関することであれば，多くの公開機関では既製品を使ったり外注したりしているため，改修しなければならないということになり，少なくない費用がかかってしまう。そして，その費用を捻出するために稟議書を回したり会議を何度も開いたりしなければならないこともある。また，ビューワを完全に入れ替えざるを得ないような要求になってしまうと，そもそもまったく対応できないということもある。そのようなことで，利用者の要望に即応するのがなかなか難しいことになってしまっている。

　また，公開したところで，そのコンテンツを必要としている利用者のところにうまく届くかどうかという問題が出てくる。近年よく話題になる「横断検索システム」が提供され，そこにコンテンツを載せることができれば，この点についてはある程度解消されることだろう。しかし，従来型の横断検索システムでは，メタデータだけしか検索できなかったり，あるいは，頑張ってもサムネイル画像くらいしか表示できなかったりすることが多く，メタデータが十分に整備されていない場合もあることから，横断検索システムは重要だがそれだけで問題解決するわけではないのではないか，ということも留意すべき事柄の一つだろう。

　このようにしてみてくると，1と0で構成されているので容易に自由に操作できるはずのデジタルコンテンツが，色々な制約によって，活用しやすい形での公開がなかなかできていないようであることがわかる。ここでは日本のデジ

タルアーカイブの状況という断りを付けたが，日本に限らず，デジタル文化コンテンツを公開する世界中の多くの機関で多かれ少なかれこのような問題に直面してきており，それをできるかぎりきちんと解決しなければならないという機運が生まれてきていることがIIIFの登場と普及につながってきているのである。

さて，デジタル画像の公開と共有に関してここで指摘されている問題に関しては，私たちの多くはおそらく，若干の疑問は持ちつつも，それを所与のものとして受け入れてきたのではないだろうか。そして，状況に対処すべく，運営者側では個々のサイトがそれぞれに独自のシステムを構築する予算を確保できるように様々な調整を行ったり，利用者側では個々のサイトの利用方法に精通することを目指して日々研鑽を積んだりと，それぞれの立場から相当な労力をかけて取り組んできた人は少なくないだろう。しかし一方で，たとえばUnicodeが導入され普及したことによって世界中のコンピュータで文字コードの相違による相互運用の問題がほとんど解消してしまったことに端的に見られるように，デジタル画像の公開と共有に際しての上記のような問題についても，共通の規格が策定され，それを皆が採用するようになれば，問題の多くは解決してしまうのではないか。そう考えていた人も決して少なくはないだろう。それでは，これらの問題の解決は，どのようにして行われようとしたのか，そして，実際どのようになっているのか，以下にみてみよう。

5.1.2　IIIF：課題解決への取り組み

　IIIFにおけるこの問題の解決への道筋をたどってみるなら，やはり，Tom Cramerによる2011年12月の発表資料[4]に戻ってみるべきだろう。ここではまず，デジタル画像，おそらくここでの文脈では西洋中世写本のデジタル画像の公開と共有に関する現状のステイクホルダーを分析し，研究者・リポジトリ（管理者）・ツール開発者の間でそれぞれに関心の方向性が異なっていることを提示する。そして，研究者は探索・活用・分析・注釈の最善の組み合わせを求めて

4：https://www.cni.org/topics/information-access-retrieval/international-image-interoperability-framework

おり，リポジトリは資料の活用・サービスとコンテンツの改善を，ツール開発者は有益なツールやアプリケーションを構築するためにユーザと資料を求めている，とまとめている。

このような現状を踏まえた上で，抜本的な解決策として，画像配信・メタデータ・検索の三つの API を定義することが提唱されている。さらに，Open Annotation[5]と統合的に利用できるようにするために共有キャンバス（Shared Canvas）という仕組みをベースとする，としている。現在利用されている IIIF の基本的な構想は，この時点ですでにほぼでき上がっていたと言ってもいいだろう。

なお，この時点で名を連ねていたのは，フランス国立図書館，英国図書館，コーネル大学，ロスアラモス国立研究所図書館，ノルウェイ国立図書館，オックスフォード大学，スタンフォード大学であり，数は少ないものの，複数の主要な機関が初期の段階から参加していたことは注目に値するだろう。

では，2019年の現状に戻ってみよう。2011年時点で解決すべきとされた問題点の多くが IIIF によって解決できることが示され，体験できるものとして提供されている。それらがどのように解決されているのか，以下に見てみよう。

5.1.3　IIIF の現在

IIIF が提示した解決策は，結果として以下のような状況を利用者・提供者双方にもたらしている。

すなわち，Web 上で画像をやりとりするためのルールを共通化してしまうことによって，そのルールに従いさえすれば，誰でも対応するソフトウェアを開発でき，誰でも公開されている画像をアノテーションも含めて自分のサイトで好きなインターフェイス上で表示でき，誰でもそこにアノテーションを付けたりすることができるという状況がもたらされたのである。

そのようになると，利用者は，自分が好きなビューワを一つ選んで世界中のすべての IIIF 対応画像を自由に拡大縮小したり切り出したりしながら見るこ

5：Web 上のリソースにアノテーションを付与するための枠組みとして当時提案され徐々に普及していた規格。http://www.openannotatio.org/ 現在は W3C において Web Annotation として取り組みが進められている。

利用者側：

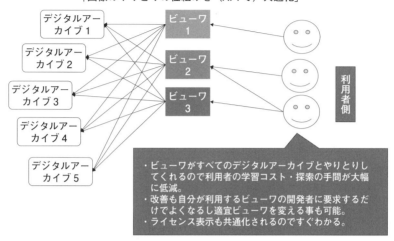

図5-3　IIIFが利用者側にもたらした状況

提供者側：

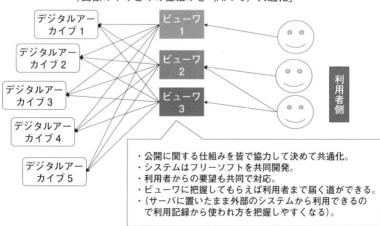

図5-4　IIIFが提供者側にもたらした状況

とができ，それらの画像に対するアノテーションもそこで閲覧・操作することができる。ビューワが気に入らなければ別のビューワを選択しても同じ画像群を閲覧することができる。用途に応じて複数のビューワを使い分けることもできる。どのビューワにも満足できなければ，オープンソースで開発されているいずれかを選んで自分で改良するなり誰かに改良を依頼することもできる。

　一方，提供者側では，まず，システムを発注する際に，これまでは，画像のフォーマットや配信方法からビューワの性能や機能に至るまで仔細に仕様書を作成しなければならなかったことが，「IIIFの最新版に準拠すること」と記載するだけでよいことになり，調査や書類作成等にかかる膨大だがしかし見えにくいコストの削減とともに提供サービスの品質が相当程度安定化できることになる。また，IIIFの仕様の策定プロセスはオープンに行われており，仕様策定そのものへの参画の道も拓かれていることから，どうしても必要であれば，仕様を改訂することもできる。さらに，上に述べたように，利用者側でビューワの使い勝手などの問題を解決できるようになるということは提供者側への要求事項が減ることをも意味しており，結果として，提供者側がそこにかけるコストが大幅に削減されることになる。

　IIIFは，現在，四つのAPIで構成されている。画像自体を配信するためのImage API，画像やアノテーションを統合して提供するためのPresentation API，検索に関するやりとりの仕方を定めたSearch API，認証の仕方に関するAuthentication APIである。特に前二者が現在は広く採用されるようになってきており，個別のサイロに閉じ込められて相互運用性がない，という問題点は，技術的にはこの両者によってほぼ解決可能となっている。そこで，これらについて，以下に少し見てみよう。

（1） **Image API について**

　Image APIでは，Web上に公開された画像は，好きなように取り出して各地のサイトに表示することが可能となる。下記のように，サイズの変更や切り出し方の変更等に関するURLの記法が定められており，このAPIのみでも画像切り出しに関わる様々な用途に活用でき，他のサイトから画像の一部分のみを直接利用するといったことも可能となっている。

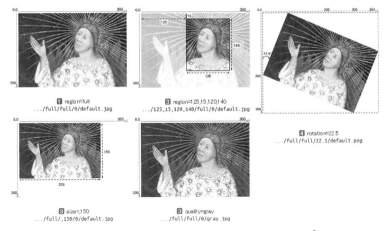

図5-5　IIIF Image API における URL の記法の例[6]

　以下の URL の例のうち，scheme は http か https かを記述するのが一般的である。server は画像を置いているサーバのホスト名であり，prefix は画像の置かれるディレクトリ等を記述し，identifier で個々の画像の ID を指定することになる。そして，region 以降が，画像サーバに対して URL で指定する画像変換の内容ということになる。region は画像内での切り出したい画像の位置情報であり，切り出しをせずにそのままで良い場合は full と指定する。size は，切り出された画像（あるいは切り出さなければ画像全体）のサイズを指定する。たとえばサムネイル画像がほしい場合にはこれを小さな値に設定することになる。rotation は画像の回転度であり回転させない場合は 0 を指定する。quality は通常は default だが，グレー（grey）や白黒二値（bitonal）の指定ができることになっている。format は画像形式だが，これは jpg とすることが多い。画像形式に関しては，画像サーバとビューワの両方が対応している画像形式である必要があり，筆者がこれまで見てきた範囲では，ほとんどは jpg が用いられている。

6：http://iiif.io/api/image/2.1/

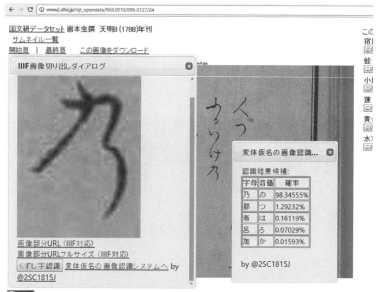

図5-6　IIIF Image APIを用いて切り出した文字を変体仮名の文字画像認識システム[7]にWeb API経由で問い合わせた例

|{scheme}|://|{server}|/{prefix}/|{identifier}|/{region}|/{size}|/{rotation}|/{quality}|.{format}|

　URLの記法の具体例としては，図5-5を参照されたい。このAPI単体での具体的な利用例としては，たとえば，図5-6の変体仮名の画像認識システムとの連携などがある。

（2）Image API対応サーバソフトの概況
　このように，Image APIはサーバに対するリクエストに対応する画像を返戻してくれる仕組みである。したがって，このAPIでは，サーバ機能が必要

7：https://hentaigana.herokuapp.com/

になる[8]．具体的には，IIIF 対応の画像配信サーバソフトのようなものをサーバにインストールすることになる．この画像配信サーバソフトは，フリーソフトウェアのものが複数存在しており，状況に応じて必要なものを利用することができる．

　画像配信サーバソフトの選び方については，詳しくは後述するが，公開用の画像のフォーマット，サーバコンピュータ上のハードウェアの性能とソフトウェア環境，見込まれるアクセス数が基準となるだろう．

　まず，公開用の画像のサーバ側でのフォーマットについてざっと見てみると，少なくとも JPEG，JPEG2000，PNG，Pyramid TIFF が対応可能である．したがって，すでにいずれかの形式で公開用の画像を持っていれば，画像形式に関してはそのままでも対応可能である．ただし，大規模なアクセスが見込まれる場合には JPEG2000 か Pyramid TIFF を選ぶことが必要となる場合もある．

　サーバコンピュータ上のソフトウェア環境に関しては，理想的には HTTPS かつ HTTP/2 に対応していることが望ましい．HTTPS（SSL による暗号化通信に対応した Web 情報通信のルール）に関しては，モバイルアプリ等で https 対応が進められている上に，HTTPS 対応の Web ページから非暗号化通信（HTTP）の Web コンテンツを呼び出すことができない Web ブラウザが大勢を占めているためである．また，HTTP/2 については現代的なインタラクティブな Web ページの要請である．大量のファイルをサーバから一度に配信する際の効率化を果たしており，大量の画像を一度に配信する IIIF にも適しているからである．そのうえで，Apache や Nginx 等の Web サーバソフトウェアから使えるプログラミング言語環境が Python か，Ruby か，あるいは Tomcat による JAVA 環境が使えるのか，C++ のサーバソフトウェアが使えるかどうか，といった選択になる．すでに様々な環境に対応したいくつものフリーソフトウェアが開発・公開されているので，環境にあったものから選択することができるようになっている．あるいは，デジタルリポジトリによく使われる Dspace では IIIF 用のプラグインが用意されているということなので，Dspace を導入できていてそのコンテンツを IIIF 公開しようという場合は比較的容易かもし

8：ただし，画像切り出しや回転などを行わない場合には画像配信サーバソフトはインストールしなくてもよい場合がある．

れない。

　見込まれるアクセス数に関しては，プログラミング言語としての速さ，Webサーバソフトから起動するときの速さ，キャッシングの有無といったところがポイントになるだろう。それぞれの環境やかけられるコストに応じて，これもいくつかの選択肢が可能となっている。

（3） Image API のまとめ

　このように，Image APIだけでも，すでに，画像がサイロに閉じ込められていること，開発と維持のコスト，不統一なインターフェイス，といった問題点はある程度解消されている。さらに，それを各サイトで実装するためのソフトウェアもフリーのものが様々に公開されて選択肢も広がっている。Image APIに関しては，適切なカラーマネジメントを実現するICCプロファイルの組み込みを前提としていないことなど，将来的には改善の余地はあるにせよ，現時点のWeb環境を前提とした場合，十分に安定しており汎用性は高いと言ってよいだろう。

（4） Presentation API について

　Image APIによって，画像自体の扱いに関しては，かなり色々なことができるようになっていることがわかる。しかしそれだけでは，画像に付された注釈をどうするか，複数のページ画像を集めた本や資料としてのまとまりをいかにして効率的に運用するか，といった点は解消できていない。ここに，Presentation APIの役割が出てくることになる。

　Presentation APIは，共有キャンバス（Shared Canvas）という考え方に基づきつつ，World Wide Webコンソーシアム（W3C）が規定するLinked Dataの記述方法であるJSON-LD，注釈の記述方法であるWeb Annotationに従って，画像と注釈をとりまとめて一つの資料として記述するルールである。事例として，西洋中世写本がよく用いられるが，この場合には，一つのページが一つの共有キャンバスであり，そこに画像やテキスト，注釈などがURIで指定されて紐づけられる。そして，そのようにして構築された共有キャンバスを一つ以

上まとめて順番づけしたものが一つの manifest ファイルと呼ばれ，これが一つの資料を指し示すことになる。manifest ファイルには，資料のメタデータやページを読んでいく方向等も記述できるようになっており，多様なメタデータも同時に共有でき，また，日本の古典籍に多い縦書きの資料の場合にも対応可能となっている。そして，この manifest の URI を入手することができれば，外部のシステムからであっても，一つの資料の情報や各画像，さらにはその注釈へと，IIIF のルールに従ってたどり，指定し，取り出すことができるようになる。これこそがまさに，サイロに閉じ込められた画像を効果的・効率的に共有し相互運用できるようにするための仕組みなのである。

Presentation API に準拠したデータの作成に関しては，基本的な記法である JSON 形式のデータを扱う手法が広く普及しており，すでに様々な無料・有料のツールが存在するため，それほど困難はない。そして，すでに Web に公開しているデジタル画像であれば，そこに収録されている情報をこの形式に変換すれば基本的には事足りるはずである。

作成された Presentation API のデータを活用する方法については，まず，Web での IIIF 対応画像ビューワということになるだろう。これには，筆者が確認できた限りでは，Web ブラウザ上で使えるフリーのものが少なくとも 5 種類公開されており，それらから分岐したバージョンも複数存在する。フリーのビューワの中でも特に注目されるのは，ウェルカム図書館，英国図書館等が開発に関わっている Universal Viewer と，スタンフォード大学，ハーバード大学等が開発の中心となっている Mirador である。いずれも，画像の拡大縮小等の基本的な機能は OpenSeadragon というフリーソフトの高精細画像ビューワを取り込むことで実現している。

Universal Viewer の大きな特徴は，音声や動画，3D 画像など，様々なタイプのメディアを表示できるようになっているという点である。また，画像に付与した翻刻テキストを検索することもできるようになっている。そして，画像をダウンロードする機能や「現在拡大して見ている画面」の URL を取得してそれを共有することもできる。一連の機能は Universal Viewer のデモサイトで確認できるので，興味がある方はぜひご参照されたい[9]。

112 | 第5章　可用性を高めるための国際的な決まり事：IIIFとTEI

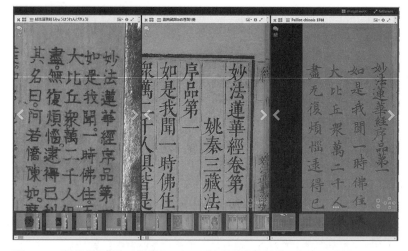

図5-7　『妙法蓮華経』の資料として，国文学研究資料館所蔵の江戸時代の刊本，東京大学総合図書館所蔵の明代の木版大蔵経，フランス国立図書館所蔵の敦煌写本を並列表示

　一方，Miradorの大きな特徴は，IIIF対応で公開されている各地のデジタル画像を複数並列表示して拡大縮小等ができることと，それらの表示画像にそれぞれビューワ上で注釈をつけられることである。たとえば，図5-7のように，各地で公開されている同じテクストを並べて比較するといったことが容易に可能なのである。ここから，各画面でそれぞれの画像を一つの資料としてページをめくっていったりできるようになっており，その点は，まさにIIIFの特徴を活かした機能であると言える。
　注釈機能に関しては，IIIFで定められている注釈の記法に基づくデータを図5-8のように表示することができ，さらに，ユーザが注釈をつける機能も用意されている。このサイトでは，さらに，注釈中のキーワードをクリックするとそのキーワードで画像検索が行われるようになっている。なお，図5-8で表示されている注釈は，元々はIIIFとは異なるフォーマットで付加されたものだが，それをIIIF Presentation APIに準拠する形に変換したことで，Mi-

---

9：http://universalviewer.io/examples/

5.1 IIIF について | 113

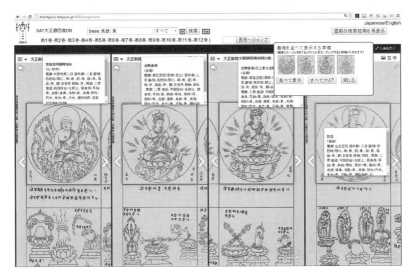

図5-8　象に乗った仏尊を検索して並べつつタグも表示

rador 上での表示が可能となった。そして，標準的な形式なので，他の IIIF 対応サイト・システムで読み込んで表示することも可能となっている[10]。

　さて，先述の三つの問題点に戻ってみると，デジタル画像がサイロに閉じ込められて相互運用性がないという問題は，IIIF の各種 API を通じて技術的には解決できていると言っていいだろう。アプリケーションソフトがリポジトリ毎に別々に作成されるために開発と維持に費用がかかるという点は，上記のようにいくつかの機関がフリーソフトウェアを共同で開発して皆で共有するという流れがすでにでき上がっており，開発・維持費用の問題を大いに改善している。そのようなことを可能にしたのは，画像配信に関する技術仕様を IIIF で共通化したからに他ならない。また，ユーザが不統一な多くのインターフェイスに対応しなければならない問題については，Mirador や Universal Viewer など，どれか一つ，自分の使いたいビューワを選べば，どこの画像でもそのビューワで表示できるという環境が技術的には提供されるに至っている。さらに

10：たとえば，神崎正英氏による Image Annotator9 での SAT 大正蔵図像 DB の頁画像と注釈の表示を参照されたい。http://www.kanzaki.com/works/2016/pub/image-annotator

その後，IIIF Curation Viewer や TIFY といった，それぞれに特徴を持ったIIIF 対応ビューワが開発・公開されている．上述のスライドに挙げられていた，個別のサイロに閉じ込められて相互運用性がなく，アプリケーションソフトはリポジトリごとに別々に作成されるため開発と維持に費用がかかり，そして，ユーザはほとんど統一されていない多くのインターフェイスになんとかして対応しなければならない，という三つの問題点は，技術的にはすでに解決されていると言っていいだろう．しかしながら，こういった取り組みは，最終的には多くの機関がこれに対応することで事実上の標準となってくれないことには実質的な有用性を得られない．次に，IIIF がどの程度の広がりを見せているのかについて見てみよう．

5.1.4　IIIF の広がり

　2015年6月，IIIF コンソーシアムが設立された．複数の研究機関によるプロジェクトとして始まった IIIF への取り組みは，このときすでに大きな広がりを見せており，年会費1万ドルを要する IIIF コンソーシアムの設立にさえ11の研究図書館等[11]が参画していた．その後，IIIF コンソーシアムの加盟機関は55を数え，日本からも東京大学，京都大学，国立情報学研究所，国文学研究資料館，関西大学が参加している．IIIF の利用はコンソーシアムに加盟せずとも可能であることから，IIIF の広がりをみる数字としては，IIIF のディスカッショングループに参加している568名という数字が一つの参考になるだろう[12]．ここでは，IIIF の導入や活用の手法，規格の改良など，IIIF に主体的に取り組む人たちが議論に参加している．

　ここからは，コミュニティに参加する者としてのやや印象論な話になるが，IIIF は全体として，研究図書館のシステムエンジニアのコミュニティを軸としてボトムアップで広がっている傾向が強いように思われる．IIIF がシステムエンジニアたちに支持される理由には，その採用のしやすさという面もある

11：オックスフォード大学，英国図書館，スタンフォード大学，ARTstor，バイエルン州立図書館，コーネル大学，フランス国立図書館，ノルウェイ国立図書館，プリンストン大学，ウェルカム財団，イェール大学．
12：http://iiif.io/news/2016/11/15/newsletter/

だろう。

　まず，要となる技術仕様の文書はオープンライセンスで公開されており，誰でも閲覧可能で再配布もできる。もちろん，規格の利用も無償で可能である。このことは単に使いやすさというだけでなく，ベンダーロックインの問題も回避することができ，採用に踏み切りやすい。

　また，すでに画像の公開システムが提供されている場合，それを排除することなく，共存する形でIIIF対応サービスを提供することもできる。実際の例としては，たとえばフランス国立図書館のGallicaの場合には，専用ビューワで高精細画像の閲覧ができるようになっているが，同時に，ビューワで画像を閲覧する際のURLを2箇所変更する[13]とIIIF対応のURLになり，IIIF対応ビューワでも同じ画像を読み込むことが可能となる。

　さらに，現在Webエンジニアの間で流行しているJSONという記述フォーマットや，World Wide Webコンソーシアム（W3C）が近年進めているLinked Dataの記述方法であるJSON-LD，注釈の記述方法であるWeb annotationを採用していることなど，研究図書館のシステムエンジニアにとって取り組みやすいものとなっている点も，細かい話のようではあるが，やはり重要なポイントだろう。特にWebに関連するものの場合，流行している規格であれば，それに対応するためのツールが世界中で開発され，フリーで利用できるものも様々に用意されることになる。このことは，より身近な例としては，たとえば，私たちがUnicodeを扱おうとする場合に，かつては対応ツールが少なくてUnicode用の独自ツールの開発まで検討する場合もあるなど，かなり苦労したものだったが，今ではほとんどのソフトウェアやシステムがUnicodeに対応するようになったために文字コードをあまり意識せずに作業ができるようになりつつある，という状況に近いものがある。学習や開発，メンテナンス等に関してシステムエンジニアが気を配らなければならない要素が減ることは，特にシステムエンジニアを直接抱えていることの多い比較的規模の大きな欧米の研究図書館では，IIIFの採用を後押しするポイントになっているようである。

13：URL中のark:/の前にiiif/を挿入し，URL末尾に/manifest.jsonと付記する。

5.1.5　IIIFコンテンツを活用するための仕組み

　IIIFがもたらしたAPI群は，Web空間におけるデジタルコンテンツの共有に際し，基盤的提供機能の部分を切り分けてWeb APIとして提供できるようにし，誰もがそのWeb APIを経由して外部からコンテンツの任意の部分を直接指定してアクセスすることを可能とした。このことは，結果として，一次公開機関でなくてもコンテンツを様々に活用して再配布できるという状況を創り出した。より具体的に言えば，公開者でもなく閲覧者でもない第三者がコンテンツに即した有益かつ固有の情報を作成し，それをオープンに公開・共有できるようになったのである。そして，世界各地でこのAPI群を活用できる利便性の高いツールが開発公開されるようになった。

　比較的汎用性の高いツールについて見てみると，まず，トロント大学図書館が開発・公開しているIIIF Toolkit with Miradorがある。これは，ジョージ・メイソン大学が開発・公開するメタデータ共同管理システム，Omekaのプラグインとして作成されており，各地で公開されているIIIF対応コンテンツをOmekaサイトに取り込んでアノテーションを付与することができるようになっている。このアノテーションのテキストを介して任意のWebコンテンツの中の任意の画像の任意の箇所に対してGoogle検索が直接及ぶようにすることが外部からでもできるようにもなっている。

　さらに，ヴァージニア大学図書館で開発・公開している時空間マッピング用Omekaプラグイン，Neatlineを組み合わせることによって，外部のユーザであっても各地のIIIF対応コンテンツを地図年表上に簡単にマッピングすることもできるようになっている。図5-9は2017年12月に開催されたNDLデジタルライブラリーカフェの参加者がマッピングしたものの一部である。

　別の方向性として，世界中のIIIF対応コンテンツに含まれる任意の画像の任意の箇所を指定するという操作を繰り返した後，それぞれの箇所を順にたどってブラウジングすることを可能にしたIIIF Curation Viewerも開発公開されている。

　他にもいくつかの比較的汎用的に活用可能なツールが提供されているが，一方で，カスタムメイドされたシステムを通じたIIIFコンテンツの活用手法も

5.1 IIIFについて | 117

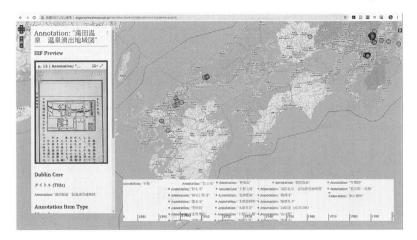

図5-9 Omeka IIIF Toolkit による時空間マッピングの例

様々なものが開発され，そのうちのいくつかは実運用に供されている。すでに比較的安定的に提供されているものを見てみると，SCTA[14]は，スコラ哲学に関する研究教育サイトとして開発が続けられており，TEI 準拠[15]の異文を含むテクストを用いたテクストデータベースを基本としつつ，異文の情報は IIIF 準拠の頁画像を表示することによる確認が可能となっている。あるいはまた，後述するが，SAT 大蔵経テキストデータベース研究会が構築して2016年6月に公開され，その後運用と改良が続けられている SAT 大正蔵図像 DB[16]は，6,000件以上の IIIF 準拠のアノテーションを含む仏教図像データベースであり，アノテーションを検索した上で IIIF 対応ビューワ Mirador を利用して複数画像を並列表示したり，それぞれの画像上にアノテーションとして各図像の属性をポップアップ表示したりできるようになっている。

5.1.6 IIIF の導入に伴う公開の在り方の変化

2016年11月1日，笠間書院のブログに「文化資源のデジタルデータ流通に突

14：https://scta.info/
15：http://www.tei-c.org/
16：https://dzkimgs.l.u-tokyo.ac.jp/SATi/images.php

きつけられた課題―国文学研究資料館のオープンデータ公開と永崎研宣氏による公開から考える［後藤真（国立歴史民俗博物館研究部准教授）］」[17]という記事が公開された。近年広まりつつあるオープンデータ化の流れと IIIF に準拠した画像の公開が重なり合ったところに生じてくるデジタル資料提供機関の新たな課題について，筆者の活動を題材として論じたものである。事態の具体的な事柄や後藤氏の見解については上記のブログ記事を参照していただくとして，以下に，ここで指摘された課題を筆者なりに整理してみよう。

　これまで，デジタル文化資料の公開と言えば，元になる資料を所蔵する機関・組織（以下，所蔵者）がデジタル化して直接に Web に公開するか（以下，所蔵者兼一次公開者）もしくは，そこと緊密に連携しデジタル資料公開を引き受けた機関・組織（以下，一次公開者）が閲覧のためのインターフェイスも含めたトータルな Web サービスを提供し，デジタル資料を公開する権利を独占しつつ，それに一定の責任を持つという流れが主流だったように思われる。そして，再配布を明示的に禁じているケースも少なくなかった。しかし，昨今のオープンデータ化の流れは，デジタル資料の再配布を許諾するということであり，すなわち，当該資料のライセンスに従うかぎり，誰でも公開者になることができるという状況をもたらしている。このことは，デジタル文化資料の流通のある局面においては大きな変化をもたらしつつある。

　誰もが自分のところで公開できる資料は，様々に利用・活用されるだけでなく，一次公開者が何らかの事情で公開を停止した後にもどこかで公開され利用・活用され続けることが可能となる。Internet Archive や Wikimedia 等，分野を問わず画像やメタデータを公開・共有できるものもあれば，分野毎のポータルもあり，商用サービスも様々に存在しており，オープンデータ化すれば，必要だと思ってくれている人がいるかぎり，おそらくは，Web のどこかで生きながらえることができるだろう。ただ，結果として，一次公開者，あるいは，所蔵者兼一次公開者における一次公開者としての存在感はやや減じていくこともあるだろう。一方，所蔵者に関しては，デジタル代替物（元々の物理的な資料が存在し，それをデジタル化したもの）の場合，所蔵者はどこか，デジタル化した

17：http://kasamashoin.jp/2016/11/post_3796.html

のはどこか，ということが資料の信頼性の決め手になることが少なくない。とりわけ来歴情報が重視される古典籍・古文書・美術品等においてはむしろ所蔵者の存在はますます強く意識されることになるだろう。同時に，そういったことが問題にならない資料については，所蔵者としての存在感もまた減じていくであろうことも視野に入れておく必要があるだろう。

これまでは「便利なWebサービス」を提供することが一次公開者の使命であり所蔵者がそれをも担うことは所蔵者の社会的使命の一環であるという意識があったように思う。しかし，オープンデータ化が様々な局面で「より便利なWebサービス」を生み出すことを期待するのだとしたら，同時にそれは，一次公開者としてどこまでWebサービスの利便性（特にインターフェイス）に注力するのか，ということを再考しなければならないだろう。

IIIFが登場してきたのは，まさにこのような状況においてであり，オープンデータ時代のデジタル化資料一次公開者としてのWebサービス提供の在り方を技術面から提示したものとなっている。すなわち，「コンピュータプログラムを用いて任意のサイトのデジタル化資料の任意の箇所を取り出して活用することができる上に，デジタル化資料を丸ごとダウンロードすることもできる」ことを実現する規格を提供したことで，一次公開者の手間を大幅に減らしつつ活用可能性を高めることを可能としたのである。

この情報流通の仕方を，オープンなソフトウェア開発を論じた「伽藍とバザール」[18]が提起したように，集中と分散という観点からとらえてみると，オープンデータ化は上述のように分散志向との親和性が高い。一方，IIIFの場合，サイト間の垣根を超える手段を提供しつつも，現在普及しているWeb技術の範囲では，注釈などの色々な付加情報を集約する際には一次公開者のサイトにデジタル化資料を置いておいて，それを外部のサイトから利用することが想定されている。これはどちらかと言えば集中志向であると言っていいだろう。双方の志向にどう折り合いをつけていくか，ということも今後の課題になっていくだろう。

18：Eric S. Raymond, The Cathedral and the Bazaar, 1999, http://cruel.org/freeware/cathedral.html（日本語訳）

5.1.7　IIIF の事例：SAT 大正蔵図像 DB

　ここでは，IIIF の導入・活用の事例として，日本で初めて，IIIF 対応のアノテーションも含めたシステムとして2016年6月に公開された SAT 大正蔵図像 DB（以下，SAT 図像 DB）について取り上げてみよう[19]。なお，ここで登場する一連のシステムは筆者自身が開発を行ったため，必要に応じてシステムの詳細まで言及することがあるのでご承知おきいただきたい。

（1）大正新脩大藏經図像編

　『大正新脩大藏經』は，100巻から成る仏典の集成であり，テクストを主とする85巻分に関しては，2007年に SAT 大蔵経テキストデータベース研究会[20]（代表：下田正弘）（以下，SAT 研究会）によってフルテクストデータベース（以下，SAT テクスト DB）[21]として作成され，2008年4月には Web 全文検索システムとして公開され，様々に活用されてきている[22]。それ以外の15巻分，とりわけ，図像編・図像部等と呼ばれる12巻分に関しては，テクストのみならず，仏尊や三昧耶形・曼荼羅等の図像を多く含んでいる貴重な資料である。したがって，テクスト検索のみならず，ここに含まれる図像を何らかの形で検索できるようにすることが希求されていた。そこで，SAT 研究会では，この12巻分を高精細画像としてデジタル撮影し，図像の属性に関するタグを付与して検索できるようにすることで利便性を高めることを目指した。

（2）Web コラボレーションシステム

　タグの付与は，全国に散らばる日本美術史の研究者によって行うこととなった。これには，画像上でタグを協働でつけていくシステムが有益であり，

19：本節は，永崎研宣，津田徹英，下田正弘「SAT 大正蔵図像 DB をめぐるコラボレーションの可能性」研究報告人文科学とコンピュータ（CH），2017-CH-113（8），1-4（2017-01-28）を元に若干の改稿を行ったものである。
20：http://21dzk.l.u-tokyo.ac.jp/SAT/
21：http://21dzk.l.u-tokyo.ac.jp/SAT/satdb2015.php
22：永崎研宣．SAT 大蔵経テキストデータベース 人文学におけるオープンデータの活用に向けて．情報管理 Vol. 58, No. 6, pp. 422-437. 2015.

5.1 IIIF について | 121

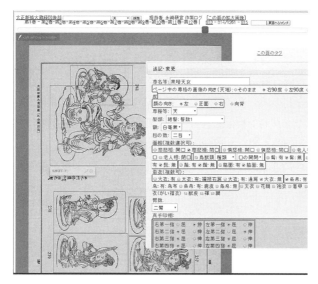

図 5-10　タグ付け用フォームの画面

Web コラボレーションシステムを開発することとなった。当初は，Javascript で書かれた Annotorious[23]というオープンソースの Web アノテーションツールを採用して，画像の一部にタグをつけるという仕組みを構築した。タグの内容については，髪部，面相，臂数，持物，台座，眷属等，仏尊の部分ごとに属性のリストを作成し，作業者は，名称以外に関しては，Web フォームでクリックして選択するだけで入力できる仕組みとした（図 5-10）。サーバ側は，フリーソフトのリレーショナルデータベースとして広く用いられている Post-greSQL を採用し，そこに一つの画像に対して一つのレコードとして，一レコード内に複数のタグを保存していく仕組みとした。作業者から見ると，タグを付与したい領域を画像上で選択すると入力フォームが表示されるので，そこに仏尊名を入力し，その後，さらに属性リストのフォームを開いて該当する属性をクリックして選択し，送信ボタンをクリックすると，一つのタグ付け作業が完了となる。共同作業を適切に統制するため，これまで SAT プロジェクトが

23：http://annotorious.github.io/

開発・利用してきた他のコラボレーションシステムと同様に，作業者権限以外に管理者権限を用意し，管理者のみが，他の作業者・管理者のタグを変更することや作業者毎の作業進捗状況のチェック，さらにはアカウント情報の管理もできるように管理者用のインターフェイスも用意した。また，作業に際して，タグの用法などの問合せにかかる手間を減らすため，当初より検索機能を提供し，付与したタグ名で検索できるようにしつつ，検索結果はIIIF[24]Image APIによって座標情報を用いて画像の該当部分を切り出してリスト表示できるようにした。これにより，作業者は，タグの用法について図像を検索して確認しながら作業できるようになり，作業効率を高めることができた。最終的に，この作業には2016年までに43名の研究者が参加した。

（3）公開に向けて：IIIFの採用

　当初のタグ付け作業は2015年度に実施され，最終的には図像編第1巻・第2巻に登場する4,300件の仏尊・三昧耶形等にタグが付与された。この成果を公開する時期には，IIIF（International Image Interoperability Framework）のImage API及びPresentation APIが2.0となり対応する各種ソフトウェアもこれに対応したことで規格として安定し，海外各地のデジタルリポジトリにおいて採用が進みつつあり，さらに，SAT図像DBの公開に適したフリーのWebビューワであるMiradorが公開され安定動作するようになっていたことから，公開に際しては，画像及びタグを含むアノテーションを公開するための規格としてはIIIFを，それらの画像とタグの表示にはMiradorを採用することとした。

　ここで改めてIIIFに簡単に言及しておくと，IIIFは，いわゆる文化資料デジタルアーカイブにおける画像配信の手法を共通化して低コスト化しつつ利便性を大幅に向上させることを目指したものである。元々は，世界に散らばる中世写本のデジタル画像を統合したコレクションを作ることを課題としたプロジェクト[25]が発展してきたものだが，現在では，欧米・中東などの研究図書館におけるデジタルアーカイブを中心に，一気に普及しつつある。この規格では，

24：http://iiif.io/
25：http://www.slideshare.net/Tom-Cramer/iiif-international-image-interoperability-framework-dlf2012

「サイロを越える」等のスローガンの下，各地の「デジタルアーカイブ」サイトにおける写本・版本等の画像資料を効率的にまとめてコレクションとして提示したり共同で翻刻やアノテーションを付与したりすることができるようになっている。また，IIIF に準拠すれば Web ビューワを共通化できるため，これをターゲットとした利便性の高いフリーソフトの Web ビューワがいくつも開発公開されるようになっている。とりわけ，Mirador[26]と Universal Viewer[27]は，多機能な IIIF 対応ビューワとして広く用いられている。いずれも，高精細画像に関しては OpenSeadragon[28]を利用しており，他にも様々なツールやライブラリを組み合わせて作成されている。そして，前者は，今のところ対象は高精細画像のみだが，一つのウィンドウに複数のスロットを作り，それぞれに拡大縮小表示とアノテーション表示が可能となっている。IIIF の当初の目的の一つであった複数の写本・版本を仔細に見比べたいというニーズはよく合致していると言える。この時点でリリース候補が出ていたバージョン2.1ではアノテーションを付加する機能や画像の回転や明度・彩度などの調整もブラウザ上でできるようになっている。サーバ側が IIIF に準拠していれば，どこのサーバの画像でも同じように表示して操作できることから，Mirador の複数画像表示機能は IIIF の特性をよく活かしたビューワであると言えるだろう。また，Universal Viewer は，3Dや音声・動画など，様々なタイプのメディアを表示する機能を備えている。XML テキストの検索機能も用意されており，こちらも Mirador とは異なる方向での発展が期待されるところである。

　このような状況において，SAT 図像 DB では，Mirador の複数画像表示機能の利便性に着目し，これを活用して SAT 研究会の考える利便性の高い表示機能を提供することとした。これにより，IIIF 対応として Image API と Presentation API に準拠する形で画像とアノテーションを公開することになった。さらに，SAT 図像 DB では，CC BY-SA のライセンスで公開したことで，他のビューワや，あるいはまったく別の仕組みでの共有・公開など，様々な選択肢をも利用者に提供することとなった[29]。

26：http://projectmirador.org/
27：http://universalviewer.io/
28：https://openseadragon.github.io/

(4) IIIF の実装と付加的な機能

　IIIF を書籍のデジタル画像に対して実装するにあたっては，まず，画像そのものを様々に操作する IIIF Image API を利用するための画像配信サーバソフトを Web サーバ上の，高精細画像が読み出せるところに用意する必要がある。そして，一つもしくは複数の画像をまとめて操作する IIIF Presentation API を提供するために JSON データの作成が必要になる。

　画像配信サーバソフトに関しては，SAT 図像 DB では，サーバ環境の制約から，プログラミング言語 Python で動作し導入がしやすい Loris IIIF Image server[30]と，導入にはややハードルがあるが動作が高速な IIP Image server[31]の二つを検討した。特に大きな違いとして，IIIF Image API では，大きな画像を配信する際にはユーザが見たい場所の画像だけを分割して配信する仕組みになっているが，前者はユーザがアクセスしてきた際に JPEG 画像を分割するという比較的重い処理が発生するのに対し，後者は最初から分割された画像を用意しておくことでユーザからのアクセス時にはそれを読み出すだけで済むことから処理が重くなりにくく，さらに，高速キャッシュ（一時保存）サーバソフトを用いて画像の繰り返し配信時にサーバの負荷を減らすことができるという特徴がある。今回の場合，SAT 図像 DB で公開予定の JPEG 画像が最大で 80MB に達していることから，ユーザアクセス時に画像分割を開始する Loris では高負荷に耐えられないと想定されたため，動作そのものが比較的速く，配信時の画像分割の負荷が少なく，全体的にサーバの負荷を減らすことができる IIP Image server を採用することとした。なお，IIP Image server では JPEG2000 も利用することは可能だが，これに使用できる JPEG2000 用ライブラリがフリーソフトではないので，SAT 図像 DB では採用を見合わせた。

　Presentation API に関しては，SAT 図像 DB で用いている機能は，基本的な書籍のメタデータの提供，一つの資料の中での画像の並び順の指定，各画像

29：本稿執筆時点で，外部でこのデータを利用しているサイトとしては神崎正英氏による以下のものが挙げられる。http://www.kanzaki.com/works/2016/pub/image-annotator?u = http://dzkimgs.l.u-tokyo.ac.jp/iiif/zuzoubu/01/manifest.json#p9
30：https://github.com/loris-imageserver
31：http://iipimage.sourceforge.net/

5.1 IIIF について | 125

図 5-11　タグの表示

へのアノテーション，である。ここでは，画像のファイル情報と PostgreSQL に蓄積されたタグデータと，別途用意した目次情報ファイルを読み込んで Presentation API に準拠した JSON データを作成するスクリプトを組んで，静的な JSON データを用意している。アノテーションには HTML タグを用いることができるため，タグやその他の情報は HTML で書き込み（図 5-11），各タグをクリックしたら画像を検索する，という機能を jQuery 経由で提供している。

　画像検索とその結果表示に関しては，IIIF ではなく外部機能として実装を行った。このシステムを構築した時点では，IIIF Search API が正式リリースされていなかったため，画像検索は，PostgreSQL のテーブルに格納されたタグのテキストを検索することによって実現しており，結果表示には，各タグが付与された画像ファイル名と画像上の座標情報を取得して Image API で同サイズに画像切り出し表示をするようになっている（図 5-12）。この検索結果表示画面は URL 指定により外部から取得できるようになっており，SAT テクスト DB においても，この検索結果表示画面が表示されるようになっている。

　検索結果表示画面では，各切り出し画像にチェックボックスが付与されてお

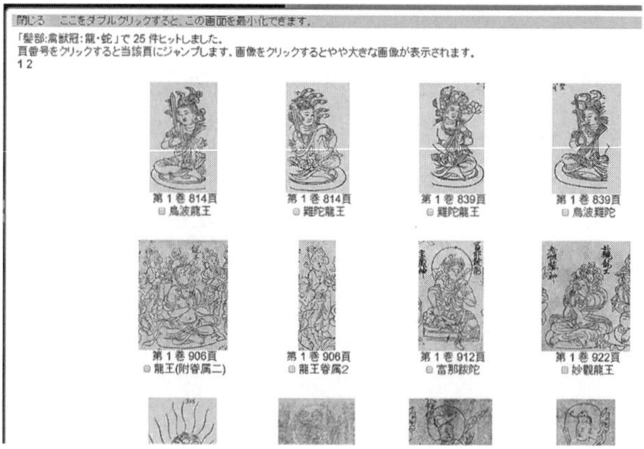

図5-12 検索結果の切り出しリスト表示例

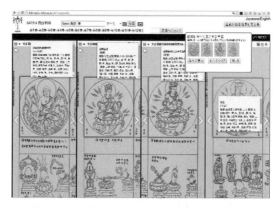

図5-13 Miradorの画面分割機能による表示

り，チェックをつけた複数の画像を，Miradorの画面分割機能を用いて一度に並べて表示し，それぞれに，対象となった切り出し画像が各画面中央に位置しつつ，ズームしたりタグ表示・タグ検索したりできるような機能も提供している（図5-13）。

　タグ検索機能では，タグ付与の際に用いた語彙をそのまま援用する形で検索用のタグリストを用意し，いずれかのタグのチェックボックスをクリックすればその語が検索語欄に入力され，そのタグで検索できるという機能も提供して

いる。これらの機能は，単に研究上の様々な分析に利用できるだけでなく，仏尊の名称がわからない時に部分的な部位で検索して確認することができるという点でも利用者から評価されている。さらに，仏尊の各部位についての知識が十分でない人や，日本語の入力があまり得意でない人にとっても，仏尊の検索が容易にできるようになり，日本語圏・漢字文化圏以外の人々においても好評な機能である。さらに，SAT テキスト DB[32]において提供している CHISE[33]の漢字オントロジーのデータを用いた漢字の曖昧検索機能と，Digital Dictionary of Buddhism[34]を用いた英単語⇒仏教用語変換機能をここでも提供している。これらの機能は，日本語圏以外の利用者から好評を得ている。

（5）コラボレーションの可能性

この事例紹介の最後に，コラボレーションという観点から，今後の課題についてまとめてみたい。まず，タグ付け作業としてのコラボレーションの発展的継続である。曼荼羅画像等，大きな図像に対する細部へのタグ付けが2015年のタグ付けシステムでは困難だったため，OpenSeadragon で画像を拡大縮小しつつタグを付与できる仕組みを OpenSeadragon Selection プラグインを用いて新たに開発した。この時点では第一巻と第二巻しか本格的なタグ付けを行っていなかったため，今後は，このシステムを用いてタグ付け作業を進める。

また，この図像編には，図像だけでなく，図像を解説するテキストも多く含まれており，このテキスト部分の翻刻も課題となっている。テキスト翻刻に関しては，近年はコラボレーションによる取組みが世界的に広まりつつあるところであり，Transcribe Bentham[35]や「みんなで翻刻」[36]等の成功例も出てきているところだが，SAT 図像 DB に関しては，基本的には OCR を中心として進めて行く事を目指しており，OCR 共同校正システムを開発中である。ただし，対象資料は多くが活字であるものの，返り点がついているテキストが多く，一

32：http://21dzk.l.u-tokyo.ac.jp/SAT2018/master30.php
33：http://www.chise.org/
34：http://buddhism-dict.net/ddb/
35：https://blogs.ucl.ac.uk/transcribe-bentham/
36：https://honkoku.org/

部には写本の画像も含まれており、やや時間をかけてじっくり取り組んでいく必要がある。これに関連して、テクストデータと IIIF のアノテーションとをどのようにリンクしていくかということも課題として取り組んでいるところである[37]。

コンテンツに関するコラボレーションとしては、IIIF に対応して API を公開することで門戸を開いており、さらに、上述のように GET Method で画像検索結果を取得できるようにしている。こうした形でのコンテンツの提供は、プロジェクトの独立性を保ちながら相互連携によりコンテンツの利活用性を高めることにつながっており、このプロジェクトとしては今後もこの方向でのコラボレーションを進めて行くことになるだろう。

5.1.8 IIIF の事例：IIIF-BS（仏教研究のための IIIF マニフェスト集）[38]

すでに見てきたように、IIIF 対応コンテンツは世界中の文化機関から公開されるようになってきている。そのような中で、IIIF 対応の仏典資料のメタデータを協働で改善しつつその成果を共有するためのプラットフォームとして、IIIF-BS（IIIF Manifests for Buddhist Studies）が開発された。これは、世界各地で公開される仏典関連の IIIF 対応画像を一覧できるようにし、それを見ながら各画像のメタデータの修正や付加を協働でできるようにしたものであり、さらに、その成果を自由に利用できるようにしたものである。なお、ここでは仏教学の資料に関する具体的な話を採り上げているが、IIIF に対応したデジタルコレクションが世界各地から続々と公開されるなかでは、仏教学に限らず、日本に関する様々なデジタル化資料もそこに多く含まれ散在している。それらは各利用者の関心のある分野・文脈においてそれぞれに活用できるようにすることで有用性が高まると期待されることから、そのような課題を解決するため

37：永崎研宣, 津田徹英, 下田正弘「SAT 大正蔵図像 DB をめぐるコラボレーションの可能性」『情報処理学会研究報告』2017-CH-113 (8) (2017年1月), pp. 1-4.
38：本節は、永崎研宣, 下田正弘「オープン化が拓くデジタルアーカイブの高度利活用：IIIF Manifests for Buddhist Studies の運用を通じて」『じんもんこん2018論文集』, 2018, 389-394 (2018-11-24) を元に改稿を行ったものである。

の方策の一つとしてこの事例をみていただきたい。

（1）IIIF-BS の必要性

　文化機関から公開されるデジタル化資料は，それぞれの機関が持つ文脈で公開される。それは，どこかから寄贈された文庫であったり，単に貴重資料を集めたものであったりと，様々な形があり得るが，それは必ずしも何らかの研究分野のニーズを反映したものになるとは限らない。そもそも，研究者が資料に見出そうとする文脈は千差万別で，それぞれの文脈に合わせて必要なデジタル化資料の選択は変わってくる。結果として，あちこちの機関のサイトをまわって必要なデジタル化資料を探してくるということになる。欧米先進諸国の研究図書館のように専門司書をそろえているような機関であれば，そうした場合に，研究者が探しやすくなるような詳細なメタデータの付与を行っているところもあるが，むしろそうでないところが多く，必要な資料を探すだけでもかなりの手間と時間がかかってしまう場合が少なくない。サイト側でデジタル化資料の新規公開や更新があった場合への対応も，たとえば NDL デジコレでは新規追加分を探せるようにしているが，それでも分量が多いと確認作業はなかなか容易ではない。必要に応じた文脈で資料を探しやすくする環境を用意しないことには，このことはなかなか解決しない。

　一方で，仏教学分野としての必要性という観点では，仏教学資料は，比較的大きい機関の公開デジタルコレクションの一部として含まれている場合が多い。漢籍コレクションの一部であったり，東アジア貴重書コレクションの一部であったり，状況は様々だが，仏教学資料専門のデジタル画像コレクションというのは今のところごくまれである。この場合，「仏教学」という文脈から世界のサイトを回って画像を探し出さねばならないということになってしまう。しかしこのことは，典拠確認というごく基本的な次元においてであっても必要性なこととなりつつある。

　このようなことから，仏教学という文脈において世界のサイトの仏教資料画像を容易に探せるようにする仕組みが必要であり，そのために IIIF-BS が開発されたのである。すなわち，世界各地でそれぞれの機関のコレクションという文脈で公開される IIIF 対応画像は，IIIF-BS を介することで仏教学という

表5-1　IIIF-BS 収録アイテムのリスト

機関・サイト名	件数	機関・サイト名	件数
Bibliothèque nationale de France	3,691	World Digital Library	15
東京大学総合図書館	1,813	島根大学付属図書館 DA	13
NDL デジコレ	1,235	名古屋大学附属図書館	9
京都大学貴重資料 DA	845	ubc.ca	7
国文学研究資料館	175	Cambridge University Library	7
harvard.edu	77	東京大学附属図書館アジア研究図書館上廣倫理財団寄付研究部門	5
The Internet Archive	71	e-codices - Virtual Manuscript Library of Switzerland	1
Bayerische Staatsbibliothek	67
NDL 次世代ラボ	30	Vietnamese Nôm Preservation Foundation	1
Kyushu University Library Collections	22	Stanford University Libraries	1
		その他・整理中	16

文脈で扱うことができるコンテンツになり，同時にこれ自体が新しい仮想コレクションにもなるのである。なお，いまだ探索・収集の途上ではあるが，原稿執筆時点での登録対象機関・サイト名とその登録アイテム（IIIF Manifest URI）件数は以下の表5-1の通りであり，計8,101件となっている。

（2）IIIF-BS の機能

　幸いなことに，仏教学分野においては各典籍に目録番号を付与して様々な言語の版を対比できるようにしたり，その番号を用いて文献の情報を交換したり，さらには，典拠として用いられやすいものであれば典籍中の行番号で対象とするテクストの位置を示し共有するといったことが，仏教文献データベースのみならず，デジタル媒体登場以前から長きにわたって行われてきており，その蓄積が IIIF-BS においても最大限に活用されている。IIIF-BS では，現在のところ，協働ユーザが任意の IIIF Manifest URI を登録できるようになっており，さらに，大正新脩大蔵経の目録番号，巻番号，行番号を各 Manifest URI に対

して付与できるようにしており，ユーザは，IIIF-BS で各画像を閲覧しつつ，巻単位でそろっているものであれば目録番号と巻番号を，あるいは，欠損があって1巻に満たないものや断片的なものであれば，大正新脩大蔵経の対応箇所の始まりと終わりの行番号を登録できるようにしている。これらの付与データは，単に IIIF-BS 上で閲覧できるだけでなく，大正新脩大蔵経の目録番号や巻番号などをキーとしてデータ付与対象の IIIF Manifest URI とともに JSON 形式で取得できるようになっている。取得されたデータは，さらに当該 IIIF Manifest の内容を取得して組み合わせることにより，様々な仕方での活用が可能となる。具体的には後述する。

また，IIIF-BS 上での操作や作業を想定し，ユーザが使える IIIF 対応ビューワを三つ用意している。Universal Viewer, Mirador, IIIF Curation Viewer である。それぞれに特徴があり，用途に応じて利用者が適宜選択することを想定している。たとえば，画像をダウンロードしたり，特定画像の特定箇所についてメール等で共有したりしたい場合には Universal Viewer を選択するのがよいだろう。複数画像を並べて比較したい場合には Mirador が適している。ただし，複数画像比較の際に，IIIF アイコンを Mirador ウィンドウ上にドラッグ＆ドロップする標準的な手法は，実際には操作に困難を感じる人が少なくないということを，延べ300名以上の参加のあった IIIF 講習会シリーズ等での参加者の方々の様子から感じたため，ここでは採用していない。代わりの機能として，すでに Mirador 上で画像を一つ以上表示している場合には，Mirador アイコンをクリックするたびに，Mirador の画面を分割してからそこにその画像を表示するようにしている。あるいはまた，IIIF Curation Viewer は，そのキュレーション機能がそのまま利用可能であり，アイコンをクリックして切り出しを行っていけば，そのリストを作成していけるようになっている。さらに，この場合には，このビューワ自体の機能により，一度切り出し画像一覧を作成すると，IIIF-BS を介さずともその一覧を利用できるようになっており，状況次第では非常に有効に機能することがあるだろう。

(3) IIIF-BS の仕組み

IIIF-BS は，フリーソフトウェアの全文テキスト検索ソフトウェア，

Apache Solrを中心として構築されている。協働ユーザが認証を経た後にIIIF Manifest URI をシステムに送信すると，様々な言語を含む Manifest ファイルが取得されてApache Solr に取り込まれ，Manifest ファイルに含まれるメタデータ等に関してはIIIF-BS上で検索できるようになる。このようにして集めた検索対象になるテクストデータは，日本語や中国語を含む様々な言語を含むものとなっているため，Apache Solr の検索インデックス作成用フィルターには，日本語形態素解析等は行わないものとして，Unigram も含む Ngram を用いている。

協働作業に参加するユーザに関しては，SAT 研究会がこれまで運用してきている協働ユーザアカウントデータベースを利用して認証を行っており，潜在的な協働作業参加者数は200名強である。

IIIF-BSの検索機能では，IIIF Manifest ファイルから抽出したメタデータだけでなく，IIIF-BS上で登録した情報を対象として検索することも可能である。つまり，経典番号，巻番号，行番号で検索を行い，対応する画像を探索することができるようになっている。これは，「この経典についての画像を取得したい」「この経典のこの巻についての画像を取得したい」といったニーズに対応するものであり，たとえば，「妙法蓮華経」に関する画像を閲覧したい場合は，その大正新脩大蔵経経典番号であるT0262を含む以下のようなURLにアクセスすると，

http://bauddha.dhii.jp/SAT/iiifmani/show.php?m=getByCatNum&cnum=T0262

この経典番号を付与されたIIIF Manifest URI と，それに付与された他の関連データがJSON形式で入手できるようになっている。あえて経典名ではなく経典番号を付与してそれを対象として検索する理由は，複数の内容の異なる経典に同じ経典名がついている場合があることが主な理由である。また，IIIF Manifestファイルにおいて付与されたタイトルに揺れがある場合や，そもそもタイトルとして経典名が付与されていないものもあり，こういった場合には共通の経典名をつける必要があるが，この際にも，経典番号を付与しておけば，それを用いて経典名を引くことができるようになるため，やはり経典番号を登

録してそれを検索できるようにしておくことが有用である。なお，巻も特定してデータを取得しようとする場合には，scrnm というパラメータを上記の URL に加えることになる。

（4）IIIF-BS の想定利用方法のまとめ

　以上を改めて簡潔にまとめると，IIIF-BS では，複数の機関からそれぞれ公開されている木版や写本等の仏典の画像を検索して Mirador で並べて表示して比較してみたり，気になる箇所を IIIF Curation Viewer で切り出して並べてみたり，Universal Viewer で気になる箇所について他の人に問い合わせてみたりすることができる。さらに，協働ユーザであれば，仏典の大正新脩大蔵経の経典番号・巻番号を付与することができる。これが行われると，登録された IIIF Manifest URI は付与された各種番号で検索され，JSON 形式で一連のデータが取得できるようになる。

（5）IIIF-BS の成果と課題

　IIIF-BS の成果としては，まず，SAT 大蔵経テキストデータベース2018年版（以下，SAT2018）においてテキスト閲覧の際の画像参照システムの一部にこのデータが組み込まれるという形での成果が出ている。SAT2018では，ユーザが任意の仏典のテキストを表示させた際に，この IIIF-BS 上の関連する仏典のデータを自動的に取得し，付与された巻番号・行番号を用いて各断片の対応箇所を表形式で表示したり，さらにそこから Mirador 上で並べて表示することもできるようになっている。

　図5-14では，「妙法蓮華経」の画像の情報を拡大縮小可能な表中に一覧表示しており，フランス国立図書館やバイエルン州立図書館等の各地のサイトで公開されている断片画像は，付与された巻番号・行番号に基づき，1巻から7巻までの全巻のうちの対応する箇所にプロットされる形で表示されている。それぞれのバーをクリックすると，それに対応する画像が Mirador 上に表示され，二つめ以降の画像表示は，Mirador の画面を分割してから新規ウインドウに表示するようになっている（図5-15）。この Mirador のウィンドウの開き方は，上述の IIIF-BS で実装しているものと同様である。

134 | 第5章 可用性を高めるための国際的な決まり事：IIIF と TEI

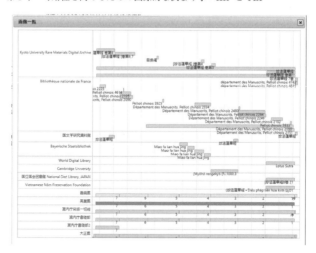

図5-14　SAT2018上での表形式表示の例

図5-15　妙法蓮華経の各画像を並列表示

5.1 IIIF について | 135

　この事例は，IIIF-BS の成果の活用先としては今のところ SAT 研究会という一つの研究プロジェクトの中に閉じた話になっているが，画像提供サイト側では，画像を IIIF 対応で公開することで専門家コミュニティによって高度な利活用をしてもらいやすくなるという事例として見ることができるだろう。

　これに加えてもう一つの成果にも言及しておこう。IIIF-BS では京都大学貴重資料デジタルアーカイブ（以下，京大 DA）から提供されているデジタル画像のうち，仏典に関する画像の IIIF Manifest を 845 件取り込んでいる。この中には，経典名が付与されていない断片も含まれている。IIIF-BS 上で，これらの画像に対して一連のデータを付与し，経典名未詳の断片に関しては，確認できたものは大正新脩大藏經の経典番号や行番号を付した。これに対して，京大 DA は，この付与データを採用するとともに，これを利用して SAT2018 への経典・巻・行番号のいずれかの単位でのリンクを京大 DA の各当該コンテンツ情報頁に設置した。このことが意味するところは，IIIF を通じて基盤的に提供されたデジタル化資料が，利用者によって利用者自身のために利用されただけでなく，その利用者が利用者という立場を超えた第三者としてコンテンツに付加価値を与えた上で，さらに，その付加価値が IIIF 対応画像の一次公開機関にまでフィードバックされるという道を具体的に示した，ということになる。上述のように，一次公開機関では必ずしも十分なメタデータや関連情報を付与できるとは限らないという状況があり，その改善はなかなかすぐには見込めない。きちんとしたデジタル化資料を提供することへの責任感や不十分なものを提供することに対する忌避感は，それ自体は良識に基づくまっとうな感覚なのだが，結果として現場に無理を強いることになったり，公開時期を長く延ばしたりすることにもなりかねない。そのような事態に対してこの事例が示すことは，IIIF という活用可能性の高い技術仕様に対応する形で公開することによってメタデータを充実させることをはじめとする様々な価値付与が第三者によって行われる可能性が高まるということである。この可能性を高めていくためには，IIIF-BS のようなシステムを様々な研究者・専門家が自分たちの専門的活動のために容易に準備できるようになっている必要があるが，それも Omeka IIIF Toolkit や IIIF Curation Platform 等の登場にみられるように，徐々に進みつつあるように思われる。このような事例が積み上げられてオープ

ンな利用を前提としたIIIF画像公開の効果に対する認識が広まっていけば，予算が縮減されがちな現状への対応というだけでなく，デジタル化資料公開にあたっての公開機関の負担感の低減や公開作業の遅滞の回避といった点でも有益だろう．

なお，この京大DAからのリンクはIIIF-BSが提供する動的な機能を用いてアクセス毎に自動的にデータ取得しているのではなく，IIIF-BSのデータを一次公開機関がいったんダウンロードした上で自らのデータベースに取り込んで利用するという形になっている．動的なデータの取り込みは，常に最新情報を取得できるというメリットはあるものの，内容の保証については必ずしも十分ではなく，今のところ日本の文化機関にはややなじみにくい面があることから，むしろ，そうした状況を踏まえた上での対応として意義のある事例であると言えるだろう．

また，この種の仕事では，クラウドソーシングが有益となる局面もあるだろう．その場合に備えて，現在のところ，同じ機能を持つ別のサイトを日本文化資料向けとして作成してTwitterアカウントでログインできるようにしている[39]．現在はIIIF講習会シリーズで初心者向けに活用しているが，付与すべきデータをコミュニティ毎にカスタマイズしたものを立ち上げて利用できるような仕組みの提供を検討している．

（6）IIIF-BS についてのまとめ

IIIF-BSは，技術的には特に目新しいものではないが，むしろ，オープンなライセンスを前提としつつ既存の技術を組み合わせることでこのような取り組みを実現できるようになっており，近年の一連の動向の意義が端的に反映されたものであると言ってよいだろう．ここでは特にIIIFを扱ったが，これに限らず，オープンなライセンスと様々な技術を組み合わせることは，デジタル時代の文化資料の基盤をよりよいものにすることに大きく貢献するものである．次に，もう一つ，その種のものとして国際的には大きく広まっているTEIについて見てみよう．

39：http://bauddha.dhii.jp/iiifws/show.php

5.2 TEIについて

　TEI（Text Encoding Initiative）は，元々は，人文学のために策定されたデジタル資料の構造的記述を行うために始まったものであり，開始当初の思想と状況については当事者達の講演録が日本語訳されているのでそちらをご覧いただきたい[40]。ここでは，TEIがどのようなものであり，どのように有用であるかについて，いくつかの事例とともに概観してみよう。なお，本節の初出は後藤真・橋本雄太編『歴史情報学の教科書』（文学通信，2019年）であり，CC BY-SAで公開されているため，その意義を踏まえつつ若干の加筆修正とともにここに掲載する[41]。

5.2.1　デジタルテクストの特徴を活かすには？

　デジタルテクストがあればテクストの扱いがとても便利になる。どのように扱うべきかということはともかくとして，直接的にせよ，間接的にせよ，何らかの形で利便性が向上するということは誰もが認めることだろう。自分は紙しか見ない，活字しか読まない，という人であっても，そこで読んでいる文字が今の価格と即時性で手元に来ているということがデジタルテクストの恩恵であることがほとんどであるということはわかってくださることだろう。活字での組版を業務として行っているところはもはやごく限られており，ほとんどの人は，デジタル組版によってコンピュータが作成した字形が印字されたものを読んでいるのだから。

　印刷されて紙媒体として読まれるものがテクストであり，私たちは，時として暗黙でもある様々なルールを通じて読み取ってきた。新聞には見出しがあり段組との関係で一つの記事が構成されていること，脚注番号を見て同頁の下部に対応する脚注がなければ章末を見て，章末にもなければ文書末尾の対応する番号を見て脚注を確認すべきこと，下線や横線が引いてあればそれに何らかの

40：TEI: それはどこからきたのか。そして，なぜ，今もなおここにあるのか？https://doi.org/10.24576/jadh.1.0_3
41：したがって，TEIを取り扱うこの節についてはCC BY-SAとして配布する。

意味があると考えるべきこと，ルールは様々であり，時として新たに開発され，特に説明もないままに理解されてしまうものもあればわかりにくいと消えていくものもあったかもしれない。紙媒体という，一つの面しか持ち得ない媒体にいかにして情報を載せて伝えようとするかという営みは，一千年を超える試行錯誤の連続であったと言えるだろう。

一方，デジタルテキストは，画面上での話ではあるが，複数の面を同時に扱うことができる。そこで多くの人が考えるのは，今まで暗黙的に共有してきたルールをきちんと書き込みつつ，通常の文章はそのまま読めるようにしたい，ということである。私たちは下線を引くとき，その下線に何らかの意味を込めようとする。多くの場合は強調したいのだが，ではどのように強調したいのか。「これ以降はこの単語に注目してもらいたい」のか「このフレーズがこれまでのすべてを一言でまとめている」のか，あるいは単に「これは重要人物の略称」なのか，下線に込められる意味は様々であり，それを正確に伝えることは下線のみでは不可能である。デジタルテキストでは，それを別な面に記述することが可能となる。たとえば以下のものを見てみよう。

例：
　それを〈キーフレーズ〉別な面に記述する〈／キーフレーズ〉ことが可能となる。

この例では，本文のなかにタグと呼ばれる〈　〉に囲まれた「キーフレーズ」という文字列を2箇所組み込んでいる。そして，このキーフレーズが終了する箇所では「〈／キーフレーズ〉」という風に，「キーフレーズ」文字列の前に「／（スラッシュ）」が入っている。これによって，この二つのタグに囲まれた文字列「別な面に記述する」をキーフレーズであると示そうとしている。この〈　〉内のテキスト「キーフレーズ」を通常は非表示にして，必要な時には表示できるようにすることによって，一つの文章についての複数の文脈での記述と提示が可能になる。さらに，「キーフレーズ」というタグを検索することで，キーフレーズとして示されている文字列を抽出することもできる。一つの文書のなかにキーフレーズが複数登場していてそれぞれに同様のタグを付して

いれば，それらをまとめてタグ検索で抽出することができて，タグを付与する効果はより高まるだろう．

　さて，ここでもう一つ考えてみたいのは，他の人と文書を共有しようとする場合である．他の人が同じように「キーフレーズ」タグをつけた文書を共有してくれたなら，その文書もまとめてキーフレーズを探せることになり，便利であることは間違いない．つまり，タグをつけるだけでなく，それを他の人と共通化することで，利便性をさらに高めることができるのである．

　さて，これを100人がそれぞれの文書で実行してみたと想像してみよう．100の文書から，それぞれがキーフレーズだと思った文字列が取り出される．このことの面白さは言うまでもないだろう．しかし一方で，100人それぞれが考える「キーフレーズ」がまったく同じ意味合いで選び出されることは少々難しいかもしれない．ある人は，文書に多く登場するいくつかのフレーズを選ぶかもしれないが，一方で，登場頻度は少ないものの，文書を象徴するいくつかのフレーズを選ぶ人もいるかもしれない．他にも色々な定義の可能性があるだろう．そうすると，100人が作成したすべての文書から「キーフレーズ」を取り出した時にそれをもう少し統一的に扱えるようにしたいと思うなら，「キーフレーズ」がどういうものかということについて認識を共有できるようにしておく必要がある．つまり，「キーフレーズ」の定義を記述し，それを共有しなければならない．

5.2.2　TEI 登場のコンテクスト

　このようにして文章のなかに注釈のようなものを埋め込んだり多様な面を記述したりすることは，1980年代後半にはすでにそれなりにできるようになっており，2018年現在ではかなり自由かつ便利な形で利用可能となっている．しかしながら，この種のことは，技術的にできるだけでは十分ではない．各自が異なるルールでこのような記述をしてしまうと，共通のツールで利便性を高めたり，それぞれの成果を共有したりすることがきわめて難しくなってしまう．研究としては，誰も試みたことがない新しい記述手法に取り組むことには一定の意義があるが，そのような記述手法は他の誰も使ったことがないので，そのように記述されたテキストデータの活用のためには新たに活用ツールも開発しな

ければならなくなってしまう。新しい記述手法を誰かが開発するたびにそれにあわせた活用ツールも開発するというのでは，いつまで経っても効率化を図ることができない。これはかなり深刻な問題にもつながり得る話であり，それを回避するためには，それほど目新しくなくても，むしろ皆が共通で使える記述手法を定めた方がよいということになる。欧米でデジタルテクストの活用に関わる研究者たちはこれに気がついて対処を始め，それが一つの大きな流れになったのは1987年のことであった。

　1987年の冬，ニューヨーク州ポキプシーに集まった彼らは，長い議論の末に，一つの原則を共有するに至った。これは，会議の地の名を冠し，ポキプシー原則と名付けられた。以下に引用してみよう。

　　1987年11月13日，ニューヨーク，ポキプシー

　　1．ガイドラインは，人文学研究におけるデータ交換のための標準的な形式を提供することを目指す。
　　2．ガイドラインは，同じ形式でテクストのデジタル化をするための原理を提案することも目指す。
　　3．ガイドラインは，以下のことをすべきである。
　　　形式に関して推奨される構文を定義する。
　　　テクストデジタル化のスキーマの記述に関するメタ言語を定義する。
　　　散文とメタ言語の双方において新しい形式と既存の代表的なスキーマを表現する。
　　4．ガイドラインは，様々なアプリケーションに適したコーディングの規則を提案するべきである。
　　5．ガイドラインには，そのフォーマットにおいて新しいテクストを電子化するための最小限の規則が入っているべきである。
　　6．ガイドラインは，以下の小委員会によって起草され，主要なスポンサー組織の代表による運営委員会によってまとめられる。
　　　テクスト記述
　　　テクスト表現

テクスト解釈と分析

メタ言語定義と，既存・新規のスキーマの記述

7．既存の標準規格との互換性は可能な限り維持されるだろう。
8．多くのテクスト・アーカイブズは，原則として，交換形式としてのそれらの機能に関して，そのガイドラインを支持することに賛成した。私たちは，この交換を効率化するためのツールの開発を援助するよう，支援組織に働きかける。
9．既存の機械可読なテクストを新しい形式に変換することとは，それらの規則を新しい形式の構文に翻訳するということを意味しており，まだデジタル化されていない情報の追加に関して何か要求されるということはない。

人文学者や情報工学者，図書館司書たちによって支えられた TEI（Text Encoding Initiative）と呼ばれるこの動向は，その後，TEI ガイドラインを策定するとともに，TEI 協会（Consortium）を設置し，参加者による自律的で民主的な運営体制の下，ガイドラインの改良を続けていくことになる。この動きがやがて XML の策定に影響を与え，さらにその後，TEI ガイドライン自体も XML をベースとするものに移行することになる。

5.2.3　TEI ガイドラインとは

TEI 協会は，一般的な意味での標準規格というものは目指さずに，あくまでもガイドラインを提示するということを当初より決めていたようである。このことの興味深さは，人文学が業績刊行の手段として著書の出版にこだわるということに深く関わっているように思える点である。人文学においては，しばしば，議論を正確に展開するために，用語とその定義，そしてそれらの関係を，一般的な用法とは必ずしも一致しない形で厳密に定義することがある。言うなれば，術語体系が，著書等のひとまとまりの研究業績ごとに異なっているという状況があり得るのである。もちろん，研究資料となる資料においても同様の状況があり得る。厳密に定められた術語体系を強要するのではなく，十分に議論した結果をガイドラインとして提示して実際の用法は利用者・利用者コミュ

ニティに委ねるという TEI の手法は，このような人文学のあり方に寄り添ったものとして捉えることができる。

現在の TEI ガイドラインは，P5のバージョン3.5.0となっており，非常に多くの XML タグ・属性等を定義している。ガイドラインの目次を見ることでその全体像をある程度把握することができるので，以下にそれを概観してみよう。

1　The TEI Infrastructure
2　The TEI Header
3　Elements Available in All TEI Documents
4　Default Text Structure
5　Characters, Glyphs, and Writing Modes
6　Verse
7　Performance Texts
8　Transcriptions of Speech
9　Dictionaries
10　Manuscript Description
11　Representation of Primary Sources
12　Critical Apparatus
13　Names, Dates, People, and Places
14　Tables, Formulæ, Graphics and Notated Music
15　Language Corpora
16　Linking, Segmentation, and Alignment
17　Simple Analytic Mechanisms
18　Feature Structures
19　Graphs, Networks, and Trees
20　Non-hierarchical Structures
21　Certainty, Precision, and Responsibility
22　Documentation Elements
23　Using the TEI

第1章ではTEIガイドラインが提示する仕組みの全体像を示しており，第2章はヘッダーについての解説である．ヘッダーは，TEIが登場した際のきわめて重要な要素であった．テクストファイルにはしばしば，「このデータがどういうものであるか」ということについての説明が欠けていることがあり，それをテクストファイルの中に詳細に記述しておくためにTEIガイドラインではヘッダーの記載を必須化したのである．第3章は，すべてのTEI準拠文書で使えるエレメントの説明である．この章は大変長く，通常の文書で利用するようなエレメント・属性，そしてその使い方の例が豊富に提示されている．そして第4章は，基本的なテクストの構造のいくつかのパターンを提示している．

第5章は，書字体系や外字等が扱われており，日本語資料を扱う上で生じてくる外字もこのルールに従うことである程度うまく情報が共有できるようになっている．欧米の資料だとアルファベットだけで済むから楽だという話が聞かれることがあるが，中世の資料では字種が多様に存在し，Unicodeでは表現できない外字もまだ残されていることから，Medieval Unicode Font Initiative[42]がUnicodeへの外字登録を目指した活動を続けている模様である．Unicodeへの文字の登録に関しては，近年，コンピュータの処理性能の大幅な向上に伴い，古典籍・古文書等に登場する学術用途でしか使われないような文字・文字体系も積極的に登録されるようになっている．手続きとしては，まず国際標準規格であるISO/IEC 10646への追加が承認されてからUnicode規格もそれに追従することになっており，新しい文字の追加は，ISO/IECの規格への登録という形をとることになる．カリフォルニア大学バークレー校を拠点とするScript Encoding Initiativeという団体がこの動きを幅広くサポートしている．漢字の登録に関しては，IRGという漢字検討の専門グループがいったん検討した上でISOのワーキンググループに提案するという手順を踏むことになっている．したがって，漢字を登録する場合には，まずはIRGに提案しなければらないのが現状である．ただし，IRGも近年は学術用途の漢字登録に寛容になっており，文字同定や証拠資料に関する所定のルールを踏まえた上で要登録文

42：https://folk.uib.no/hnooh/mufi/

字であると判断されれば基本的には登録されるようになっている。時間はかかるものの，Unicodeに登録することによるメリットは大きく，その必要がある文字はなるべく登録しておきたいところである。

　第6章以降は，韻文詩，戯曲，演説の文字起し，辞書，手稿の書誌情報，一次資料の記述，校訂情報，と，資料の性質に合わせた詳細な記述の仕方が提示されている。とりわけ，手稿の記述の仕方には非常に力が入っており，欧米有力大学図書館の研究司書が中世写本の目録情報をデジタル化したりデジタル画像に書誌情報をつけたりする際に広く用いられている。また，校訂テクストの異文情報の記述の仕方も充実している。

　第13章は，固有表現に関する記述の仕方であり，これはどの種類の資料にも適用可能なとても便利なルールである。その後，少し飛ばして，第17章では言語コーパスを作成するための単語やフレーズ，文章等の様々な単位に対して付与すべきタグ・属性について解説されている。

　第20章では，本来階層構造をとるべきXMLのデータをTEIの形式でうまく表現するための様々な工夫が紹介されている。

　もう一つ大変興味深い章は第21章である。この章は，人文学によるルールであることを象徴する大変興味深いものである。文書内の様々な要素（固有名詞とその解説等）が，どれくらいあてになるのか，そして，誰に責任があるのか，ということを明示するためのXMLタグ・属性等の記述の仕方が解説されている。

（1）アップデートされるTEIガイドライン

　このように，TEIガイドラインの目次を見ることでTEIのおおまかな概要が見えてくる。全体的な統一感をある程度めざそうとするものの，やはり個別の資料・個別の研究手法の束縛を離れることは難しく，TEIガイドラインとしては個別の事情についてそれぞれケアすることになっている。そして，人文学全体をフォローできているわけではないため，TEI協会にはメンバーの要求に応じて分科会が設置され，そこで個別の分野・手法におけるTEI拡張の可能性が検討され，場合によってはその成果がTEIガイドライン全体に反映されることがある。近年では，書簡の分科会を通じてそれに関するタグ・属性

等が登録されたことがあった。東アジア／日本語分科会も同様にして日本語資料を対象とする様々な分野に必要なタグ・属性等の登録を目指して作業を続けているところである。

　TEI ガイドラインは人文学資料を構造的にデジタル化するための包括的なガイドラインとして策定されてきている一方，実際のところ，これまでは主に西洋の文献を対象として策定されてきた。それでも，近代日本の資料であれば多くの状況に対応可能であり，対応すべき課題は振り仮名や漢文の返り点くらいのものであった。しかしながら，古典籍・古文書になると，くずし字の連綿体やヲコト点など，ガイドラインに沿うだけでは構造化が難しい資料が増えてくる。そういった事情と対応の必要性が TEI 協会においても共有されてきた結果，東アジア／日本語分科会が2016年に TEI 協会に設置されることとなった。この分科会では，TEI ガイドラインの翻訳・日本語による日本語のためのテクスト構造化ガイドライン策定・日本語資料を適正に構造化するための TEI ガイドラインの改訂案提出を目指して活動しており，遠隔ビデオ会議システムを活用して世界各地の有志により作業が進められているところである。

5.2.4　TEI ガイドラインの活用事例

　TEI ガイドラインの具体的な活用事例は，欧米の資料に関しては膨大に存在しており，たとえばイギリス英語の1億語から成るコーパス，British National Corpus に採用されていたり，シェイクスピアの戯曲に関しては様々な版本にあわせた TEI 準拠テクストデータが各地で公開されていたりする。XML で記述されているため，それを利用した活用の幅は非常に広く，たとえば，https://www.folgerdigitaltexts.org/Ham/charChart この URL で表示されているのは「どの人物がどの幕にどういう状態で登場しているのか」を On stage, Speaking, On stage（dead），Speaking（dead）で確認できるようにした表である。これは TEI ガイドラインに沿って記述した人物情報と幕の情報を組み合わせて視覚化したものである。この場合には多少のプログラミングが必要になるが，基本的にそれほど難しいものでなく，ごく基礎的なレベルのプログラミングができれば十分に対応可能である。また，TEI ガイドライン向け

に作成された表示用プログラムも様々に開発されており、たとえば校訂テクスト（正確に言えば学術編集版）としてTEIガイドラインに準拠して作成したXMLファイルをVersioning Machine http://v-machine.org/ というフリーソフトウェアに読み込ませると、各版を比較できるようにしたものを作成してくれる。たとえば『魔術師マーリンの予言』の複数の写本を比較しつつ注釈をつけた学術編集版をTEIガイドラインに沿って作成し、それをVersioning Machineに読み込ませると以下のURLのように表示してくれる。http://v-machine.org/samples/prophecy_of_merlin.html 同じことを、源氏物語の大規模な校本『源氏物語大成』で試してみたものについても後述しているのでそちらを参照されたい。

源氏物語の諸写本をTEIガイドラインに沿って記述するのは困難だが、それらを集めて校訂した『源氏物語大成』の場合、活字を用いており、西洋で発展した近代的な手法を援用してテクストを作成しているため、このようにしてTEIガイドラインを適用することはさほど難しくない。日本研究が手法において西洋の影響を強く受けていることの証左とみることもできるだろう。なお、縦書きになっていないのは表示の問題であり、若干のプログラミングの手間を増やせば対応可能である。

（1）固有表現のマークアップ

さて、本章冒頭の例のようなキーワードのタグ付けをする場合についても少し例をみてみよう。TEIガイドラインでは第13章で解説されているものだが、これを『走れメロス』で適用してみたものが以下の例である。

```
<said who="#メロス">
    「市を<persName corresp="#ディオニス">暴君</persName>の手から救うのだ。」
</said>
```

固有名詞については人物IDとして「#ディオニス」を、発話についてはその話者の人物ID「#メロス」を付与している。これはかなり単純な事例だが、これらの人物IDを使うことで話者の特徴や呼称などについて、様々な傾向を

図5-16　走れメロスの視覚化の例[43]

視覚化することができる。以下にごく単純な視覚化の例を示してみた。

　ここでは，王であるディオニスの発話とその呼称を，それぞれ人物 ID を検索して抽出し，右側のウインドウに表示している。同様のタグ付けを色々な作品で行うことができれば，作品間の比較研究の手がかりとしても有用かもしれない。

　なお，ここで扱っているのは単独の短編小説なので人物 ID の利用範囲はやや限定されるが，歴史史料や長い叙事詩，あるいは，同一人物や同一の地名が多く登場する作品のシリーズ等であれば，その活用の幅は大きく広がるだろう。そして，現実世界に存在する何かを固有表現として記述してより広く効果的に活用できるようにしたいと思ったなら，典拠情報データベースの ID を付与しておくとよいだろう。たとえば，図書資料の著者名・著作名であれば，

43：https://tei-eaj.github.io/aozora_tei/tools/visualization/display_dazai.html

図5-17 「空海」のVIAFでの検索例

VIAF[44]で国際的なIDが与えられている。VIAFのサイトで検索をすれば、世界各地の著者や著作の名前とそれぞれの国での表記、そして生没年が参照できるようになっており、Web APIでも参照できるようになっている。たとえば、図5-17では、「空海」で検索しているが、生没年やVIAF ID、パーマリンクが表示され、下の方には別名である遍照金剛のローマ字読みや中国語読みもリストされているのが見えるだろう。このVIAF IDを用いることで、名前が異なっていても表記が異なっていても、世界中で「空海」を指示することができるという約束事が成立しているのである。研究者名であれば近年はORCID[45]がよく用いられる。地名はGeoNames[46]がよく用いられるようであり、また、

44：https://viaf.org/
45：https://orcid.org/
46：https://www.geonames.org/

日本の史料や古記録に現れる地名をデジタル情報として利用できるようにした歴史地名データ[47]も公開されている。芸術関連では，Getty Vocabularies[48]が作家名や地名，作品名等に関する典拠情報を提供している。そして，様々な典拠情報を集約したものとしてISNI[49]も用いられるようになっている。また，図書資料であればISBN，論文であればDOI，貴重資料についても近年はNDLデジコレをはじめとしてDOIが付与される例が出てきている。日本語の古典籍の作品名に関しては，国文学研究資料館が提供する日本古典籍総合目録データベースが提供する「統一書名」も有用だろう。ここでは，古典籍に関する「統一著者名」も提供している。こういった情報は，各地の情報を効率的に連携させる上ではきわめて重要である。あるいはまた，米国議会図書館が発行するLCCNも利用されることがあるようである。一度，いずれかの共通IDにリンクしておけば，他所で作成されたデータとの連携が比較的容易にできるようになるため，なるべく対応しておきたいところである。

(2) パラレルコーパスのマークアップ

　原文と訳文を対応づけるパラレルコーパスを作成したいという場合にはTEIガイドライン第17章で詳細に説明されているタグが有効である。文章毎に〈s〉というタグをつけつつ，それぞれの〈s〉に文章IDをつけておけば，そのID同士をリンクさせた対応づけ情報を作成することでパラレルコーパスを生成できる元データを用いることができる。パラレルコーパスは，自動翻訳のための教師用データに用いたり，原文か訳文のどちらかを見ながらもう片方を一緒に閲覧したりするために用いられることが多い。たとえば以下の例（図5-18）では，大蔵経データベース上の現代日本語訳文と対応する古典中国語訳文とを並べて閲覧できるようになっている。

(3) 校訂テキスト：学術編集版のマークアップ

　ところで，TEIのコミュニティの主力を構成するグループの中には，デジ

47：https://www.nihu.jp/ja/publication/source_map
48：http://www.getty.edu/research/tools/vocabularies/
49：http://www.isni.org/

図5-18 パラレルコーパスの図[50]

タル学術編集版を作成する人達がいる。英語ではDigital Scholarly Editionなどと呼ばれているものだが、いわゆる校訂テクストや校本と呼ばれる種類のテクストに近いものである。たとえばキリスト教の新約聖書であれば、イエス・キリストの教えが弟子によって記録されているが、私たちが現在読んでいるものは弟子が書いた文章そのものではない。書写を繰り返して伝えられ、印刷技術の発展とともに印刷物として頒布され、最終的にそうして伝え残されたもの、あるいは残されたものをさらに翻訳したものをイエス・キリストの教えとして読み、理解している。そのようにして残っていく過程では、弟子による記述が必ずしも完全に伝えられることはなく、追加や省略、修正、誤記などによって徐々にテクストは変化していく。新約聖書というものを考えるのであれば、そうして加えられた様々な変化を取り除いた元のものへと遡っていこうとする通時的な方向性と、変化してきたそれぞれの時代や地域におけるテクストを再現し把握することでテクストの影響を個々の状況ごとに捉えていこうとする共時的な方向性とがあるだろう。研究資料を紙で印刷して共有していた時代では、これらの情報を同時的に得られるようにすることは大変困難であった。しかし、

50：http://21dzk.l.u-tokyo.ac.jp/SAT2018/master30.php

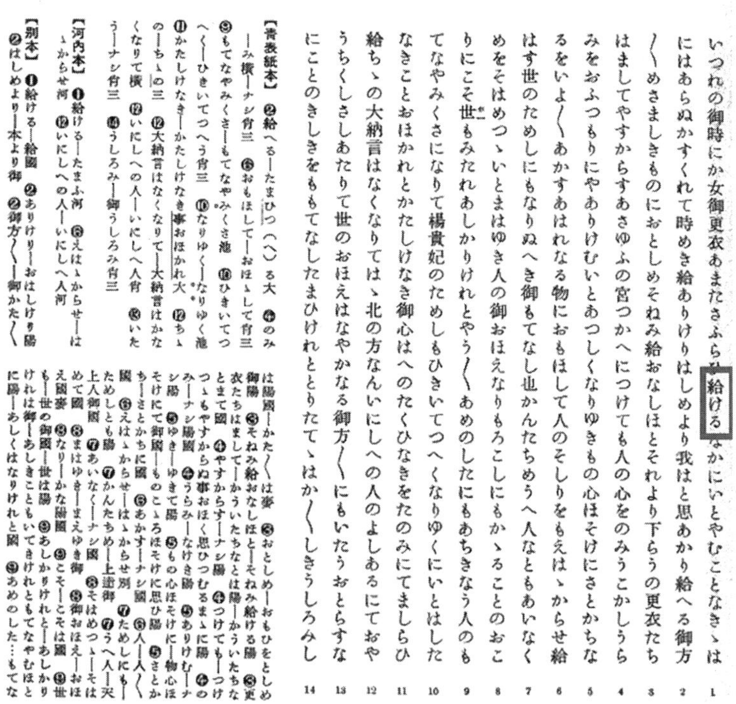
いつれの御時にか女御更衣あまたさふらひ給けるなかにいとやむことなきゝは
にはあらぬかすくれて時めき給ありけりはしめより我はと思あかり給へる御方
〳〵めさましきものにおとしめそねみ給おなしほとそれより下らうの更衣たち
はましてやすからすあさゆふの宮つかへにつけても人の心をのみうこかしうら
みをおふつもりにやありけむいとあつしくなりゆきもの心ほそけにさとかちな
るをいよ〳〵あかすあはれなる物におもほして人のそしりをもえはゝからせ給
はす世のためしにもなりぬへき御もてなし也かんたちめうへ人なともあいなく
めをそはめつゝいとまはゆき人の御おほえなりもろこしにもかゝることのおこ
りにこそ世もみたれあしかりけれとやう〳〵あめのしたにもあちきなう人のも
てなやみくさになりて楊貴妃のためしもひきいてつへくなりゆくにいとはした
なきことおほかれとかたしけなき御心はへのたくひなきをたのみにてましらひ
給ちゝの大納言はなくなりてはゝ北の方なんいにしへの人のよしあるにておや
うちくしさしあたりて世のおほえはなやかなる御方〳〵にもいたうおとらすな
にことのきしきをももてなしたまひけれととりたてゝはか〳〵しきうしろみし

【青表紙本】 ❷給へる―たまひつ(へ)る大 ❹のみ―み横―ナシ肖三 ⑥おもほして―おほゝして肖三 ⑨もてなやみくさ―もてなやみくさ池 ⑩ひきいてつへく―ひきいてつへう肖三 ⑩なりゆく―なりゆく池 ⑪かたしけなき―かたしけなき事おほかれ大 ⑫ちゝの―ちゝの三 ⑫大納言はなくなりて―大納言はかなくなりて横 ⑫いにしへの人―いにしへ人肖 ⑬いたう―ナシ肖三 ⑭うしろみ―御うしろみ肖三
【河内本】 ❶給ける―たまふ河 ⑥えはゝからせ―はゝからせ河 ⑫いにしへの人―いにしへ人河
【別本】 ❶給ける―給國 ❷ありけり―おはしけり陽 ❷はしめより―本より御 ❷御方〳〵―御かた〳〵は陽國―かた〳〵は麥 ❸おとしめ―おもひをとしめ御陽 ❸そねみ給おなしほと―それみ給ける陽 ❸更衣たちはまして―かういたちなとは陽―かういたちなとまて國 ❹やすからす―ナシ陽 ❹つけても―つけつゝもやすからぬ事おほく思ひつむるまゝに陽 ❹のみ―ナシ陽國 ❹うらみ―なけき陽 ❹ありけむ―ナシ陽 ❺ゆき―ゆきて陽 ❺もの心ほそけに―物心ほそけにて御國―ものこゝろほそけに思ひ陽 ❺さとかち―さとかちに國 ❻あかす―ナシ國 ❻人―人〳〵國 ❻えはゝからせ―はゝからせ別 ❼ためしにも―ためしとも陽 ❼かんたちめ―上達御 ❼うへ人―天上人御國 ❼あいなく―ナシ國 ❽そはめつゝ―そはめて國 ❽まはゆき―まえゆき御 ❽御おほえ―おほえ國麥 ❾なり―かな陽國 ❾こそ―こそは國 ❾世も―世の御國―世は陽 ❾あしかりけれと―あしかりけれは御―あしきこともいてきけれともてなやむほとに陽―あしくはなりけれと國 ❾あめのした…もてな

図5-19 『源氏物語大成』

デジタル媒体では，一つの情報群から必要な情報だけを適宜取り出して見ることができるため，(1)「それぞれの時代や地域に発見された写本の画像」，(2)「その写本から文字起ししたテクストデータ」，(3)「同じような（しかし時々異なっている）テクスト同士の対応づけ情報」，(4)「それらから判断されたよりオリジナルに近いテクスト」といったものを情報として提供し，読者・利用者が見たい部分だけをその都度瞬時に取り出して閲覧することが可能となった。これをデジタルで共有しやすい形で記述するルールをTEIガイドラインは提供している。たとえば，同様に写本で伝承されてきている源氏物語について見てみよう（図5-19）。

このように，『源氏物語大成』では，どの行にどの写本ではどういう異文が存在するか，ということを脚注等で示している。写本の系統を三つに分けてい

いづれの御時にか女御更衣あまたさふらひ<app>
　　<lem wit="#大成 #別麥 #別 #青池 #青横 #青三 #青肖 #国絵 #別陽 #青大">給ける</lem>
　　<rdg wit="#河">たまふ</rdg>
　　<rdg wit="#別國">給</rdg>
</app>
<lb source="#zone_d4d_wyk_rbb"/>
なかに。いとやむごとなききは<anchor type="lb" source="#大成" n="v1p005_02"/>にはあらぬが。<lb source="#zone_iy5_mzk_rbb"/>すぐれてときめき給ふ<app>
　　<lem wit="#大成 #別麥 #別 #河 #青池 #青横 #青三 #青肖 #国絵 #別國 #青大">ありけり</lem>
　　<rdg wit="#別陽">おはしけり</rdg>
</app>
<app>
　　<lem wit="#大成 #別麥 #別 #河 #青池 #青横 #青三 #青肖 #国絵 #別陽 #別國 #青大">はじめ</lem>
　　<rdg wit="#御">本</rdg>
</app>
よりわれ <lb source="#zone_d5k_nzk_rbb"/>はと思ひあがり給
<app>
　　<lem wit="#国絵 #別陽 #別國 #大成 #別 #河 #青池 #青横 #青三 #青肖 #別麥">へる</lem>
　　<rdg wit="#青大"><del>ひつ</del><add>へ</add>る</rdg>
</app>

図5-20　源氏物語のcritical apparatus（校異情報）記述の一例

るため，利用者としては，すべてを一度にまとめられるのに比べると若干使いやすいことだろう。これをTEIガイドラインのルールに従って記述してみたものの一部が以下のものである（図5-20）。

　この資料の場合，作成にあたって利用した写本が多いために記述がやや複雑になってしまっているが，この種の複雑な状態は，プログラミングによって解消できる面も大きいため，いきなり手作業ですべて入力しようとするのでなく，自動化できるところとできないところを見きわめて，自動化できる部分はプログラミングを覚えて自分で対応してみるか，得意な人に助けてもらうといったことを試みることをおすすめしたい。このようにして作成したデータは，先述のVersioning Machineを適用すると以下のように表示することができる（図5-21）。上記のような各資料についての校異情報から各資料のテクストを再構成した上で，カーソルを合わせるとそれぞれの資料の対応箇所に黄色いマーカーをつけてくれるようになっている。

　一方，西洋中世写本研究のためにフランスCNRSのMarjorie Burghart博士によって開発されているTEI Critical Apparatus Toolboxの場合，「校訂テクスト版」モードでは以下のように表示される一方で（図5-22），Versining Machineと同様に，任意の資料を再構成して並置することもできる。

5.2 TEIについて | 153

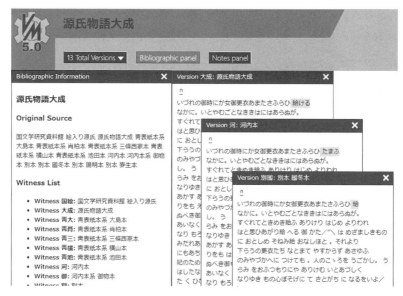

図5-21　Versioning Machineによる表示の例

　日本語資料のことをまったく意識していないこれらのプロジェクトが作成したこのフリーソフトウェアでさえ，TEIガイドラインに準拠してデータ作成するだけでここまでのことができるのであり，また，フリーソフトウェアであるがゆえに自ら改良して縦書き等に対応させることもできる。このようにして，国際的なデジタル・ヒューマニティーズの大きな流れに力を借りることができる上に，そこにさらにフィードバックをしていくこともできるという点もまた，TEIガイドラインの一つの大きなメリットである。

　また，近年は，IIIFによるデジタル画像公開が広まりつつあり，異文情報に関して，テクストデータを提示するだけでなく，版面画像そのものを提示するという手法も出てきつつある。この場合，IIIFの項目でも述べたが，世界各地の文化機関が自らのコレクション公開という文脈で公開した画像を，一つの文献という観点で横断し，相違する箇所を切り出して並置し比較できるようにすることが可能になる。この場合も，上述のTEIの学術編集版マークアップと組み合わせることで，データの安定的な共有の道が拓けるだろう。今のと

154 | 第5章 可用性を高めるための国際的な決まり事：IIIF と TEI

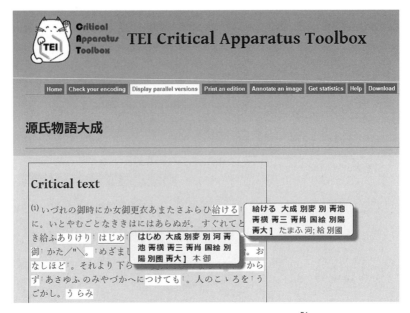

図5-22　TEI Critical Apparatus Toolbox[51]

ころは西洋中世研究や仏典研究において取り組みが始まっているところだが，日本の古典籍においても適用可能な環境が整いつつあり，今後取り組みが広がっていくことを期待したい。

（4）貨幣のマークアップ

　TEI ガイドラインは，完全にそれに依拠したものしか許容しないわけではなく，むしろ，資料の特殊性に応じて拡張したり，様々な規格の一部として利用されたりすることも想定されている。たとえば，以下 URL のような貨幣のデータベース（例：http://numismatics.org/collection/1944.100.26728）においてメタデータを記述するのに用いられている XML ベースの記述ルール（スキーマ）Numismatic Description Schema (NUDS) [52]は，貨幣の記述を目的としつつ，TEI をはじめとするいくつかのスキーマを組み合わせて構成されており，詳

51：http://teicat.huma-num.fr/
52：http://nomisma.org/nuds

細情報やテクストを記述する際には TEI 等 URL の他の記述ルールを導入することも許容されている。また，このサイトでは，メタデータの出力形式として NUDS/XML 以外に，RDF/XML，TTL，JSON-LD，Linked.art JSON-LD，KML，GeoJSON，IIIF Manifest という計8種類のデータ形式を用意しており，データ連携のしやすさに配慮している点にも注目しておきたい。

（5）書誌情報のマークアップ

　書誌情報は，ISBN を持っているような現代的な図書資料であれば，わざわざ TEI などを考える必要はないかもしれない。しかし，古典籍のような希少性の高い資料の場合には，大きさ・紙料・保存状態・来歴情報など，固有の様々な情報を付与しておくことが有用になる。国文学研究資料館では古典籍を調査する際に調査カードとして31項目の情報を記述できるようにしており，そのデータベースも公開されている。こういった情報も，なるべくコンピュータが取り出しやすい形に構造化されていれば可用性が高まり，利用者・読者にとっても便利である。また，一定の量が集まれば視覚化してコレクションの傾向を調べたり古典籍の流通の状況を確認したりすることもできるようになるだろう。TEI ガイドラインでは古典籍の書誌情報を記述するための様々なルールを提供している。これに準拠して書誌情報を作成しているプロジェクトや機関は世界各地にあるようだ。そのようななかで，たとえばケンブリッジ大学図書館は日本の古典籍の書誌情報をも TEI で公開しているので参照されたい。[53]

　一方，現代的な図書資料であっても，たとえば青空文庫のように既存の紙の本をデジタルテクスト化した場合には，元の紙の本の書誌情報以外に，入力・校正など，これに関わった人についての情報を記載しておきたい場合もあるだろう。たとえば，オックスフォード大学ボドリアン図書館で公開しているシェイクスピア作品の TEI 準拠テクストでは，紙の本の出版に関わった人の名前だけでなく，以下のようにデジタル版の刊行に携わった人達の名前もその作業内容とともにヘッダの部分に列挙されている[54]（図5-23）。

　誰が何にどう関わったか，ということは，文化を楽しみ継承していく上で重

53：https://services.cudl.lib.cam.ac.uk/v1/metadata/tei/PR-FJ-0073454
54：http://firstfolio.bodleian.ox.ac.uk/download/xml/F-ham.xml

```
<respStmt xml:id="PW">
    <persName>Pip Willcox</persName>
    <resp>project management</resp>
    <resp>proofing</resp>
    <resp>encoding</resp>
</respStmt>
<respStmt xml:id="LMC">
    <persName>Lucienne Cummings</persName>
    <resp>proofing</resp>
    <resp>encoding</resp>
</respStmt>
<respStmt xml:id="JS">
    <persName>Judith Siefring</persName>
    <resp>proofing</resp>
    <resp>encoding</resp>
</respStmt>
<respStmt xml:id="ES">
    <persName>Emma Stanford</persName>
    <resp>proofing</resp>
    <resp>encoding</resp>
</respStmt>
<respStmt xml:id="JC">
    <persName>James Cummings</persName>
    <resp>encoding consultation</resp>
</respStmt>
```

図5-23　オックスフォード大学ボドリアン・ファースト・フォリオのデジタル版のヘッダにおける刊行関係者情報
▶ 〈resp〉タグで役割が示されている。

要な要素であり，TEI がこの側面に丁寧に対応していることは，TEI の性格を端的に表していると言えるだろう。

（6）画像アノテーション：IIIF との関係

　TEIはテクストデータの記述ルールから始まったものだったが，デジタル画像の普及に伴い，画像とテクストをリンクしたり，画像に対するアノテーションを記述するといったルールも導入された。これを活用するためのツールもいくつか開発され（たとえば，https://mith.umd.edu/tile/ http://tapor.uvic.ca/~mholmes/image_markup/），主に研究プロジェクトにおいて活用されてきたようである。一方，画像へのアノテーションはOpen AnnotationというWeb上のオブジェクトに自由に注釈をつけようという流れに淵源を持つIIIF（International Image Interoperability Framework）が2011年頃から欧米の有力な文化機関のITエンジニアを中心に開始され，これがWebで画像を共有するには簡便であったため，主に文化機関がデジタルコレクションを公開する際に採用するようになった。結果として，文化機関はIIIF対応で画像・メタデータを公開し，それを利用する側はただ閲覧するだけでなく，その任意の部分を自由に取り込んだり加工してその成果を動的に共有できるようにするといった様々な利活用手法の開発が世界中で取り組まれるという新しい流れが形成されている。

　一方，すでに欧米の人文系研究者や文化機関はTEIに準拠した書誌情報やテクストデータを大量に蓄積してきている。そこで，IIIFで公開される画像にTEIでの蓄積をどのようにリンクさせるかという課題への取り組みが行われた。元々TEIが持っていた画像とテクストをリンクさせる仕組みをほぼそのままIIIFに変換することが可能であったため，変換のためのプログラムはすでにいくつか実装されており，その手法も共有されつつある。現時点ではIIIFはどちらかと言えば公開されたデータを共有・活用する仕組みという志向が強く，専門に特化したデータを作成するにはあまり向いていないため，注釈や異文情報などを埋め込んだテクストデータなどの人文学向けの基礎的なデータを作成する場合には，TEIに準拠したデータを保存用として作成し，それをIIIFに変換するというのがデータの継承性という点では安全な方法だろう。

5.2.5　マークアップの深さをどう考えるか

　TEIではあれもできてこれもできて……という話が続くと，とりあえずテ

クストデータを安定して提供・共有したい場合はどういう風にすればいいのか，と思ったり，そんなに深い構造化をするとコストがかかりすぎるから無理だ，と思ってしまうこともあるだろう。しかしながら，本来，TEI は，マークアップを深くすることを要請しているわけではなく，種々な手法を提示しているに過ぎない。ごく浅い構造化であっても十分に用をなす場合もある。そこで，TEI では，そういう状況をわかりやすく整理するべく，いくつかの解決策を用意している。もっともわかりやすいのは，TEILib (Best Practices for TEI in Libraries) [55]だろう。これは図書館で TEI 準拠のテクストデータを作成するためのガイドラインであり，書誌情報に関しては MARC を TEI のヘッダーに変換するための対応表を提供しており，本文データに関してはマークアップの深さに関して複数のレベルを提示している。いちばん浅いレベルでは OCR をかけたテクストデータをほぼそのまま利用し，元になった画像とリンクした上で，書誌情報を記載するのみとし，レベル2ではレベル1に加えて見出しなどをマークアップすることでファイルの使いやすさを高める。レベル3では，文書の基本的な構造をツリー構造になるようにマークアップするが，パラグラフや韻文詩の行などごく基本的なマークアップにとどめる。レベル4では基本的な内容分析に使えるような固有表現や削除訂正等のテクストに含まれる様々な要素をタグ付けするが，利用するタグは限定される。最後のレベル5では，レベル4でも対応できない学術編集版等の深いマークアップを行うとしている。手順の自動化可能な範囲など，様々な情報を提示しており，現時点では英語版しかないが，一読の価値はある。また，よく用いられるマークアップ方法のみを集めた簡易版ガイドライン，TEI Lite も提供されているので，そちらを参照するという手もある[56]。

5.2.6 テクストデータやツール・ノウハウを共有するには

TEI 協会では，公式 Web サイト http://www.tei-c.org/ で関連プロジェクトやツールの紹介を行っており，ツールに関してはそちらを見ていただくことである程度情報が得られる。ただし，完全に網羅できているわけではないので，

---

55 : http://www.tei-c.org/SIG/Libraries/teiinlibraries/
56 : https://tei-c.org/guidelines/customization/lite/

他にも Google 等で探すと色々なものを発見することができる。また，特にガイドラインに関しては Github 上でも公開しており，改訂のための修正案などはそちらから Github の仕組みを利用して提示できるようになっている。

ノウハウの共有に関しては，主にメーリングリストで質問が投げかけられるという形で展開した議論がアーカイビングされており，それを検索することで有用な情報を様々に得ることができる。

テクストデータの共有については，TEI 協会も支援する TAPAS というプロジェクトが米国で進められており，TAPAS では，TEI テクストデータリポジトリとして世界各地の TEI テクストデータのうち，ライセンス的に問題のないものが閲覧できるようになっている。

日本語資料に TEI を適用する取り組みに関しては，TEI 協会東アジア／日本語分科会の活動が参考になるだろう。同分科会の Github ページの URL は https://github.com/TEI-EAJ である。このサイトでは，近年，東京大学情報基盤センターの中村覚氏が視覚化ツールを精力的に作成・公開しており，TEI に準拠したファイルの視覚的活用を簡単に試してみることができるようになっているため，こちらも試してみることをお勧めする。

5.2.7 どうやってマークアップするか

他の人にも使いやすく活用しやすいテクストデータの作成ということでここまでいくつかの事例を見てきたが，いずれも XML のタグをつけることが基本的な前提となっている。では，それをどのようにして行っていくか，ということについて以下に見てみよう。

(1) タグ付けルール／構造の設計

TEI でタグ付け，と言われると，何かルールが決まっていてそれに従えばいいように思ってしまいがちだが，ここまで見てきたように，分野・手法によってタグ付けの要求内容は大きく異なり，TEI に沿ってテクストデータを作ろうとする場合には，現在作ろうとしているテクストデータの目的に沿ったタグをあらかじめ選択して絞り込んでおくという作業が必要になる。たとえば，クラウドソーシング翻刻で有名な Transcribe Bentham というプロジェクト[57]

では，MeidaWikiを改造し，TEIのタグのうちでこの翻刻に必要なものだけをボランティア作業者が入力するとそれに従った表示が行われるようにしている。

　一つのプロジェクトにおいて利用するタグを決めるプロセスにおいては，TEIガイドラインだけではどうしても対応できないというケースへの対応も検討することになる。TEIガイドラインを拡張するのか，他のXMLスキーマを部分的に取り込むのか，対処方法は様々だが，そのような検討においては，対象資料の利用方法，あるいは少なくとも目指す利用方法をよく知っている人が主体的に関与する必要がある。問題は，文書の構造をどのように設定するかということであり，これには内容面・利用面の知識が不可欠なのである。

　この種の検討においては，タグの入れ子構造等についての理解も必要になるが，それを強力にサポートしてくれるソフトウェアもある。商用ソフトウェアだが，汎用XMLエディタであるOxygen XML Editorを利用するのが今のところ現実的な選択肢である。Oxygen XML EditorはデフォルトでTEI文書にも対応しており，単にXMLのタグを入力しやすくしたり，作成中の文書のツリー構造を提示してくれるだけでなく，自動的に「TEIのルールに従うとその箇所で利用可能なタグ」を提案してくれる機能もあり，XMLに関する技術的な知識が必要な場面や面倒な作業の多くを自動的に処理してくれる。したがって，どういうタグを用いてどういう構造のテクストデータを作成するかを検討する際には有用性が高い。

（2）どうやってマークアップするか：実際の作業

　タグの付け方を決めることができたとして，次に実際のタグ付け作業についても検討してみよう。青空文庫でも独自のタグ付けルール[57]を利用しており，TEILibでは構造上はレベル2に相当する比較的簡便でわかりやすいものだが，これでもやはり若干のハードルを感じる向きもあるようだ。いずれにしても，タグをつけるという作業にハードルの高さを感じる人は少なくない。にもかかわらずTEI/XMLのテクストデータが欧米で多く蓄積されてきた理由は，や

57：https://blogs.ucl.ac.uk/transcribe-bentham/
58：https://www.aozora.gr.jp/aozora-manual/index-input.html#markup

はり Oxygen XML Editor[59]の存在が大きいだろう。このエディタを TEI 準拠モードで用いると（= TEI のスキーマを読み込ませて入力編集作業をすると），タグの入力をするためにタグの記号を入力する必要性が少なく，入力者は，テクストを入力しながら，あるいは，入力されたテクストの構造を考えながら，タグが必要と思われる場所でエディタから提案されたタグを選びつつ作業を進めていくことができる。商用ソフトウェアであるのがなんとも残念ではあるが，インターフェイスも日本語化されており，XML だけでなく MS Office や HTML ファイル，JSON ファイル，あるいは各種プログラミング言語のファイルなど，様々な形式を扱えるようになっているため，一度購入すれば TEI や XML 以外でも色々役立てることはできるだろう。

　また，タグ付けを簡便にする様々な仕組みが用意されてきたこともあるだろう。利用するタグを限定すれば，簡単なタグ付けシステムを用意するだけで対応できるようになる。たとえば，上述の Transcribe Bentham プロジェクトでは，当初は MediaWiki を改良し，ボタンをクリックするだけで必要なタグを付与できるシステムを提供していた。また，やや汎用的なフリーソフトウェアとして，CWRC writer[60]がカナダのプロジェクトによって開発されており，メリーランド大学では coreBuilder[61]という TEI 準拠の外部マークアップをメニュー選択で行えるソフトウェアが開発されている。さらに別の TEI 向け汎用フリーソフトウェア開発プロジェクトも進行中である。

（3）自動化作業をフォローするための TEI

　欧米の人文学での TEI 準拠テクストの活用と共有の仕方を見ていると，TEI 準拠ではない形で作成されたデータを TEI 準拠に自動的／半自動的に変換するという作業が行われることも少なくない。TEI は，中間フォーマットとしての役割も持っており，他の形式から TEI に一度変換することによる多対多の膨大な変換パターンを心配することなくデータを共有できることを目指しているからである。書誌情報にせよ，本文データにせよ，何らかの構造を持

59：https://www.oxygenxml.com/
60：https://github.com/cwrc/CWRC-WriterBase
61：https://github.com/raffazizzi/coreBuilder

っていれば，それを TEI に変換することは比較的容易である．最近は，MS-Word でさえ内部形式は XML になっているため，TEI への変換やその逆もそれほど難しいことではなくなってきている．そこで，色々なデータフォーマットから TEI に変換してそれを共有するという仕方も有力な選択肢となっているのである．

とはいえ，元のデータの持っている精度を超えることはきわめて難しい．たとえば，青空文庫形式のテクストデータを TEILib のレベル 2 に変換することはできるが，レベル 3 となるテクスト全体をツリー構造にするための変換は人の目と判断が必要になる．あるいは，どこに固有名詞が登場するかということも自動的に検出することはある程度までは可能だが，間違いや見落としが出てしまうことも多く，比較的正確に検出された信頼できるデータを作ろうとすると人の目が必要になり時間もそれなりにかかってしまう．このような，いわば半自動的な作業プロセスにおいても TEI は有用である．自動的にマークアップした後，手作業でデータを修正・整備していくにあたり，一度 TEI 準拠のデータにしておけば，データを共有しながら作業を進めていくことが比較的容易になるだろう．たとえば，日本語形態素解析ソフトウェア MeCab で分析・注記した地名情報を含むテクストデータを後から手で修正しようとするなら，TEI において地名を示すタグである〈placeName〉をつけた状態にしておけば，あとはそれを修正したり，新たに〈placeName〉タグをつけていったりするというワークフローが可能になる．固有名詞かどうか，文法的にはどうか，といったことに始まり，テクスト中の様々な側面についての注記を共有しながら進めていくことは，利用者だけでなくデータ作成者にとっても貴重な得がたい経験となることもある．

5.2.8 TEI に関するまとめ

TEI は，その 30 年の歴史のなかで，技術の進歩と人文学分野における方法論的内省の深化により，常に発展を続けてきている．デジタル・ヒューマニティーズ（≒人文情報学）における「方法論の共有地（Methodological Commons）」という考え方を体現する活動として，欧米ではデジタル・ヒューマニティーズの中心的な役割を果たしているものの一つである．かつては日本語資料を他言

語と共通に扱うことが難しく日本での導入に意味を見いだすことが難しかった時代もあり，導入がうまくいかなかったこともあったようだが，現在は，海外で作られた様々なデジタルツールを日本語資料に適用することが技術的には問題がなくなってきており，あとは内容・意味の面での課題を解決すればよいという状況になっている。海外のツールやそれが依拠する枠組みを日本語資料やその研究に使えるようになるのであれば，海外で進められているデジタル資料への取り組みに関する多様な観点を検討し必要に応じて適用することも可能になる。それは，単に利便性を高めることに資するだけではない。明治の開国において西洋の人文学研究のエッセンスを取り込んで日本の人文学が成立し文化への視点が多様化したように，欧米の長い人文学の伝統で生まれ育まれてきたTEI に向き合うことで，デジタル時代のテクストのあり方への観点をより多様なものとし，日本の人文学を豊かにしていくことになるだろう。そして，人文学がそのようにして豊かさを得ていくことは，日本の文化資料をデジタル世界に移していくにあたっても，デジタル世界の日本文化資料を活用していくにあたっても，大きな貢献を果たすことになるだろう。

第6章
実際の公開にあたって

　本章では，デジタル化資料を作成し公開するプロセスにおいて具体的に検討すべき事項について挙げていきたい。ただし，技術の細部にはあまり立ち入らず，どのような点についてどのように検討すべきかという観点からみていきたい。

6.1　デジタル化について

　まず，何はともあれデジタル化を行うことが必要である。デジタル化についての基本的な考え方は第2章で述べているが，実際に仕事を進めるにあたって必要なのは，何をどこまでデジタル化するかの決定である。資料の状況，予算，人材，想定利用者・利用方法等，様々な要素を勘案しながら決定する必要がある。文化資料をデジタル化した場合の利用手法や利用者層などは資料に応じて実に様々であり，一概に何かを言うことは決してできないことを踏まえた上で，ここでは，日本の古典籍の一つの典型例として，春日版とされる，振り仮名や朱点等の入った『妙法蓮華経』を題材として，Webでの公開・共有に向けたデジタル化の作業について検討してみよう。

6.1.1　デジタル化の対象の検討

　ここではまず，この資料のデジタル化の対象について検討してみよう。一つの資料をデジタル化する場合にも，対象となる要素は様々であり，それぞれの要素ごとに関連する専門領域があり，状況によってはそれぞれの専門家に依頼する必要がある。それらをまとめてデジタル化と言ってしまうことが多いが，

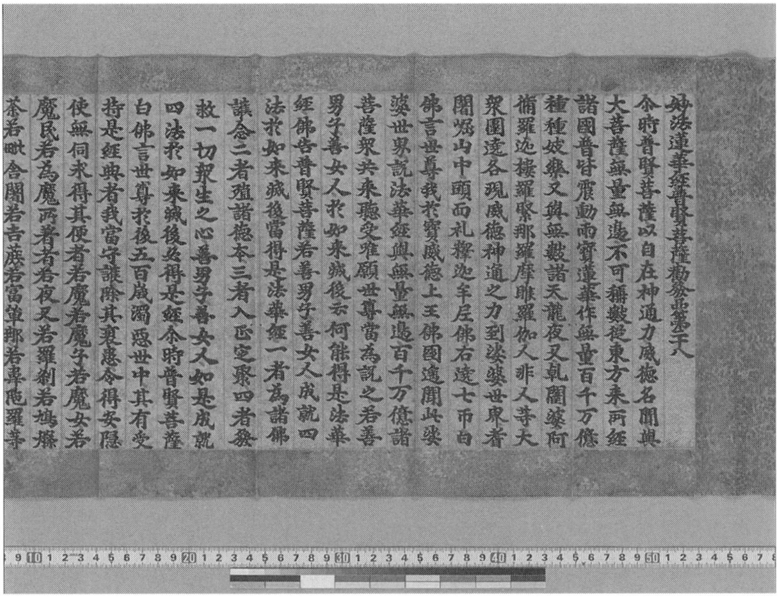

6.1 デジタル化について | 165

図6-1 『妙法蓮華経』春日版

図6-2 『妙法蓮華経』春日版の一部分を拡大

実際にデジタル化を行うにあたっては，個別に検討する必要がある。そこで，まずは，この『妙法蓮華経』春日版を手がかりとしてデジタル化の対象となり得る事柄について個別に挙げてみよう。

　何はともあれ，書誌情報にあたる情報を記述する必要がある。書誌情報は，この種の貴重資料的なものの場合には，前出の TEI ガイドラインに沿った形で記述することが将来的な幅広い活用につながりやすいと思われるが，国文学研究資料館の調査カードの形式[1]に沿って記述するか，あるいは単に得られた事項を列記するという手もあるだろう。この資料の内容は，本文は木版で刷られた漢文であり，これを読み解くための振り仮名や朱点が付されている。このため，まずは本文のテクストデータを作成すると検索等における利便性が高いだろう。そして，本文は鳩摩羅什が中国語に翻訳した『妙法蓮華経』を木版印刷したものだが，そこに付された朱点や振り仮名等は日本でこれを読んだ人による付加であると考えられるため，基礎になる本文テクストとともに，これを日本で解釈した読者の理解とを区別できる形で記述しておくことが望ましい。このことは，返り点や送り仮名等の訓点が付されている漢文資料でも一般に言えることである。そして，それらを必要に応じて自動的に統合して表示したり処理したりできるような工夫もあるとよいだろう。さらに，どの文字，あるいはどの訓点が画像上のどの箇所にあるかということを記述することができれば，検索した際に対象テクストの字形や文字・訓点等の位置関係まですぐに確認できるようになるため，利便性は高まるだろう。一方で，デジタル撮影をするなら，訓点等の部分も含め細部まできちんと判別できるように，比較的高解像度のカメラによる撮影か，高精細なスキャナを用いる必要があるだろう。今回の場合，形状は巻子本であり，かなりの長さがあるため，撮影時には分割撮影するか，この長さのレールを組み立ててレール上でセンサーを動かしながら読み取っていくタイプのスキャナで撮影するか，ということも検討してみたい。それから，装飾的な要素の中には光の当て方によって光沢部分の見え方が変わるものもあるため，何らかの撮影の工夫があるとよいだろう。また，巻子本では軸にも装飾的要素があり得るため，これも可能であれば詳細に記録しておきた

1：調査カードの様式は https://www.nijl.ac.jp/activity/business/investigation/literature-survey.html にて公開されている。

い。他にも色々な対象となる要素があるかもしれないが、とりあえずはここまでとしておく。これらの対象を踏まえた上で、デジタル化に際しての検討事項を以下のようにまとめてみよう。

A1　書誌データ・目録データの作成
A2　一般的なデジタル画像作成
A3　形状に配慮したデジタル撮影手法
A4　画像の任意の箇所へのアノテーション
A5　本文テクストデータの作成
A6　訓点・注釈等のテクスト上の付帯情報の作成

6.1.2　デジタル化における個々の要素

　実際の公開に向けて検討した方がよいと思われる点は、ここまでみてきたように、どういう利用者のために、どれくらいの費用や時間をかけて、誰が行うのか、といったところだろう。そこで、コストと利便性、担い手の観点から、A1〜A6についてそれぞれ検討してみよう。

6.1.2.1　A1　書誌データ・目録データの作成

コストと利便性　書誌データや目録データの作成は、現在の所ではデジタル化における大変重要な作業である。国立国会図書館サーチやジャパンサーチ等の横断検索サービスにおいて発見性を高めてコンテンツにたどり着いてもらいやすくするためには、なるべく探しやすい書誌データ・目録データをつけておくことが必要不可欠である。最低限、ごく簡単なものでもよいので付しておくことは重要である。ここでの例で言えば、「妙法蓮華経」だけではさすがに大量にヒットしてしまうためやや厳しいが、これに加えて「春日版」をつけておくだけでもそれを必要としている人に届きやすくなり、それを必要としない人にノイズ的な情報を届けてしまうことを多少は避けられるようになる。

　しかしながら、どういう情報を付与することで利用者が発見しやすくなるかというのはあくまでも利用者の観点によるため、正解はない。そこで、なるべく色々な情報を付与しておこうということになるが、その前にまず、すでにそういった情報が作成されていないか、ということは確認してみる価値がある。

デジタルデータだけでなく，紙媒体で目録等が作成されていることもある。その場合，まずはその紙媒体のものを作成した際のデータが存在しないかどうか，電子データで入稿したのであれば，データが残っているはずであり，それを用いることができれば，ここにあまりコストをかけずに済む。そこで，まずはその資料を作成した人に確認してみることが重要である。また，データが入手できない場合でも，紙媒体のものをスキャンしてOCRにかければある程度利用可能なこともある。文献目録のようなものであれば，OCRも比較的正確性が高いだろう。いずれの場合も，当該資料の目録としてどのような項目が必要かということについて，すでにある程度の議論が行われた結果であり，その点でも大いに参考になるだろう。

　そういった先例が存在しない場合には，自らそれを検討することになる。今回の資料は巻子本の仏典であるため，巻子本と仏典の目録，それに加えて，日本古代巻子本書誌データベース[2]などの既存のこの種のデータベースを参照してみることで，どういった項目が必要になるかはある程度想定できるだろう。ただ，ここでは一つの巻子本を扱っているだけなので対応はそれほど難しくはないが，デジタル化の対象に別の種類の資料もあった場合には，調査すべき項目の確認はさらに手間がかかることになる。専門家の協力を得ることができればより適切な情報を得ることができる可能性があるが，一方で，一つの資料に関してあり得る様々な観点をすべて網羅している専門家はなかなかおらず，特定の専門家に過度に依存することで，かえって他の観点が不足してしまう場合もあるため注意が必要である。

　対象資料やその利用者にとって望ましい書誌・目録データの項目がわかったとして，次は，そのすべてを丁寧に記述することの困難さに突き当たる。詳細なものを作れば作るほど，より発見性が高まり，結果として利便性も高まるものの，それにともなってかかる時間は，人件費という意味でのコストに跳ね返るだけでなく，作業進捗にも影響することになる。したがって，利便性の向上を目指しつつ，担当者の専門性や人数，予算や事業の締切り等を勘案して，どこまで書誌・目録データを深く作成するか決定することになる。以下では，そ

2：http://japanese-scroll.cl.aoyama.ac.jp/

6.1 デジタル化について | 169

れを深化させるにあたっての検討事項を考えてみよう。

前章で触れた典拠IDは，可能な限り付与しておくことが望ましい。今回の資料では，翻訳者である鳩摩羅什のVIAF IDは106964949，ISNIでは0000 0000 8172 1598である。作品としては『妙法蓮華経』であり，VIAF IDは149147095020025080621である。日本古典籍総合目録データベースの統一書名では「妙法蓮華経」となっている。そして，仏典のIDとして世界的に広く用いられている大正新脩大藏經のテキスト番号はT0262となっている。また，この春日版は，一般に，奈良の興福寺で作成され春日大社に奉納されたものだが，歴史地名データ[3]からこれらの寺社のIDと座標情報を得ることができる。こういったIDがすでに存在する場合，そのIDを記述しておくだけでもメタデータの記述としては十分である場合もある。ただ，注意しておきたい点として固有表現のなかには，実体は同じでも表記が異なる場合も少なくない。たとえば「空海」が「遍照金剛」になるくらいであればVIAF IDで実体を確認することはできるが，どちらの表記だったかを確認できるようにしておくためには，やはり表記そのものも記述しておく必要がある。さらに，異体字などのレベルでの違いもあり得る。そういった違いを残しておくことで，その違いが必要になる状況にも対応することができるため，ややコストが高くなる場合もあるが，可能であれば個々の表記もきちんと残しておきたい。

ここからはあくまでも人件費を含む費用対効果を踏まえた上でのことだが，この資料は印刷物とは言え木版で部数が少なかったとされるものであり，書誌情報をある程度詳細にデータとして記録しておくことにも価値はあるだろう。たとえば，仏典であるため，1行あたりの字数はその系譜を知る上で重要な情報である。また，界線が金泥であったり天地界外に金銀箔野毛砂子が蒔かれていたりするなど，装飾的要素があり，これについても記述しておくことができれば，同様の項目を記述した書誌データがあったときに対比や統計処理などが可能になるだろう。こういった情報に関しては，前章で詳しく触れたTEIガイドラインが機械可読形式での記述手法を提示しているため，TEIガイドラインに準拠してきちんと構造化しておけば，古典籍に本来必要とされる詳細な

3：https://www.nihu.jp/ja/publication/source_map

書誌データを比較的容易に他所の詳細な書誌データと連携させたりデータ共有したり継承したりしやすくなる。作成時点ではややコストがかかるものの，標準的な形式で機械可読性を高めるため，データ移行が比較的容易であり，活用可能性も高まることから，中長期的にはコストを下げることになるだろう。TEI に準拠して日本の古典籍の書誌データを記述する例としては，ケンブリッジ大学図書館デジタルライブラリが比較的わかりやすい。国文学研究資料館の調査カード方式の記述を採用する方向性も一考の余地があるが，なるべく機械可読な形式で詳細に記述しておいた方が他の形式のデータへのコンバートを自動化しやすくなるので（密⇒粗は比較的簡単に自動変換できるが逆は難しく，多くの場合は人手での作業が必要となる），TEI ガイドラインとすり合わせてより機械可読性が高く TEI ガイドラインとも互換性を持たせられるような記述手法を考えてみるとよいかもしれない。一方，まったく別な考え方として，後述するが，公開後に書誌データを加えたり詳細化したりする方法もあるので，デジタル化の時点ではごく簡易な書誌データを入力しておいて，詳細データは後から修正追加するという方向性もあり，柔軟に考えておきたいところである。

　なお，今回扱っている『妙法蓮華経』の場合には，聖書等と同様に，オリジナルの書物が現存するわけではなく，東アジア・中央アジア全域にわたって写本や木版本が作られ残されてきている。そして，それらの様々な写本・木版本の画像がすでに欧米を含む世界各地のデジタルリポジトリから公開されており，そうした画像と対比できると研究上の利便性が高い。そこで，そういった画像の URL を集めて書誌データ・目録データの一部として記述しておくことも，特に専門的な利用者の利便性を高める上では有益だろう。仏典に関しては，SAT 研究会が世界各地のデジタルリポジトリ中の仏典画像の URL を収集・公開しているため，それを参照するだけでも十分かもしれない。また，逆に，そういった組織やサイトにこのデジタル化資料の URL が決まった段階で通知する等しておくことで自らの資料もそのネットワークにつなげておくとよいだろう。仏典に限らず，そのようなデータを提供している機関やプロジェクトは国内外の様々な分野において存在するため，デジタル化資料を公開する際は，そういった情報を調べて必要に応じて通知を行うことで，デジタル化資料がより効率的に必要な利用者のところに届くようになるだろう。

6.1 デジタル化について | 171

担い手 デジタル化に関わる作業では，担い手をどうするかという問題が避けられないため，これについてもそれぞれの作業に関して検討しておきたい。書誌データの場合，現在新規に出版されている図書については，当面それほど難しい問題はないように思われるが，あえてデジタル化して Web 公開しようというような資料，特に古典籍や古文書となると，書誌情報といっても上述のような事情もあり簡単に済ませてしまうと利便性を高めにくくなる。そこで，その資料がどのようなものでありどういう情報を記述するべきか判断できる人が書誌データを記述するということになる。国文学研究資料館や国立国会図書館等，一部の専門的な文化機関には，古典籍・古文書にある程度対応できる目録担当者がおり，そのような人達にお願いすることができるのであれば，それはとても有力な選択肢である。一方，専門家が書誌学的な研究を踏まえて作成するような書誌データもある。そのような場合には，資料に記載されている情報を転記していくだけでなく，様々な関連情報に基づいて，より詳細かつ有用な情報が提供されることになる。関連資料の情報に詳しい専門家が担当することが可能であれば，これはきわめて有力な選択肢となる。先に挙げたケンブリッジ大学図書館の『伊勢物語』の例では書誌データに来歴情報も書かれているが，これは専門司書の手になる仕事である。専門司書は，日本で言うところの司書と研究者の中間のような役割を果たしており，資料に関する高い専門性を有していることも多く，欧米先進国ではこういった仕事でも力を発揮している。とくに，欧米先進諸国の Web サイトにおける西洋中世写本の詳細な書誌情報は大変充実しており，その項目を見るだけでも興味深いものがある。日本の図書館の場合には，多くはほぼ定期的な人事異動があり，一つの専門を持った人がずっと同じ業務を担当できないようになっているため，専門的な内容を深めた書誌データを作成しようとする場合には専門家に依頼することが多くなるだろうか。

6.1.2.2　A2　一般的なデジタル画像作成

コストと利便性　デジタル画像の作成とは，特に古い資料の場合，資料をデジタル撮影するということになるだろう。デジタル撮影における画質とは，対象となる資料の見た目をどれくらい適切に符号化するかという問題である。これも，良いものにしようとすればするほどコストがかさむことは言うまでもない。

数値化して比較検討しやすいのは解像度だが，解像度を高めることでより高精細な画像を作成しようとすると，使用するカメラが高価なものになってしまったり，画像サイズが大きくなって保存に必要なストレージが大きくなってしまったり操作に時間がかかってしまったりすることになる。筆者の関わった仕事では，8,000万画素対応のカメラで撮影したものが画像1枚あたり250MB程となった。実は，SSDとUSB3.0を組み合わせるような現在広く普及しているコンピュータ環境であればこのくらいのファイルサイズの画像は操作もそれほど難しくはないのだが，たとえばこれをクラウドにバックアップをしようとするとアップロードにかなりの時間がかかってしまう。また，何らかの手元の媒体にバックアップを取ろうとするなら，DVDやブルーレイディスクではかなりの枚数が必要になってしまう場合があり，やや高価になるがLTOのテープドライブを使用することも選択肢に入れる必要があるだろう[4]。さらに，1億画素のカメラも専門企業では徐々に使われるようになりつつあり，高精細化によるファイルサイズの拡大には注意を払っておく必要があるだろう。

　撮影した画像ファイルの保存形式は，現在ではTIFF（Tagged Image File Format）形式をマスターデータとしておくことが無難であるように思われる。可逆圧縮が可能なJPEG2000がディスク容量を節減しつつ画質を落とさずに済むファイル形式として，一時期大きく期待されたが，無料で使える高機能なソフトウェアが作成されていないため，いまだにあまり広がりを見せていない。現在は，JPEG圧縮を行わないかぎり高画質な状態を保てる上に色数に関する制限の少ないTIFFをマスターとした上で公開用にJPEGを適宜作成して使用するというスタイルが広まっているようである。JPEGは，広く使われている画像ファイル形式であり，商用ソフトウェアでもフリーソフトウェアでも画像を表示・閲覧するものならほとんどが対応している。広く用いられている画像表示対応のWebブラウザはすべてJPEGを表示可能であり，Web公開する場合にも特別な配慮は必要でない。したがって，導入に関するコストはそれほど気にしなくてもよいかもしれない。特に写真に関しては，画像サイズも比較的小さくなる。ただし，JPEGでは画像の圧縮を非可逆で行うことになるため，

4：原稿執筆時点では，LTO8規格であれば，テープ1本で非圧縮時12TB，圧縮時最大30TBの保存が可能である。

6.1 デジタル化について | 173

デジタル化の際に作成したデータをそのままの画質で残せるわけではないという点にはくれぐれも注意されたい。コンパクトデジタルカメラでは最初からJPEG で保存してしまうものもあるが，JPEG による非可逆な圧縮をしてしまうと，サイズ圧縮後に撮影時点での元の画質に戻すことができないため，デジタル撮影時点での本来の高精細さを損なうことになってしまう。現在はそれほどの高精細なものは必要ないとしても，インターネットがより高速化し，より高精細な画像が求められるようになった際に，再撮影となるよりは，撮影時点での画像から，もう一度，より高精細な JPEG 画像を作成するためには，マスターデータとしての TIFF 形式画像はとても有用である。また，さらにこだわるなら，カメラがセンサーで取得したデータを保存する RAW 形式のデータをマスターデータとして残しておくという方法もある。ただし，この場合，RAW 形式は開くことできるソフトウェアが限られている上にファイルサイズも大きくなってしまうため，やや高度な扱いが求められる点に注意されたい。

　デジタル撮影は，外注するにせよ内製するにせよ，機材の調達コストと撮影担当者・補助者の拘束時間に伴う人件費を主なコストとして考えることになる。したがって，撮影時間がかかればかかるほど費用は大きくなるのであり，ここには 1 枚あたりの撮影にかかる時間が大きく影響してくる。撮影にかかる時間について特に考慮しておきたいのは，［A2-1］撮影対象を撮影可能な状態にするための時間と，［A2-2］撮影したものを確認する時間，［A2-3］撮影データを処理する時間である。

　［A2-1］にかかる時間は，資料の形態と丈夫さに依存する部分が大きい。木版線装の一般的な和本で保存状態がよく希少性もそれほど高くない古典籍であれば，丈夫でページめくりもしやすいので，1 枚ずつ撮影していくとしてもそれほど時間はかからないだろう。ノドの部分がきちんとひらいてページ全体を平坦にしやすいものであればさらに速くなるだろう。

　これを，カメラで行うかスキャナで行うかということも検討する必要がある。特にフラットベッドタイプのスキャナ，つまり，透明な台の上に平面資料の撮影面を下向きにして固定して，光源と受光部が一体になった光学ユニットを移動させ，下から光を照射して反射光をセンサーで読み取るタイプのスキャナであれば，カメラで撮影する場合に生じる画面周縁部の歪みが発生しないため，

寸法の正確性が必要な場合には有力な選択肢になる．しかしながら，スキャナの読み取り動作はそれほど速くないため，撮影速度という点では熟練者によるカメラ撮影にはとても及ばない．また，ページの表面をガラス板に押しつけることになるため，ページ表面になるべく圧力をかけたり触れたりしたくない場合は，避けた方がよいということになる．このようなことから，今回の場合，この二者ではカメラの方が低コストということになるだろう．なお，カメラのように多少歪んだ方が人の目に近い見え方なので好ましいとする向きもあるが，一度撮影したものを後から歪ませたりすることはソフトウェアで比較的容易に可能である一方，一度歪んだ状態に撮影したものを正確な寸法に戻すのはきわめて困難であるため，コストの許す範囲で，オリジナルデータはなるべく元のものに近いようにすることが望ましい．

　書籍用のスキャナには，ブックスキャナ等と呼ばれる，カメラ撮影に似たタイプのものもある．カメラであれば，ページを上向きに開いておいて版面の上方に固定したカメラで撮影することになるが，ブックスキャナの場合には，このカメラの場所に少し離れた場所からスキャンできるスキャナのヘッドが設置されている．貴重書も含めた図書資料撮影に特化された製品が複数存在し，撮影資料を置く場所が本を開きやすいように工夫されていたりする．400〜600DPI程度でのスキャンができ，一度設定するとあとはそれを踏襲して作業を継続できることから，貴重書資料も含めた本の撮影では広く利用されているようである．ただし，離れた場所からレンズを通してスキャンを行うことになるため，周縁部の歪みという点ではカメラとほぼ変わらないことになる．ごくわずかではあるものの，将来これが問題になる可能性がないかを考慮してみる必要はあるだろう．あるいは，使用した機材が記録してあれば，その微細な歪みを自動修正できるようになる可能性もあるため，撮影機材の情報はきちんと記録しておきたい．

　これら以外にも，上向きに30度くらい開いた本の間に差し込まれたスキャナヘッドが上昇しながら空気を吸い込んで頁をスキャナヘッドに密着させ，スキャナヘッドが最上部に来たら自動的に頁をめくってまた同じ操作をするもの[5]

5：SR300: ScanRobot https://www.youtube.com/watch?v = y16rNqnxj0U

など，様々なタイプのスキャナがあるが，ここでは割愛する。

　書誌情報等の資料のメタデータとは別に，デジタル撮影した場合には，デジタル化した際の情報を記録しておく必要があり，これもメタデータとして考えることができる。まず，カラー撮影の場合には色を可能な限り正確に再現できるようにするために，撮影時にデジタル撮影用のカラーチャートを同じ画面内に写り込むように撮影する必要がある。また，資料のサイズを確認できるようにするために，定規も同様に写し込まなければならない。これら以外の，シャッタースピードや絞り値，レンズの焦点距離など，いくつかの基本的な撮影条件に関しては，カメラ次第では撮影時の状況を EXIF（Exchangeable image file format）という形式で写真画像に自動的に埋め込んでくれるようになっているものもある。これも状況によっては活用を検討するといいだろう。

　なお，資料のデジタル撮影に関する作業については様々な書籍[6]が出ているが，簡単にアクセスできるものとしては，NDL が公開する動画「資料デジタル化の基礎」が大いに参考になるのでぜひ参照されたい[7]。

担い手　デジタル撮影に関しては，外注という形で専門企業に依頼する場合といわゆる内製で行う場合とがある。コスト的に見合うのであれば，一般論としては専門企業に依頼するのが良い手段だが，専門企業に依頼すれば万事うまくいくかと言えばそうではない。専門企業にも得手不得手があり，今回のように金銀箔等がある資料であれば光の当て方をかなり工夫する必要があり，また，装飾が紙から剥げないような丁寧かつ適切な扱いも必要になる。そのため，対象となる資料の撮影経験が豊富な企業に依頼しなければ，期待した画像を入手できなかったり，資料が毀損されてしまったりすることもある。また，訓点が多くついている資料の場合には，訓点が明瞭に映り込むような丁寧な撮影をしてくれる企業に依頼する必要がある。にも関わらず，とくに公的資金で撮影を発注しようとすると金額次第では入札をしなければならないこともあり，そうすると発注先企業の選択を自由に行うことができなくなる。そこで，必要な技術や経験を有する企業の中でもっとも安価な金額を提示したところが引き受け

6：特にわかりやすいものとしては，水嶋英治他編『デジタルアーカイブの資料基盤と開発技法─記録遺産学への視点─』晃洋書房，2016 を挙げておきたい。
7：https://www.ndl.go.jp/jp/library/training/remote/digi_basic_2019.html

る形になるように，入札の仕様書において必要な条件を客観的に検証できる表現できちんと列挙し，手抜かりのないように作成しなければならない。仕様書の書き方については，様々な解説書が出版されているので，これに関わることになった場合には一度目を通してみることをおすすめする。

一方，いわゆる内製で行う場合には，担当者の撮影技術とその継承が課題となる。立命館大学アートリサーチセンターや国際仏教学大学院大学の古写経プロジェクトでは主に若手研究者が撮影用機材を現地に持ち込んで貴重資料を撮影するというスタイルをとっており，国文学研究資料館の歴史的典籍の大型プロジェクトでは据え置き型のブックスキャナを複数台導入してプロジェクトのために雇用された担当者がデジタル撮影を行うことにも取り組んでいる。前者の場合は，一つの理想型ではあるものの，機材の組み立てのところから着実な技術が必要になるため，技術を修練する方法はそれほど容易ではないと思われ，関係者の方々の努力の賜物であると言ってよいだろう。後者の場合は，据え置き型で設定も継承しやすいことから，技術の向上と継承という観点では前者に優位な面が大きい。ただし，大型のブックスキャナの持ち運びは容易ではなく，現地に持ち込むことはあまり現実的でないことから，ブックスキャナの利用は，自前の所蔵資料か，あるいはデジタル撮影のために借り出すことができるような資料に限られてしまう。外部に貸し出せないほど貴重な資料を出張撮影する場合には，やはり前者のカメラ持ち込み撮影をせざるを得ない。

一方で，特に立命館大学アートリサーチセンターが提示する「ARCモデル[8]」の場合には，資料について研究を行う専門家が撮影をしつつメタデータも作成することになっている。そのように，資料に通じた撮影者がメタデータの取得も想定しながら撮影を行うのであれば，メタデータ作成と撮影を分業した場合に生じがちな問題のいくつかは自然に解決できることになる。様々な人の利用に耐え得るデジタル画像を作成するには相応の準備が必要でありハードルは決して低くはないが，可能性の一つとして期待したいところである。

6.1.2.3　A3　形状に配慮したデジタル撮影手法

コストと利便性　今回の例のような巻子本の場合にも，丈夫なもので，かつ，

8：https://doi.org/10.18919/jkg.65.4_181

6.1 デジタル化について | 177

図6-3 軸の画像

撮影者にノウハウの蓄積があれば，それほど時間はかからないだろう。ただ，巻子本の場合には，カメラかスキャナかという問題は多少シビアになる。多くは横にとても長いため，カメラで撮影する場合は分割撮影を余儀なくされる。周縁部が微妙に歪んでしまうカメラ撮影では，分割撮影して後からつなごうと考えた場合，どうしてもつなぎ目に少しだけずれが生じてしまうことになる。つなぎ目を少しでも自然に見せるための工夫としては，撮影時に収差の少ないマクロレンズを使用した上で接合時の1コマあたりの画像の幅が小さくなるように撮影して，画像周縁部を使わないで済むようにするといった方法が一般的ではないかと思われるが，この方法は撮影コマ数がかなり増えることになるため，ややコスト増につながってしまう場合があることには留意しておきたい。

　一方，スキャナでも，長いものを1枚でスキャンできるタイプのものがある。この場合には歪みがほとんどない状態でデジタル画像を作成することが可能だが，資料に合わせて機器を設置するところから始まり撮影時間もかなりかかるため，コストを多くかけても良いと判断される資料にのみ適用するということになるだろう。大型の古地図等も基本的には同様に考えることができる。

　この資料では，軸に装飾的な要素があることから（図6-3），これも何らかの方法でデジタル化しておきたい。軸等の平面的でない要素については，通常のデジタル撮影をしつつサイズを詳細に記述する方法と，3D画像として撮影してしまうという方法がある。そして，たとえば，いくつかの典型的な形状がありそのサイズ違いや若干の変形といった記述の仕方が可能なのであれば，前者の方法であまり問題はないだろう。一方，他に似たような形状がなく，サイズの記述が複雑になってしまうようなものの場合には，3D画像として記録できるとよいだろう。3D画像は，現時点ではコストが大きくかかってしまうため時期尚早かもしれないが，徐々にコストが下がっていく

可能性があり、コストにみあう状況になれば選択肢として積極的に検討してみるのがよいだろう。また、大きなコストをかけてもよい資料の場合にも、現在比較的使いやすいレベルの3D画像ではまだ解像度があまり高くなく、特に表面の質感の表現が難しいようであり、これについては、3D画像のみにこだわらず、2D画像との組み合わせを前提として考えておくことが過渡的には必要だろう。

　この資料は金銀箔が施されているため、光のあて方によって見え方が変わることもある。これをデジタル媒体上で再現する仕組みとして、光源を任意の場所に移して閲覧できる画像表示が可能な仕組みを提供するReflectance Transformation Imaging (RTI) という技術がある[9]。この技術は、碑文などの凹凸のある資料の凹凸部分をくっきりと表示させるためによく用いられており、東アジアでは甲骨文字資料での利用例があり[10]、日本の資料では版木や角筆点を明確に表示したい場合にも有用である。今回の資料の場合には、金銀箔の反射の仕方を光源の角度から様々に閲覧できるようにすることに利用可能と思われる。ただし、これは撮影時に一つの資料に様々な角度から光をあててたくさんの画像を撮影し、それらを専用ソフトウェアに読み込ませて光源位置を操作したり、すべて合成して陰の部分を強調したりするといった使われ方になるため、通常の撮影作業に比べるとかなりの時間がかかることになる。同様の撮影方法を採る資料がたくさんある場合には、光源を効率的に動かすための何らかの装置を用意した方がよいだろう。

担い手　担い手については、基本的には6.1.2.2 A2で述べたことと同様である。ただし、より高度な撮影手法が必要になるため、専門企業に依頼した方が良い状況が多くなるだろう。そこで、前述のように、発注時に期待した質のデジタル画像を納品してもらえるような仕様書の書き方は、一層重要となってくるだろう。

9：Reflectance Transformation Imaging (RTI)　http://culturalheritageimaging.org/Technologies/RTI/
10：Special Collection of Oracle Bones by Zhejiang University & Columbia University　http://www.cadal.cn/special/oraclebones/index.html

6.1 デジタル化について | 179

図6-4 アノテーションが付与された画像の例

6.1.2.4 A4 画像の任意の箇所へのアノテーション

コストと利便性 ここで言う画像の任意の箇所へのアノテーションとは，どの文字が画像上のどの位置にあるか，あるいは，画像に含まれている人の顔が誰の顔か，といった情報を記述してそれをユーザが簡単に確認できるようにしておくことである．文字やテキストデータと画像の一部を関連づけておくことにより，ユーザは画像の見たい場所に容易にたどり着けるようになる．たとえば，検索結果から画像の全体が表示された際に画像のどこを見ればよいかわからない，という状況を避けるためにこのような仕組みはとても有効である（図6-4）．

かつてはこの文字データと画像との対応づけのための表示用のソフトウェア

があまり一般化しておらず，独自にソフトウェアを開発するか，あるいは，あまり安価ではないシステムを購入するということにならざるをえなかった。TEI ガイドラインでは画像上でのテクストの位置を記述するルールを規定しており，それを Web 上で記述できるフリーソフトウェアも公開されているものの[11]，この件については十分に使いやすいものとは言えず，それほど広く普及したわけではなかったようである。

　それを低コストで実現できるようにしたのが，近年広まってきた IIIF である。IIIF は，そのようなデータを Web 上で共有するための簡易な記述方法を提示し，オープンソースの IIIF 対応ソフトウェアはそれを Web ブラウザ上で簡易に扱えるようにした。結果として，TEI ガイドラインに沿って記述されたテクストと画像のリンクデータは，Web で画像を公開するものに関しては IIIF に準拠する形に自動変換して IIIF 対応ビューワで表示するという流れになっている。現時点では，これを実現するためにはまだ若干のプログラミングが必要だが，おそらく近いうちに簡単に扱えるソフトウェアやツールが公開されることになるだろう。

　テクストデータだけでなく，画像上の図像等に対するアノテーションの場合も同様だが，画像とテクストをリンクさせるデータを作るためには，やはりそのための作業が必要である。自動化もかなりの程度できるようになってきているが，正確を期すのであれば，少なくとも最終的に人の目で確認する必要があり，また，分量が多くなかったり，テクストやアノテーションが複雑だったりする場合には，手作業の方が結果として効率が良いこともある。IIIF が登場したことにより，手作業の場合でもそれを支援するためのツールを用意したり作成したりするコストはかなり低くなっている。たとえば，IIIF 対応ビューワ Mirador（詳しくは後述）や，それを共同アノテーションツールとして組み込んだ Omeka IIIF Toolkit（詳しくは後述）などが比較的導入しやすい。また，作業者にとっての利便性を向上させて作業効率を高めようとするなら，入力システムをある程度カスタマイズした方がよいだろう。その場合，Leaflet-IIIF や OpenSeadragon といった簡素な IIIF 対応ビューワ（詳しくは後述）を核に

11：https://mith.umd.edu/tile/

6.1 デジタル化について | 181

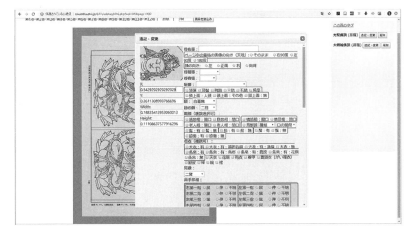

図6-5 大正新脩大藏經図像部入力画面

して入力用ツールを独自に開発するという選択肢もある（図6-5）。

　テクストデータ主体で作業をするのであれば，TEI ガイドライン準拠のデータを作成する際によく用いられる Oxygen XML Editor で画像にテクストをリンクする作業が可能となっている。TEI ガイドラインの方が対応可能な要素は圧倒的に多彩であり，TEI 準拠でテクストやアノテーションを作成した方がより豊富な意味を持つデータの作成が可能である。この場合のアノテーションの付与方法は，TEI ガイドラインにおける位置情報のリンク方法を採ることになる。TEI ガイドラインに沿って作成したテクスト・画像のリンクデータを IIIF の形式に自動的に変換することは容易であり[12]，そうすれば広く普及しつつある IIIF 対応ビューワを利用できることになるため，公開に際しては低コストで利便性の向上に大きく寄与することだろう。

　また，公開前にすべてのアノテーションを完成させようと思わずに，あるいは，公開機関内ですべて対応しようとせずに，とりあえず公開してから内外と連携しつつアノテーションを充実させていくという方向もあり得る。すべてが

12：この逆方向の変換は，IIIF Presentation API version 2ではアノテーションの順序の情報が不足するため十分にできず，version 3ではその点は解消されるとのことだが，やはり TEI の方が情報量はかなり豊富である。

182 | 第6章　実際の公開にあたって

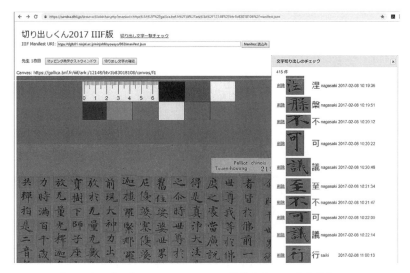

図6-6　「切り出しくん」による，gallica の敦煌文書への文字単位での IIIF アノ
テーション

完成してからでは公開までの時間がかかりすぎる場合，あるいは，アノテーションに利用可能な有用な情報を外部の者がデジタルデータとして有している可能性が高い場合にはそのような方向の有効性が高まってくる。近年は，Web技術の発展により全体としてそのような取り組みが容易に始められるようになっており，近年の IIIF の登場はそれを低コストに実現できる可能性を一気に高めた。特に興味深いのは，わざわざ自らのサイトでそうした取り組みのためのシステムを開発・提供しなくとも，IIIF で公開されている画像の場合には外部のサイトでそのようなシステムを開発して世界各地の IIIF 対応画像を自在に操作して作業の対象とすることができるという点である。つまり，公開機関がコストを負担せずとも，IIIF 対応で公開しておけば，外部の組織やコミュニティが自らのコスト負担によってアノテーション付与のシステムを構築し，実際にそれを付与することも可能なのである。たとえば，図6-6は，フランス国立図書館の gallica においてペリオコレクションとして IIIF 対応で公開されている敦煌文書のなかの一つに関して，どの文字がどこに登場するかを記述し，漢字の字体史研究の資料としているものであり，これは日本の漢字研究グ

担い手　画像へのアノテーションの付与の担い手については，専門性をどれの程度重視するかによってどういうタイプの人にお願いするかが変わってくる。対象についての微細な違いを丁寧に記述しようとすればするほど担い手には高い専門性が求められるようになり，コストも大きくなりがちである一方，精度の高い情報をそれほど強く求めないのであれば，担い手を幅広く集められることになり，コストとしても作業進捗としてもかなり取り組みやすくなる。この点は，事業が置かれた状況をよく考慮し，それにあわせたより良い対応を採るべきだろう。

　今回の資料の場合にはテクストデータの作成が比較的容易であり，テクストデータ以外の要素が多くないため，アノテーションをつけるとしたら，まずは画像上のテクスト本文に対してテクストデータのアノテーションをつけるという方法があり，これには，アノテーションの対象領域を図6-6のように文字ごとにするのか，行ごとか，段落やページ等のブロック単位か，ということを，求められる利便性と作業量のバランスから考える必要がある。また，送り仮名や朱点などに焦点をあてるのであれば，それらもアノテーションの対象になり得る。同様に，金銀箔等の装飾的要素に焦点をあてようと思うなら，それらも対象になるだろう。アノテーションは，想定利用方法に強く依存するため，じっくり検討する必要がある一方で，公開者側だけですべて対応することは原理的に不可能に近く，ユーザ側によるアノテーションを可能とすることが利便性の向上に寄与することになる。この点で，やはりIIIFへの対応は非常に有益である。なお，テクストや訓点の扱いについては次項以降も参照されたい。

6.1.2.5　A5　本文テクストデータの作成

コストと利便性　本文のテクストデータの作成は，鳩摩羅什訳『妙法蓮華経』が東アジア圏ではきわめて有名であるが故にそのテクストデータはWebのあちこちで入手可能であるため，ライセンス的に問題ないものを入手した上で今回の資料に合わせて修正して利用するというのがコストを考慮した場合には比較的穏当な方法だろう。この資料は活字ではないが比較的字形の整った漢字の木版印刷であり，OCR（光学式文字読み取り）の可能性も試してみたくなるが，訓点が色々ついている箇所については期待したとおりに読み取れないことが多

いため，残念ながら今のところはテクストデータとして実用に供するものを作成するというよりは，それに向けた実験的な取り組みということになってしまうだろう。

　テクストの構造については，TEI ガイドラインに準拠した形で記述しておくことで後の活用可能性を高めておけると望ましい。すでにみてきたように，TEI ガイドラインでは，テクスト本文を構造的に記述するルールを提供しているが，これにはいくつかの段階を設定することができ，単に OCR をかけただけのものから段落分けを行ったもの，固有表現やその他の本文中の要素を他のデータとリンクさせたものなど，利便性とコスト（主に作業時間）とのバランスの中で，どれくらいの深さの構造を記述するかを決定すればよいだろう。

担い手　テクストデータ作成の担い手については，一般論としては本文を読むことができる人でなければ対応は難しいが，今回の事例としている資料は漢文であり字形もかなり明瞭であるため，単純な検索用テクストを作成しようというだけであれば，この本文のテクストデータ作成はそれほど困難ではなく，漢字の入力がある程度できる人であれば対応できるだろう。テクストを構造化しようと思った場合にも，本文のみであれば，テクスト全体の構成としてはそれほど複雑ではなく，タイトルと本文があり，あとは韻文詩が途中に挿入されている点に留意しておけばいいだろう。TEI ガイドラインに準拠するとしても，本文に関しては〈p〉（パラグラフ）〈l〉（韻文詩）〈lg〉（韻文詩のまとまり）〈head〉（見出し）等の基本的なタグを用いれば十分であるように思われる。これも，テクストのおおまかな構造を把握して記述できる人であれば対応できるだろう。ただし，このテクストの字形に着目してみると，現在利用されている漢字の字形に比較して異体字がかなり多いように見られるため，字形の差異を重視する研究での利用を想定し得る。そのようなニーズに対応したテクストを作ることになった場合には，字形に関する専門的な知識をある程度有する人が担当する必要が出てくるだろう。

　固有表現等のリンクに関しては，固有表現の抽出と他のデータとのリンクという二つの作業が必要になる。固有表現の抽出に関しては，いわゆる形態素解析ソフト（MeCab[13]等）でテクストデータを解析することによって，地名・人名などをある程度自動的に抽出できる。この結果を用いた上で，第 5 章の

TEIの節で述べたようなVIAFやGeoNames，地名辞書データ等，既存の典拠データと結びつけることで，半ば自動的に固有表現をTEI/XMLに準拠した形で固有表現マークアップを行ったファイルを作成することもできる。正確を期すためには人手で修正する必要があるが，いったん自動で処理しておけば，その後の作業にかけるコストを下げることができる。

　一方，テクストデータの作成にクラウドソーシングを用いるという方法もある。これについては，画像の公開の話題のところでもう少し詳しく言及したい。

6.1.2.6　A6　テクスト上の付帯情報の作成

コストと利便性　テクストには本文だけでなく様々な付帯情報がある。日本で伝来してきた漢文であれば，句読点や返り点，振り仮名など，いわゆる訓点がついていることが多い。欄外に注記が付されている場合もあるだろう。あるいは，古典籍の場合には同じ本の写本や版本が複数残っていることが多く，そういった他に伝承されてきたものではどのようなテクストになっているのか，写し間違いや修正・追加削除などの相違がないかどうかということは専門的なユーザにとってはとても有益な情報である。こういった情報を付与することはかなりのコストがかかってしまうことが多いが，専門的なユーザにとっての利便性を高めることは，高度な利活用を通じてより良い社会貢献・社会還元へと接続できる可能性があり，検討の余地は大きいだろう。

　本資料の場合は，東アジア世界で非常に広く普及した典籍であるため，東アジア各地に同様の写本・版本が残され，それが世界各地の文化機関に広まっている。日本国内にも多く所蔵されているが，それ以外にもたとえば，11世紀以前の写本が英国図書館やフランス国立国会図書館に所蔵されているという状況である。それらの一部がWeb公開され，中にはIIIFに対応しているものもある。そういった他のテクストとの異同と，異なるテクストの証拠としての部分画像を簡便に閲覧できれば，利便性の大きさは計り知れない。この種の作業になると，かなりのコストがかかってしまうことになる上に，もはや専門家の力を借りなければ困難だが，協力が得られるのであれば検討の余地はあるだろう。この異同情報は現代の活字本では脚注として提供されていることが多く，TEI

13：http://taku910.github.io/mecab/

ガイドラインでは，第五章の源氏物語の事例で見てきたように，テクストデータとしての記述方法はすでに整備されている。これを画像としても情報提供できればさらに利便性が高まるが，対象資料がすでに IIIF 対応で公開されている場合は，採用システム次第ではこの種のリンク作業をかなり簡素化することもできるという点は念頭に置いておきたい。また，公開後にそうした情報を追加する事業を開始するという方法もある。

また，本資料にはあまり含まれていないが，同様の日本の資料では読み手が付した返り点や送り仮名が多く付されている場合もある。その場合には，そういった情報をどのようにして再利用しやすい形で記述するかということが一つの課題となる。本文とそうでないものとを峻別する仕組みは TEI ガイドラインで提供されており，さらに，返り点はすでに Unicode に収録されているものの，具体的にどのような返り点をどう構造化するか，送り仮名をどう記述するか，といったことは現在研究が進められているところである。ごく近いうちに一般的なものについては対応可能になると期待されるが，記述手法が確定したとしても，実際に記述をするにあたっての作業が必要になるため，コストとの兼ね合いはよく検討した方がいいだろう。この場合も，画像を公開すれば少なくとも人の目で読み取りをすることは可能になるため，とりあえず公開してからその後に Web 上で協働作業を行うという方向性もあり得るだろう。

担い手 ここでは主に二種類の作業を想定してみよう。まず，世界各地の同じテクストの画像を見ながら異同を確認して記述するという作業は，個々の箇所については漢字が読める人がいれば対応できるが，全体としてどのような作業をすべきかの決定に際しては専門家の力を借りざるを得ないだろう。また，細かな字形の違いや木版における印刷のかすれ，版面の欠損などをどう扱うかについては，個別に色々な判断が必要になる場合もあるため，専門家の助力は作業期間全体にわたって継続的に必要になるだろう。

訓点情報に関しては，朱点や振り仮名に加えて，漢字に〇が付いている箇所が散見される。これらの情報をデジタル化して活用できるようにすることを目指す場合には，いわゆる訓点の専門家が担当するか，少なくともその協力を受ける必要があるだろう。注記をする場合には，最終的には TEI ガイドラインに準拠して記述することがデータの持続可能性を高めることに資すると期待さ

れるが，訓点の場合には，構造をどう記述するかということがまだ十分に標準化されておらず，ごく近いうちにある程度標準化される見込みだが，少なくとも原稿執筆時点では，そのことについても検討できる人材，すなわち，訓点資料の内容に基づいて妥当なデジタル記述手法を具体的に提案できる人材が必要となっている。

6.2 デジタル化資料の Web 公開に際して

このようにしてデジタル化した資料を Web に公開するとしたらどのような手法があり得るか。公開にまつわる仕組みや運営体制の基本的な考え方についてはすでに前章までにみてきたので，ここでは，上でみてきた A1〜A6 のそれぞれの状況に合わせて，以下に検討してみよう。

6.2.1　A1　書誌データ・目録データの公開

書誌データ・目録データ等は，作成に際しては考慮すべき点が様々にあるものの，公開については基本的にはそれほど難しいことはない。検索可能なソフトウェアにデータを登録し，Web から来た検索キーワードを検索して結果を HTML で返戻できれば最低限の目標は達成される。そのようなことが可能なソフトウェアはフリーのものでも商用のものでも枚挙に暇がない。そして，利便性を高めようと思うなら，様々な手立てが用意されている。近年，よく用いられる手法について挙げてみると，以下のようなものがあるだろうか。

M1　メタデータの項目を標準的なものにしておくことで，他のデータベースとの連携を容易にする。
M2　M1に加えて，Resource Description Framework に準拠して XML や JSON 等で記述して公開することで機械可読性を高めて連携をさらに容易にする
M3　新字・旧字・異体字などを同時に検索できるようにして発見性を高める
M4　類語辞書（≒シソーラス）を検索機能に組み込んで発見性を高める

M5　利用者から個々のデータについての加筆修正等のフィードバックを受けられる仕組みを用意する

M6　オープンライセンスであることを明示することで再利用を促す

M7　Google 等の全文検索エンジンが検索結果に含めてくれるような工夫を行う

M8　外部機関とのデータの融通により連携検索をできるようにする

　これらの項目は硬軟織り交ぜられており，すべて実現することができれば，とても利便性の高いデータ公開ができたことになるが，そのためのコストは，資料やデータの現況，スタッフや予算の配分のされ方，公開の目的など，状況次第で大きく変わってくる。以下に，各項目を個別に検討してみよう。

6.2.1.1　M1　メタデータを標準的なものに

　これは，ここまで何度か触れてきたように，専門分野毎に，それぞれが扱う資料にとって使いやすいメタデータの項目が用意されていることが多いので，それに準拠した形で公開することで同種の方針で作成されたメタデータ同士の一括検索や統合的処理を効率化するという話である。アーカイブズであればISAD (G)，ミュージアムであればCIDOC-CRM，人文学向けのテクスト資料であればText Encoding Initiative ガイドライン，碑文であればEpiDoc など，専門分野ごとにその専門家コミュニティが定めた国際的なルールのようなものが定められていることが多い。手元のデータがそれに準拠していればそのままで公開すればよいが，そうでない場合でも，公開時にそういったルールに準拠するようにマッピングしたり変換したりして公開することができれば，利便性は大いに高まるだろう。

　今回の対象資料の場合には，メタデータを Text Encoding Initiative ガイドラインに準拠して詳細に記述して検索できるようにしておくことが将来的には有益だろう。とはいえ，日本の古典籍に関して TEI 準拠を意識した詳細なメタデータ公開をしている例は国内には今のところ存在しないため，現状でそれを目指すなら，海外の一部機関との連携を効率化しつつ，将来的なより高度な検索に対応できるようにすることを目指すという位置づけになるだろう。現状の国内の状況に合わせるのであれば，NDL デジコレや国文学研究資料館の日

本古典籍総合目録データベース等に合わせやすいように公開用のデータ項目を用意することになる。あるいは，すでに自らの組織や事業で文献・資料検索のWeb検索サービスを提供しているのであれば，とりあえずそれに合わせてデータを整理して登録するのがコスト低減には有効である。大学図書館であれば，所蔵資料の共同目録データベースであるNACSIS-CATに登録できるように項目を整理するのも発見性を高めることに有益だろう。ただ，いずれにしても，数年ごとに切り替えられる検索システムに合わせてデータを作成するよりは，なるべく，資料や資料利用者の論理やニーズに沿ったデータを作成して，それはそれで保存しておきつつ，検索システムにあわせてデータを変換して提供することが望ましい。

　こういったデータを公開するためのシステムとしては，既存の自前の公開システムにデータを登録することができればそれが最も低コストな場合が多いように思われるので，その確認がまずは重要である。それが存在しなかったり，何らかの理由でできないという場合には，低コストに済まそうとするなら，HTMLファイルに一括変換して公開するという方法がある。この種の自動変換処理はごく基礎的なプログラミングさえできればよいので，プログラミングを新たに勉強してみようという人でもそれほど時間をかけずに対応できるだろう。エクセルのマクロでも簡単なものなら作成可能である。この方法ではサイト上での検索ができないが，目次のようなファイルを用意してあちこちからリンクをしておくと，しばらくすればGoogle等で検索できるようになる。全文検索の中には検索対象サイトを絞り込むことができるものがあるので，この公開データを掲載しているサイトに絞り込んでキーワード検索をすれば，全文検索サイトが提供する高速かつ便利な検索機能を使うことができてしまう。また，この場合にはセキュリティのこともそれほど心配する必要がないので，あまりコストをかけずにかなりの利便性を提供できるだろう。とはいえ，検索を外部サイトに頼ることを潔しとしない場合や，より利便性を高めるために若干のコストをかけられるという場合には，他の方法を検討する余地があるだろう。

　近年はWebブラウザの処理能力が高まっているため，データ量がそれほど多くなく，3MB程度であれば，Webブラウザに全部データを読み込んでWebブラウザ自体の検索機能を使って検索したり，あるいは簡便なJavaScriptを

用意して読み込んだデータをブラウザ上で成形加工しつつ便利に検索できるようにしたりするという方法がある。3MB というと公開用データとしては大きいと思われる向きもあるかもしれないが，現在の Web では，ファイルをサーバが送出する際に gzip 圧縮をかけてそれを受け取った Web ブラウザが自動的に元に戻すという手法が標準的に用いられるようになっており，この機能をサーバ側で有効にしておけば3MB のテキストファイルは数百 KB のファイルに圧縮されて転送されるため，利用者側としてはあまり気にならないだろう。先にも挙げたが日本古代巻子本書誌データベース[14]や万暦版大蔵経デジタル版[15]はその典型であり，結果としてとても高速な検索を提供している。これもセキュリティへの配慮は HTML 一括変換ほど楽ではないが XSS 脆弱性と呼ばれるセキュリティホールを除けばそれほど高度な配慮は必要ないため，システム構築さえできればその後のコストは比較的低く抑えられる。サイト上で検索できる点は利用者にとっては HTML 一括変換よりも便利な場合もあるだろう。

　世間一般に広く用いられている方法の一つとして，自前で公開するための検索システムを導入するという選択肢もある。データがかなり大規模なものだったり，より利便性の高いものとしたい場合や，他のサービスと組み合わせたりしたいという場合にはこういったものを検討する余地が出てくる。メタデータ検索のための公開システムであれば，たとえば Omeka Classic や Omeka S[16]といった，メタデータ共同管理システムがフリーソフトウェアとして提供されており，Wikipeida で利用されているコンテンツマネジメントシステム MediaWiki[17]も利用できるだろう。また，アーカイブズであれば AtoM[18]や ArchivesSpace[19]などといった ISAD（G）に対応した専用のフリーソフトウェアが開発・公開されている。他にも色々なソフトウェアが用途に応じて利用可能である。こういったものの中には，検索できるだけでなく，共同でデータの編集ができるようになっているものもあり，データを改良していく場合にも有用

14：日本古代巻子本書誌データベース http://japanese-scroll.cl.aoyama.ac.jp/
15：https://dzkimgs.l.u-tokyo.ac.jp/kkz/
16：https://omeka.org/
17：https://www.mediawiki.org/wiki/MediaWiki/ja
18：https://www.accesstomemory.org/en/
19：https://archivesspace.org/

だが，一方で，セキュリティホールが見つかった場合のセキュリティアップデートの必要性も考慮しておく必要がある。あるいは，専門企業の中には，こういったシステムを構築・販売していたり，クラウドサービスとして簡便に利用できるようにしたりしているところもある。自前でシステムを構築したり専門企業に導入してもらったりするコストがかけられるのであれば，こういう方向も検討されたい。

　文字に関しても少し検討しておきたい。まず，HTML5.3では，文字エンコーディングはUTF-8であることが必須となっているため，これから公開するのであれば，できる限りUTF-8にしておくことをおすすめする。既存の他の文字エンコーディング（Shift_JIS, EUC-JP 等）からの変換も大抵の場合は容易に可能である。ただし，採用する公開システムがMySQLかMariaDBを組み込んだものでありデータがいずれかのデータベースに入っている場合には，UTF-8という設定では4バイトのUTF-8文字を扱うことができないため，一部の漢字や絵文字などが文字化けしてデータが壊れてしまう場合がある。それを避けるためには4バイトUTF-8を扱うような設定変更をする必要があるので注意されたい[20]。また，メタデータにはUnicodeにも収録されていない外字が含まれている場合がある。そのような場合，コストをかけたくなければWeb掲載時は「■」等に置き換えて非表示にするしかないだろうが，余裕があれば，字形を画像で作成してHTMLタグで当該箇所に埋め込んだり，あるいは，専用フォントを作って閲覧時にWebフォントとしてダウンロードさせたりするという方法もある。字形やフォントを作成する場合には，GlyphWiki[21]というフォント共同作成システムが漢字文化圏全般で広く利用されており，素人でも漢字画像やフォントを簡単に作れる仕組みを提供しているため，このシステムの利用をおすすめする。

6.2.1.2　M2 LOD に準拠して XML や JSON 等で記述して公開

　やや高度な選択肢になるのであくまでもある程度の余裕がある場合にかぎられるかもしれないが，前出のM1に加えて，LOD (Linked Open Data) に準拠してXMLやJSON等の形式で記述して公開することで機械可読性を高めて連携

20：utf8mb4 というキーワードで Web 検索すると対応策を見つけることができるだろう。
21：http://glyphwiki.org/wiki/

をさらに容易にすることも検討されたい。M1にて言及した公開システムのなかにはこのような公開方法を標準で装備したりオプションで利用したりできるようになっているものが多く，検索システムを導入する場合の大きなメリットであると言える。異なるWebサイトのコンテンツ同士を連携して検索して一つのサイトだけでは得られない情報を得られるようにしようと思った場合，一つの検索システムで複数サイトのデータを容易に機械処理できるようになるため，この種の記述方法によるデータ公開は活用可能性を高める上できわめて有効である。

　なお，これはオープンデータの五つ星スキームと呼ばれるものを念頭に置いており，Web上のコンテンツを意味のネットワークとして構築しようという流れに沿うものである。Linked Open Dataの形式とライセンスで公開することにより，ネットワーク化された知識基盤を世界規模でWeb上に構築しようとする動向であり，世界中の多くの文化機関がこの動きに関わることで文化資料のネットワークを含めた大規模なネットワークが形成されている[22]。ここに加わることで国際的な知識基盤ネットワークに参画することができれば，将来的な活用可能性はさらに高まるだろう。この五つ星スキームの詳細については公式サイト[23]をご覧いただきたい。

6.2.1.3　M3　新字・旧字・異体字などを同時に検索できるように

　この課題については，第3章で取り上げたが，ここでは公開の際の考え方について見ておこう。新字・旧字・異体字等を同時に検索するためには，そういった文字同士の対応表が必要である。これには，いくつかのパターンを念頭においておく必要がある。まず，Unicodeにおける漢字の基本的なセットであるCJK統合漢字に対して，Unicodeの統合規則ではCJK統合漢字に統合されるはずの文字のうち既存の文字コードとの互換性のためにUnicodeに収録された漢字群はCJK互換漢字と呼ばれ，漢字472種がここに含まれている。これに関しては，図6-7のように，たとえばWebブラウザであっても同じ文字として検索することができるなど，Unicodeのルールに適切に対応しているソフトウェアであれば，特に工夫をしなくても同時に検索できる。一方，同義だが

22：https://lod-cloud.net/#
23：https://5stardata.info/ja/

1-87-79	U+FA18	猪	CJK互換漢字	1-33-80	U+…		
1-89-28	U+FA19	神	CJK互換漢字	1-31-32	U+795E		神
1-89-29	U+FA1A	祥	CJK互換漢字	1-30-45	U+7965		祥

図6-7　UnicodeにおけるCJK互換漢字の例[24]

字の形が異なる漢字のうちここには含まれないものには，たとえば「学／學」「経／經」等がある。こういった文字を同時に検索する場合には，文字が同一であることを示すなんらかの情報が必要になる。たとえば，東京大学史料編纂所による史料編纂所データベース異体字同定一覧[25]や異体字データベース[26]，漢字統合インデクス[27]は，まさにこの用途に有益なものだろう。また，より統合的な文字情報として，CHISE[28]がある。CHISEは，Unicodeのバージョンアップへの対応が比較的速いだけでなく，文字同士の関係を構造化した上でS式とRDF（Turtle）での構造化データを提供しており，データ形式についての説明書も用意しており，ライセンスも整備されていることから，こういったデータをきちんと確認しながら扱いたい場合にはCHISEのデータの利用をお勧めする。また，筆者らには検証できていないが，IPAが公開するMJ縮退マップ[29]や国税庁によるJIS縮退マップ[30]を利用することでも類似の機能を実現することも可能かもしれない。

　異体字の対応表が入手できたら，次はそれを検索システムに組み込むことになる。検索システムの方では，最近では，Javaで記述されオープンソースソフトウェアとして開発公開されているApache Luceneという全文検索ソフト

24：https://ja.wikipedia.org/wiki/CJK%E4%BA%92%E6%8F%9B%E6%BC%A2%E5%AD%97
25：https://wwwap.hi.u-tokyo.ac.jp/ships/itaiji_list.jsp
26：http://kanji-database.sourceforge.net/variants/variants.html
27：https://www.nii.ac.jp/CAT-ILL/about/system/kui.html
28：http://www.chise.org/
29：https://mojikiban.ipa.go.jp/4144.html
30：https://www.houjin-bangou.nta.go.jp/download/

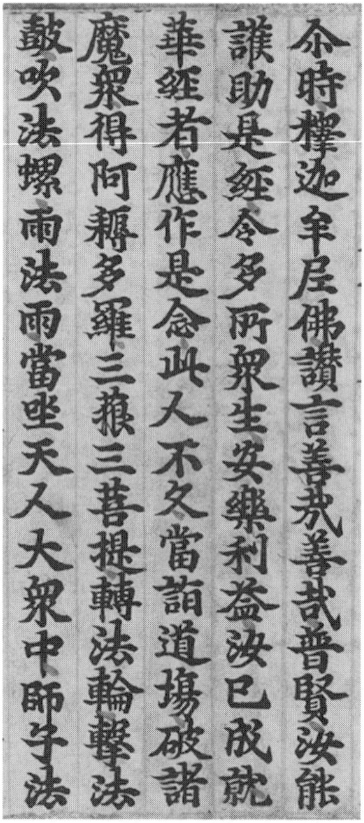
尒時釋迦牟尼佛讚言善哉善哉普賢汝能
護助是經令多所衆生安樂利益汝已成就
華經者應作是念此人不久當詣道場破諸
魔衆得阿耨多羅三藐三菩提轉法輪擊法
鼓吹法螺雨法雨當坐天人大衆中師子法

図6-8　様々な異体字を含む『妙法蓮華経』

ウェアがあり，これを核としてWeb経由で利用可能な全文検索用アプリケーションであるApache SolrやElasticsearchでは，「異体字検索辞書」を用意しておくとそれをみながら検索してくれるようになっている。また，これらに限らず，正規表現検索で異体字を並べて検索できるものがあるので，ニーズに合わせてソフトウェアを選択されたい。

また，異体字の同時検索だけでなく，明示的に単漢字で別々に検索したいというニーズもある。理想的には，同時検索と単漢字検索の両方の機能を提供できるとよいだろうが，その両立はシステムによってコストのかかりかたが変わってくるので，導入予定のシステムに応じて判断するのがよいだろう。

さて，今回の対象資料では，異体字が多く含まれるため，それをよく用いられる漢字と同時に検索できるようにしておくことは重要だろう。ただ，現在使われるどの字形とも異なる字形も少なくない。このような場合に，なるべく資料上の文字と字形を合わせたいのであれば，現在のところ，Glyphwikiでフォントを作成し，Webフォントとしてダウンロードしておくという方法がよいだろう。実際のところ，用いられている文字の種類はそれほど多くはないため，この資料用にフォントを作成してもあまり大きなサイズにはならないだろう。フォントが異なるだけであれば，検索は字形ではなく文字コードの一致で行うため，一般的な異体字同時検索機能が用意されていれば，あとは通常使用する文字で検索すればよいということになる。

6.2.1.4　M4　類語辞書（≒シソーラス）を検索機能に組み込む

　類語辞書も，M3 の異体字検索に近い考え方である。このサービスが提供できれば飛躍的に利便性は高まるが，類語辞書が調達できないことには話は進まない。事業が大きくて長期間にわたるものであれば，類語辞書の構築自体も事業の柱の一つとしてしまうという選択肢も十分に検討の価値がある。とりわけ，オープンライセンスで公開することまで視野にいれれば，文化資料に関わるステイクホルダー全体に対しての貢献度はとても大きなものとなるだろう。

　類語辞書として文化資料関連で有名なのは，Getty Research Institute が作成公開している Getty Vocabularies[31]である。これは芸術関連の様々な用語集であり，世界中の様々な言語の対訳も含めたシソーラスや典拠情報が含まれている。

　類語検索に関しては，やはり上述の Apache Lucene ベースの全文検索エンジンのように類語検索が可能な検索システムがオープンソースソフトウェアとして提供されており，また，類語辞書を参照しながら自動的に類義語も含めた OR 検索の式を作成して問い合わせるような仕組みもそれほど難しいことではない。いずれにしても，システムの規模やデータのアップデート，メンテナンス等の工数を考慮しながら，現況に適したシステムを選択されたい。

　今回の対象資料では，漢文の仏典であるため，漢文の仏教用語の類語辞書を使うことができれば利便性が高まるだろう。この分野では，Digital Dictionary of Buddhism（DDB）という辞書が見出し語と英語での意味のデータを公開しており，その英語の意味のデータを用いて類語辞書のようなものを作成することができるかもしれない。

6.2.1.5　M5　利用者からの個々のデータについての加筆修正等の
　　　　　　フィードバック

　メタデータには間違いがつきものであり，利用者がそれに気がつくこともあるだろう。また，公開機関でつけられなかったメタデータを利用者が付与できる場合もある。利用者の中にはコンテンツについての専門知識を持った人もいるため，そういった利用者が何か貢献したいと思った時に簡単にそれを実現し

31：http://www.getty.edu/research/tools/vocabularies/

てもらえるような仕組みを提供しておくことは、よりよいサービスを提供していくためには必須である。

安定的に運用されている事例としては、国立情報学研究所が運用する論文書誌データベース CiNii において提供されている「同一人物の報告」機能がある。これは、同名であっても同一人物かどうかの確認が難しい、いわゆる著者同定問題について、業務として調査すると情報収集に時間がかかってしまい人件費がかさんでしまう点を解決するための仕組みであり、論文を検索する利用者側が持つ知識を提供してもらうことでコストを下げつつより高度なサービスを提供しようとするものである。この種のシステムの鍵は、利用者側の情報提供のコストを少しでも小さくしつつインセンティブを提供するという点にあるが、この「同一人物の報告」はごく簡単な操作で貢献できるようにすることで利用者側のコストを下げており、提供された情報はそれほど時間をかけずに CiNii 本体に反映されるため、インセンティブもある程度提供できていると言っていいだろう。

情報提供のコストを下げるという点では、Crowd4U[32]で実施されている、マイクロタスク・クラウドソーシングという手法もある。Crowd4U では、作業内容を yes/no 程度のごく簡単な作業にまで落とし込むことで、パソコンやスマホでボタンをクリックしたりスワイプしたりするだけで情報提供できるようにしており、一連のプロジェクトの中には書誌情報の同定や漫画のメタデータ作成等の作業も含まれている。このような仕方も利用者からのフィードバックを受ける上で有益な場合があるだろう。

6.2.2　A2＋A3　デジタル画像の公開

すでに上で見てきたように、画像を公開するなら IIIF に対応しておくことを強く推奨したい。この枠組みに準拠しておくことによって、世界各地で資料を統合的に再編集して活用しようとする動きに取り込んでもらうことができる。逆に言えば、IIIF 対応のツールが今後さらに広まっていった時に、準拠していないと活用のハードルが急に高くなるため、選択肢に入れてもらいにくくな

32：http://crowd4u.org/ja/

るという状況があり得るという側面にも留意しておきたい。それを踏まえた上で，今回の資料のデジタル画像公開について少し検討してみよう。

6.2.2.1　サーバの調達

　公開に際しては，サーバが必要となる。これは，第 1 章にて検討してきたように，自前でハードウェアから調達するか，レンタルサーバにするか，クラウドサービスとして画像公開をしてくれるものを利用するか，といった，いくつかの選択肢があり，予算や体制に応じて様々な選択肢がある。対応できる人材から機器の24時間365日空調まで自前での運営体制が充実しているならば，ハードウェアから調達することも有力な選択肢だろう。さもなければ，ハードウェアのトラブル対応等が困難になる場合があるため，外部のサーバにしておくのが無難である。

　外部のサーバとは，協力関係にある他の部局や組織が提供するサーバを間借りすることから，レンタルサーバのサービスを提供する会社に利用料を払うといったことまでを含んでいる。外部のサーバに依拠することへの不安を感じる場合もあるかもしれないが，近年，たとえば AWS（Amazon Web Service）に見られるように，レンタルサーバはかなり安価になり安定性も高まっている。そこで，日常的な作業や保存に用いるシステムとは別に，公開して良いデータだけを登録した公開用のシステムを構築し，それをレンタルサーバにアップロードするという形にすることを検討されたい。公開用データだけであれば，データ容量が大きすぎてレンタルサーバのディスク使用料が高額になってしまうという事態は避けやすい。そして，レンタルサーバへのアクセスが遅くなったり，急にアクセスできなくなったりしたとしても，データは手元に保全されており，データを用いた作業にもそれほど不都合は生じない。公開用システムのみを別立てできるのであれば，レンタルサーバは有力な選択肢であると言える。

　あるいはまた，Web 公開システムも含めてすべて専門企業等が提供する，いわゆるクラウドサービスや SaaS（Software as a Service）等と呼ばれるサービスを利用する場合もあるだろう。これはサーバの調達という観点から見た場合にはレンタルサーバの利用とほぼ同じだが，システムを自前で構築したり，専門企業等や研究者等に自組織用にカスタマイズして構築してもらったりするような余裕がない場合には，こういったサービスを有料で利用するのが安全であ

る。IIIF 対応にしたいという場合でも，この種のサービスで IIIF 対応が可能なものを提供している専門企業が複数存在しており，やはり有力な選択肢である。

6.2.2.2 公開システムの選択

A1のメタデータの場合とは少し事情は異なるものの，デジタル画像を公開するシステムの選択には様々な観点がある。それほど大規模なものでなければ，元データと画像ファイル等から静的な HTML ファイルを自動生成して Web サーバに載せておくという公開手法は，メタデータ公開の場合と同様に，セキュリティ面での安全性という観点では有力な選択肢である。それが可能ないくつかのケースを除けば，サーバを自前調達するにせよ，外部のものを利用するにせよ，企業等による外部の公開用サービスを採用しないかぎり，公開システムとして何らかのソフトウェアを選択する必要がある。そこで，ここでは，公開用の外部サービスを選択しないケースについて検討してみよう。

(1) CMS の採用

自前でサーバを調達したり，レンタルサーバ等の外部サーバを借りたりして，そこに公開システムを構築しようとする場合には，メタデータと画像を管理するシステムを丸ごと Web サーバに載せてしまって，閲覧権限を資料毎に設定しつつデータそのものを Web 上で操作してしまうという方向性がある。いわゆる CMS（コンテンツ管理システム）を利用するということであり，ここまでに登場してきた Omeka や AtoM，Drupal や MediaWiki 等のオープンソースソフトウェアはそうしたシステムの典型例であり，メタデータとともに画像も扱うことができる。公開した後にデータの修正や追加を行うことが容易であり，Web 上での協働作業を実現する上でも有益である。

ただし，このようなシステムを利用した場合，セキュリティホールが発見されるたびに修正対応のアップデートの作業をしなければならない。近年は，こういったオープンソースソフトウェアでもアップデートが簡単にできるような仕組みの開発に力を入れるものが多く，セキュリティ対応のアップデートはかなり簡単になっているものもある。とはいえ，そのための時間を誰かが確保しなければならず，外注であればその分の人件費を見込む必要があるが，保守契約をしていればその料金の中にそれが含まれることも多いだろう。無料で使え

るオープンソースソフトウェアを利用したとしても，誰かが作業をしなければならず，その分の人件費は必ず必要になる．なお，この種のソフトウェアでは，Omeka classic, Omeka S 等，掲載した画像を IIIF 対応で公開する機能を持つものもあり，IIIF に対応して公開しようとする場合にも比較的手軽に行うことができる．また，企業がこの種のサービスを提供できるパッケージソフトウェアを販売している場合があるが，それも基本的には同様の考え方ということになるだろう．

(2) 独自開発の場合

既存の CMS 等ではこれまで作成してきたデータ形式ではうまく対応できない場合や，あるいは，資料の特性にあわせた利便性の高い公開システムを利用したい場合もある．予算と構築運営体制が十分な場合には，公開システムを独自で開発するという選択肢もあり得る．独自開発とまではいかないまでも，既存のシステムを大幅にカスタマイズする場合も同様の考え方になるだろう．独自開発に関しては，利便性の高いものを低コストに作れるようになるという流れが加速している．ここまで述べてきたことの繰り返しになってしまうのでここは簡潔に触れるにとどめるが，データの標準化が進み，それに対応したツールを作りやすい環境がより充実しつつあるという現状では，メタデータと画像をうまくリンクさせようとした時に，世界中で開発・公開され自由に再利用できるツールを自在に組み合わせた様々な便利なシステムをそれまでとは比較にならないくらい容易に構築できるようになっている．様々な面での標準化が進んだことで，こういったシステムを引き継ぐ際の問題も解消に近づきつつある．

この場合，内製か外注かという違いはより大きな問題となる．内製の場合には，相対的に安価でよりニーズに沿ったシステムを作ることができる．属人性が高まってしまう面は，上述のように標準化が進んだことで大きな問題にはなりにくくなっているが，それでも急に担当者が仕事を離れたりする事態が生じると，まったく問題がないとは言えないだろう．属人性を薄めるためには外注という選択肢も出てくるが，外注の場合，別の問題が生じる．外注先に対して作ってもらいたいものをうまく伝えることが難しいのである．通常は，仕様書を作成してできあがったものの要件を示しておき，それを開発することについて契約を結ぶのである．しかし，作ってもらいたいものは，独自に開発しなけ

ればならないものであるからには，その時点では世間には存在しないものでありながら，対象資料やその利用方法についての前提知識がない人でも理解できるような表現で示されていなければならない。デジタル文化資料の例ではないが，外注に関する近年の有名な失敗例としては，旭川医科大学が病院情報システムをNTT東日本に発注した際，当初の仕様書が詰め切れていなかったために度重なる大量の追加要求が発生し，結果としてシステム導入は頓挫して裁判となり，約14億円の支払いを発注者である旭川医科大学が命じられることになったというものがある。いくら受注した企業の能力が優れていても，発注側がきちんと仕様書を用意できなければ良いシステムを手にすることはできず，しかも，仕様書の不備について発注者側の責任が問われる場合があることが改めて明確になった事案であった。文化資料の場合にはこのような高額に達する案件はなかなかないが，考え方としては大いに参考にすべき点がある。成功の鍵は，仕様書を読んで開発する側だけでなく，それを書く側にも多くを負っていると考えるべきだろう。

　こういった開発発注の仕方はウォーターフォール型開発と呼ばれるが，その問題点を解決するものとして近年採用が広がっているのがアジャイル型の開発体制，つまり，厳密な仕様を定めずに仕様や設計の変更があることを前提として1〜4週間くらいの短期間で小さな単位の開発を繰り返しつつ全体を進めていくという方法である。内製の場合にはまさにこのような形になるが，開発を外注する場合にも，保守契約の一環と見做すなど，発注の仕方を工夫することで実現可能な場合がある。アジャイル型の場合，途中経過を見ながら適宜当初案からの修正を加えていくこともできるため，発注時点で目指しているものを的確に表現できていなくても，最終的には目的に限りなく近いシステムを構築することができる可能性が高まる。たとえばディープラーニングで何かを分析できる仕組みを提供したいと思ったら，ディープラーニングの結果を見ながらどういうサービスが展開可能かを検討し調整することも可能だろう。あるいは自前で翻刻テキストを提供する予定だったが諸般の事情により困難になったので，代わりに，アメリカ国立公文書記録管理局（NARA）のようにクラウドソーシング翻刻機能をつけて[33]閲覧者が翻刻もできるようにしたくなるということもあるだろう。機能の追加も予算次第ということになるが，期待するものを

仕様書作成の時点で受注者側に適切に理解できるような形で明確に書き起こすことが難しい場合はアジャイル型開発の発注を検討する価値は大いにある。

(3) 既存の商用サービスを利用する場合

これに関しては，すでに何度も述べてきたように，サービス導入・運用における公開者側の手間が小さくて済むことが最大のメリットである。考え方としては，個々の組織・サイトでそれぞれやらなければならないハードウェア障害対策やセキュリティ対策等に企業が一括して対応してくれるため，ある程度合理的にコストを下げられることになるはずである。そして，すでに稼働しているサービスを利用することになるため，デジタル化資料の提供方法についての検討も比較的しやすく，仕様書の書き方もずいぶん楽になるだろう。手軽に使えるサービスとしては，IIIF 対応で公開したければ IIIF hosting[34]というものがあり，国内企業でも同様のサービスを提供してくれるところはある。クラウドソーシング翻刻を行いたい場合にも商用サービスがいくつか提供されており，たとえば FromThePage[35]というサイトでは，1プロジェクト1万ページまで月々80ドルで利用できるようになっている。ただし，あくまでも商用サービスの範囲でしか活動を展開することができず，利便性を高めるための工夫に関する自由度はやや下がってしまう。また，商用サービスは終了してしまう場合もあるため，それに備えた対応策が必要であることも念頭においた方がよいだろう。

6.2.2.3 持続可能なアクセスのために

デジタル化資料の画像を公開することは，他のサイトや論文等から参照されることが目的の一つであり，実際にそのように利用される場面は少なくない。他から参照されるコンテンツは持続的にアクセスできるようにする必要があり，そのためには URL が変更されない方が望ましい。このために DOI が有用であるという話は第4章の「URL の維持」で述べたとおりである。DOI を付与するためには，日本国内ではジャパンリンクセンター（JaLC）[36]に加盟するのが

33：https://www.archives.gov/citizen-archivist
34：http://www.iiifhosting.com/
35：https://fromthepage.com/
36：https://japanlinkcenter.org/top/

早道だが，関連組織がすでに JaLC 等に加盟して DOI を提供する枠組みを用意している場合もあるので，一応確認してみるとよいだろう。

DOI 以外のアプローチとして，近年，P2P ネットワーク上でハッシュ値を用いてコンテンツをユニークに同定して共有できるようにする IPFS[37]という取り組みが始まりつつある。この種の仕組みでは，コンテンツの運用に誰も責任を持てなくなった状態でもコンテンツの ID を維持したまま利用できるため，DOI の利用が困難であったり，利用開始後に困難になってしまった場合にも有効であると考えられるが，本稿執筆時点では本格的に採用するにはやや早計であり，当面はその動向を注視しておくのがよいだろう。

6.2.2.4 今回の資料では

公開システムの選択という局面においては，今回対象となっている巻子資料画像がどれに適しているかということはそれほど大きな問題ではない。テクストをアノテーションとして表示したりテクスト検索と同期させたり，あるいは RTI 技術を用いて金銀箔の光の反射具合を確認できるようにしたりする等，敢えて資料に特化した何らかの公開の仕方を工夫するということであれば独自開発ということになるが，そうでないかぎり，何らかのシステムで IIIF 対応での公開をしておけば十分だろう。ここでは分割撮影を行っているため，公開の際には，そのまま分割画像で公開するか，いったん全部つないで一つの巻物の画像にしてから公開するか，という二つの選択肢がある。後者の方が後々楽に使用することはできるが，分割画像であっても，IIIF 対応画像として公開する場合，IIIF Manifest ファイルの作成方法を工夫することで，Mirador 等の IIIF ビューワ上でつないだ状態にすることも可能である。

6.2.3 A4 画像アノテーション

画像にアノテーションをつけることのメリットの大きさに気づいたとき，できることならつけておきたいと思う人は多いだろう。これは，単に画像に何らかの説明書きをつけてわかりやすくするだけでなく，アノテーション中のテクストデータを検索して閲覧したい画像をピンポイントで表示したり，あるいは，

37：https://ipfs.io/

翻刻したテキストデータがアノテーションとして付与されていれば全文検索のように利用したりすることもできる。仏画に詳しい解説タグがついてその検索も可能な SAT 図像 DB では，IIIF に対応したデータ形式で公開しているために，アノテーション表示にも対応可能なオープンソースの Web 画像表示システムである Mirador を利用することで新たなシステム開発を行う必要がなく，表示システムに関するコストをかけずに画像中の図像に付与されたアノテーションを表示させている。あるいは，貼物資料の個々のアイテムが注釈されている電子展示『捃拾帖』[38]では，IIIF Curation Viewer を利用することで，特別な開発コストをかけずに IIIF 対応画像を切り出して表示する仕組みを提供している。こういった機能は，かつては専用ソフトウェアの開発かやや高価なソフトウェアの購入が必要だったが，IIIF の発展に伴って開発公開されている IIIF 対応ビューワがそういった機能を提供するようになり，結果として，データの作成にコストをかけさえすれば公開のためのコストはあまりかからないようになっているのである。

今回の資料の場合には，もしテキストデータが用意されているなら，そのテキストを画像に対するアノテーションという形で表示できるだろう。あるいは，そこまでできないとしても，たとえば訓点等に関心を持ちそうな利用者を想定して訓点だけはアノテーションをつけておくという手もあるかもしれない。また，装飾部分を説明するため，あるいは，装飾部分を一部切り出して説明を加えるために IIIF でのアノテーションをつけて表示するという方法もあるだろう。テキストデータとのリンクの仕方については次項にて検討したい。

6.2.4　A5　テキストデータの公開

テキストデータの公開は，古典籍・古文書等をデジタル化公開した際に発見性・利便性を高めるための重要な鍵である。作成にかかるコストについてはすでに見てきたので，ここではテキストデータが何らかの形で作成されているという前提でその公開について検討してみよう。

38：https://kunshujo.dl.itc.u-tokyo.ac.jp/

6.2.4.1 全文検索

　テクストデータのわかりやすい利便性と言えば，全文検索だろう。データ量があまり多くなければ，サーバに置いたテクストファイルを簡単なプログラムで文字列一致検索を行って結果を表示させるだけでも十分に機能する。ファイル数が多くなってきた場合や正規表現検索を比較的安全に提供したい場合などには全文検索用のソフトウェアの導入が検討の俎上に上がってくる。

　全文検索用のソフトウェアの選択は，データの持ち方によって変わってくる。Web 上でよく見られるものには，何らかのデータベースにデータを格納した上で全文検索用ライブラリ等を利用して高速な全文検索を提供するものと，全文検索用ソフトウェアを利用するものとがある。前者には，PostgreSQL や MySQL 等のリレーショナルデータベースや，eXist 等の XML データベース，MongoDB 等の NoSQL データベースと呼ばれるもの等がある。データをなんらかの構造で保存しつつ高速な全文検索を提供したい場合は，こういったデータベースに全文検索ライブラリを組み合わせて検索インデックスを作成することになる。データベースの種類によってかなり違いが出てくる上に運用コストはそれなりにかかってしまうものの，データ作成において定義した構造を保持したままで運用ができることになるため，維持運用に関わる手間を低減できる場合がある。

　一方，後者の場合には，複雑なデータ構造を維持するのは得意ではないものの，検索の高速さと堅牢性に加えて検索手法の多様さには特筆すべきものがある。テクストデータを文書単位で登録すると検索インデックスが作成され，単なる全文検索だけでなく正規表現検索等の便利な検索機能も使えるようになっているものもある。ただし，必ずしもその便利な機能群のすべてを自らのサービス上で提供する必要はなく，セキュリティの観点からある程度限定した方がいい場合もある。また，この場合，データの構造は別のデータベース等に保持しておいた方がよい場合もあり，データベースと全文検索エンジンとの間での同期の仕方や片方がバージョンアップした時の互換性への対応など，利便性と引き換えに運用コストがやや高くなることもある。フリーソフトウェアの多言語対応全文検索エンジンとしては前出の Apache Solr や Elasticsearch 等が広く利用されており機能も充実している。いずれも JAVA で書かれたものであ

りローカルコンピュータでも動作可能であるということも構築や運用の仕方によってはメリットになるだろう。

6.2.4.2 画像とのリンク

テクストデータを検索した後，画像とリンクさせることができたなら，利便性は一層高まるだろう。実際の版面上の字面・字形を確認できることは，特に資料を専門的に扱う人にとってはとても有益であり，そこから何か新しいことが発見されたなら，そのデジタル化資料の存在価値を高めることにもなるだろう。画像とのリンクの方法には，TEI 準拠でデータを作成したものを適宜変換して画像と紐づけられるようにすることがもっとも無難である。これまでに書いてきたように，TEI 形式はテクストデータとしての情報付与をより深く豊富にできるようになっていることもあり，データとしての持続可能性を比較的うまく確保することができるからである。そして，TEI 準拠で画像とテクストをリンクさせるデータの形式は，IIIF Presentation API に準拠した形に変換しておくことで，IIIF で公開された画像上にアノテーションとして表示したり該当位置を表示したりすることも可能である。

画像とのリンクのさせ方については，いくつかの方法がある。一つは，Oxygen XML Editor に付属する画像リンク用プラグインである。これに IIIF Image API の URL で指定した画像を表示させると，IIIF Presentation API の Annotation にも対応可能な形で画像の任意の領域へのアノテーションとしてテクストデータを記述することができる。あるいは，IIIF 対応ソリューションの中に，Omeka IIIF Toolkit をはじめとするいくつかの画像アノテーション用のソフトウェアがあるので，それらを利用するのも有力な選択肢である。この場合，IIIF Annotation としてテクストを付けることができてしまうので，公開までの手順は比較的低コストで実行可能である。ただし，IIIF Annotation として付与されたテクストデータを他で利用しようとすると，アノテーションの順番が自明ではないために一続きのテクストとして扱うことが難しくなってしまう。そこで，アノテーションの順番を自明にしておくために別の形式で保存しておくことが安全であり後々利用しやすい。そのためには，若干の手動の余地が必要になるものの，TEI 形式に変換して保存しておくのが有用である。あるいは，テクストデータと画像の位置合わせにコストをかけることが

できない場合でも、テキストデータが何ページの何行目か、ということがわかっていれば、行の位置を推測して、だいたい同じ位置を拡大表示させるということも少しのプログラミングで可能である[39]。この場合、正確な位置合わせはできないこともあるが、それでも、ただ画像が表示されるだけであるよりは、利便性がかなり高まることだろう。さらに、システム開発に多少のコストをかけられる場合には、画像中の文字列の位置を自動認識させてからそこに行数を合わせて表示させる仕組みを用意するという手もある。なお、ここで、自動認識したデータの場合、「テキストデータの行数と自動認識した文字列領域の行数」を比較することであからさまなエラーを検出することは可能である。そこで、そのデータを保存した上で、エラー検出した箇所を人力で修正を行う労力をかけることが可能であれば、人手をそれほどかけずにそれなりに正確な位置合わせができるだろう。また、この作業はエラーチェックが比較的容易であるため、クラウドソーシングとして利用者に委ねることも検討するとよいかもしれない。

6.2.4.3　各種外部データとのリンクを表示に活かす／地図年表など

　テキストデータの公開にあたっては、自ら作成したデータを公開するだけでなく、外部の様々なデータとリンクすることで利便性を高めることが可能である。

　まず、辞書引き機能や関連文献の書誌情報を検索する機能を付加することが考えられる。テキスト中で辞書が必要そうな語について辞書の内容を用意したり、テキストに関連する文献の書誌情報のデータを用意しておければ、それを適当な位置に表示できるようにするだけでも十分に有益なことが多いだろうが、そういったデータを用意できていない場合にも、いくつかの方法がある。一つは、利用者がテキスト中の単語をドラッグして選択したりした際に、それをキーとして検索をかけて結果表示するというものである。辞書であれば見出し語、文献であればその書誌情報が検索結果としてリストされるだけでも有用性は高いだろう。無料で利用可能な電子辞書があれば、意味も含めて表示することが可能だが、有料の場合でも、見出し語のみをリストしてそこから有料Web電

39：この機能はSAT大蔵経テキストデータベース2018版のページ画像表示で用いられている。

子辞書にリンクできるようにするという方法もある．書誌情報は，論文であればPDFや電子ジャーナルへのリンク，販売中の図書であれば書籍販売サイトの当該書籍のURLにジャンプできるようになっているとさらに便利である．あるいは，単語一つではなく複数単語を含むフレーズや文が検索対象として指定されて辞書検索が行われた場合には，何らかの方法で単語に分割してそれぞれの見出し語をリスト表示するという方法もある．あるいはまた，一つの資料や一つの章における重要語を自動的に抽出して，その単語で文献書誌情報を検索して，関連のありそうな文献としてリスト表示するのも一定の有用性はあるかもしれない．固有名詞の自動抽出はこの場面でも有用な場合があるだろう．現在の自然言語処理技術を用いると様々な工夫が可能であり，手作業を支援することもできれば，手作業を代替することもある程度は可能である．技術的なハードルも非常に下がっており，そういった技術の利用にかけられるコストがあるならば取り組んでみることをぜひ検討されたい．

　一方，前節にて見てきたように，人名・地名・年号・関連文献などの情報をマークアップなどの方法で付与しておくことができたなら，それを外部情報とリンクすることによって利便性を高めることができる．VIAFやCiNiiのようにAPIを提供しているものもあれば，歴史地名データのように再利用可能なオープンデータとして提供されているものもある．APIで提供されているものであれば，動的にサイトに組み込むことができるため，利用者の多様なニーズに対応しやすくなるだろう．特に，Linked Open Dataの形式で公開されている場合には，より高度な連携が可能になる場合もあるので連携先の状況はよく確認しておくとよい．ただ，相手先のサーバがダウンしている時はこちらのサービスも使えなくなってしまうため，それを見越した設計にしておく必要もある．あるいは，再利用可能なオープンデータの場合には，データを自分のシステムに組み込んでしまうこともできるため，活用の自由度は高く，連携相手のサーバの状況を気にする必要もない．ただし，依拠したデータの内容が配布元で更新され改良された場合などに早急かつ柔軟に対応できるようにしておかないと，いつのまにかデータが古くなっていたり，誤りを含むデータをいつまでも使うことになってしまったりする場合もある．いずれにしても一長一短であり，また，こういった連携サービスにおいてはこのようにして運用体制も見

越しつつ設計を検討する必要がある．

6.2.5　A6　付帯情報の公開

　テクストデータの付帯情報として，前項では同じテクストの異なる写本・版本の異同箇所と訓点情報を取り上げた．これらの情報を公開するにあたっては，テクストデータに対する付帯情報としては，TEI準拠で記述されているのであれば，それを処理して表示するプログラムを作成すれば事足りる．特に，異本のテクスト同士の異同情報であれば，Versioning MachineのようなTEI対応ツールの利用を選択肢に入れてみてもいいだろう．検索についても，単に本文データが全文検索できるだけでなく，Versioning Machineのような手法で再構築された異本のテクストごとに全文検索ができるようになっているとなお便利だろう．また，このような構造化されたデータをWebで使いやすい形に変換して表示することについては，近年は様々な便利な開発ツールが提供されており，内製にせよ外注にせよ，できあがったもののイメージをきちんと明確にできるなら，利便性の高い視覚化ツールを独自に開発し提供することもそれほど難しいことではなくなってきている．一方，この種の付帯情報に対応する箇所の画像も含めてまとめてデータを公開する場合は，今のところ汎用的なツールは存在しないため，自力開発ということになるだろう．とはいえ，IIIFやTEIガイドラインといった標準的なルールに基づいて作られたデータであれば，それに対応するシステムを開発することにはそれほど大きな困難はないだろう．この場合も，できあがったものの明確なイメージを作っておくことは重要である．

　漢文における訓点情報等については，漢文本文から見ると付帯情報だが，読み手の解釈という観点では一つのテクストとみなす立場を取り得ることから，両方のテクストを検索・表示できるようになっていることが期待される．これに関しては，記述方法も含めて現在検討が進められているところであり，今すぐに取り組むとしたらやや挑戦的な仕事になるだろう．コストは大きくなってしまうものの，成果の研究発表や規格策定といったことに何らかの意義を見いだせる状況であれば，むしろ取り組む価値は大きい．

6.3 まとめ

　ここまで，デジタル化を行って公開をするということについて，実際の資料を手がかりとしつつ見てきた。特定の資料を挙げたことで，扱いきれずに漏れてしまった課題も多かったが，ここでは，読者の方々がそれぞれに自らの扱う資料群に引きつけて検討していただけたら幸いである。また，筆者の知見不足もあり，資料自身が持つ面白さをデジタル化の描写に十分に反映できなかった点はご容赦いただきたい。

第7章
評価の問題

　デジタル化資料作成・データベース構築とその公開に関わる一連の活動とその成果物は，日本では「デジタルアーカイブ」という言葉でくくられることが多い。とりわけ，この種の活動を評価する文脈においてはその傾向が強い。現在日本で広く用いられているデジタルアーカイブという言葉は1994年頃に月尾嘉男東京大学教授（当時）が提唱したものに端を発しているとされる。博物館，美術館，公文書館や図書館の収蔵品をはじめ有形・無形の文化資源等をデジタル化して保存・公開等を行うシステムを指しており，近年取り組みが進められる各種文化機関の連携のための一つの出口としても大きな役割を果たしつつある[1]。さらに，2017年に設立されたデジタルアーカイブ学会の設立趣旨[2]においては，21世紀日本のデジタル知識基盤の構築に向けた産官学と市民の連携がテーマとして掲げられており，その活動の広がりとともに，デジタルアーカイブという呼称がデジタル知識基盤全般をも指すものへと拡張していく可能性をも感じさせる。ISAD（G）等に沿って文書管理を行う「アーカイブズ」と言葉としては似通っており，また，根本的には通じるものがあると考えられるが，現

1： 筆者はかつて「「デジタルアーカイブ」という和製の概念はMALUI（Museum, Archives, Library, University, and Industry）をはじめとする各種文化関連機関（の資料）をデジタル情報基盤で連携させるための枠組みである」としてはどうかと提起したことがある。それについての議論は以下のURLを参照されたい。
https://www.facebook.com/nagasaki.kiyonori/posts/2326898814038940
　なお，「デジタルアーカイブ」概念については，古賀崇「「デジタル・アーカイブ」の多様化をめぐる動向：日本と海外の概念を比較して」『アート・ドキュメンテーション研究』24号,2017年3月，pp.70-84.（https://opac.tenri-u.ac.jp/opac/repository/metadata/4389/）が執筆時点までの国内外の状況をよくまとめているので併せて参照されたい。

2： http://digitalarchivejapan.org/about/shuisho

代においては実態として異なるものである[3]。本書では，課題をなるべく明確にするためにデジタルアーカイブというこの包括的な言葉をここまであまり用いてこなかったものの，この章で扱う評価の問題はデジタルアーカイブに対する評価におけるそれとほぼ軌を一にしているため，ここではデジタルアーカイブに対する評価の問題として検討する。

　本来，大切な文化資料を残すべきかどうかについて議論が発生すること自体がおかしいという声を聞くこともある。しかしながら，公共に関わる予算が全体的に縮減していくなかでは，文化資料に関する事柄も予算縮減の対象として検討されることは致し方ないと考えざるを得ない。そこで，予算縮減を少しでも避けるためには，何らかの形でわかりやすい評価指標を用意しておくことが有効な場合があるだろう。そこで，ここでは主に二つの理由に着目してみたい。一つは，それを通じてより良い（ここでは「何らかの観点から効果的」という程度の意味で捉えていただきたい）デジタル化・より良い公開や共有の仕方を実現しようとするためである。そして，もう一つは，デジタルアーカイブを継続的に公開し続けていくにあたっての予算と人材を確保するためである。

　より良いデジタル化とより良い公開の仕方を目指すにあたっては，日進月歩のデジタル技術に関して，きちんと新しい状況に対応していっているかどうかを確認し共有できるようにしておくことは重要である。たとえば，CD-ROMやDVD-ROMでデジタル資料を共有していた時代にWebが普及してきたなら，必要に応じてWebに対応できているかどうかという評価は必要になるが，一方で，Webに対応すべきなのかどうか再考が必要とされる状況や，むしろ，対応しないことを評価すべき場面もあるだろう。Webが色々な面で高機能になってきたのはごく最近のことであり，それでもWebを使わない選択肢も局所的にはいまだに有効である。それを適切に評価することは，合目的的なデジタル化公開を実現する上で有益なことであり，デジタル化公開をより良くしておくことに大きく資するだろう。あるいはまた，高精細デジタル撮影が広まってきたらそれにあわせたIT環境全体のアップデートが必要になり，それに対応できているかどうかも評価の対象になることがあるだろう。

3：ただし，「デジタルアーカイブ」をアーカイブズをデジタル化する行為やその成果物を指す言葉として用いる場合もある。

デジタルアーカイブを継続的に公開し続けていくための予算と人材の確保に際しての評価の重要性は言うまでもないだろう。文化資料関連の予算が縮減していくなかで，デジタル化に際しては比較的大きな予算がつけられる場合もある。しかし，継続的な公開までも実現する場合には，その後にも継続的な予算の支出が必要になる。そこで予算を拠出するに値するかどうかを判断するにあたって手がかりにするとしたら，その対象の評価，つまり，デジタル化されたものをどう評価するか，ということにならざるを得ない。そして，人材確保ということを考えて見た場合にも，その仕事にポストを用意する価値があるのかどうか，という観点からの評価がなければ，ポストが用意されることはきわめて難しい。あるいは逆に，誰かがそれを生業としようとするなら，自分の仕事がどう評価され得るかという指標はあった方が望ましい。そして，そもそもそういった活動が全体としてどう評価されるか，ということも，それを生業にするにあたってのインセンティブとしては欠かせないだろう。

このようなことから，デジタル化されたものに対する評価を行えるようにすることは，文化資料のデジタル化にあたっては避けて通れないものであるように思われる。しかし一方で，デジタル技術に関わる事柄の評価には，デジタル技術自身の性質に起因する困難さがあり，その点についての注意も必要である。というのは，デジタル技術の進歩が速すぎて，デジタルアーカイブが完成した時点ですでに陳腐化したり廃れてしまっていたりする可能性，あるいは逆に，先を見越して導入したはずの技術が十分に普及していなかったりする可能性があるからである。そのようなことから，特にデジタルアーカイブにおける技術的な側面を評価しようとする場合，対象となるのは技術予測が適切だったかどうか，という結果論になってしまいかねない。そして，その技術もまた，多くの場合，近い将来には陳腐化せざるを得ない。たとえば，高精細画像の拡大縮小を伴う表示機能等にもよく使われた Adobe Flash（旧 Macromedia Flash）は，つい最近までは正確なレイアウトに基づくインタラクティブで見やすいコンテンツを提供するにはうってつけの規格であった。特定メーカーの閉じた技術であったことからその将来性を危惧する人はいたものの，作成者・利用者双方にとって適切なコストで対応できる代替ソリューションがないことには，Flash を選ばないという選択肢がやや難しいという状況は決して短い期間ではなかっ

た。本稿執筆時点でFlashを選ぶとなれば，さすがに問題視されざるを得ないが，もし現時点ですでにFlashで実装してしまっているコンテンツを評価するなら，企画立案時点での状況も勘案する必要があるだろう。そのような状況に鑑みるなら，技術面についての適切な評価とは，今，見えている状況だけを対象とするわけにはいかず，むしろ，様々な要素を加味して考慮することにならざるを得ないだろう。

　また，これに付随して，評価する側にとっての難しさという問題もある。評価は，評価する側が対象についての十分な知識を持っている必要があり，さらに，その評価に基づいて何かを判断しようとする人にとって理解できるような評価内容でなければ十分な意味を成さない。その観点からみると，たとえば紙媒体で刊行された書籍や雑誌等の場合なら，そのような状況はその媒体の歴史とともに相当程度解消されてきており，評価についての有効性は十分に確保できるように思われる。しかし，デジタルアーカイブの場合，上述のように，技術が日進月歩であり，その時々の技術の状況や普及度などが企画立案においても公開後の使い勝手においても大きな鍵となることから，評価者が評価に際して前提とすべき情報はかなり広範なものとならざるを得ない。たとえば，上記の例で言うなら，Flashの採用を決めた時点ではその判断は妥当だったのかどうか，代替手段がどれくらい広まっていて，そのコストはどれくらいだったのか，ということについての知識がなければ適切な評価は難しい。そして，現時点でそのFlashコンテンツをどのように評価し得るのか，ということになれば，（すでにFlashコンテンツを作り直すことは現実的でない場合が多いため），その使い勝手はどれくらいか，そして，コンテンツが本来持つ特性がどれくらいうまく表現できており，想定ユーザ層に対してどの程度要望をうまく満たしたコンテンツ提供ができているか，といった判断も必要になるが，そのためには，コンテンツについての知識もある程度あった方が望ましい。評価する側が前提とする知識が広範になってしまわざるを得ないのであれば，必要な範囲をカバーできる複数分野の評価者によるグループを作ることも必要になるだろう。

　一方で，デジタルアーカイブの評価と言えば，アクセス数が話題になりがちである。しかし，アクセス数で何かを判定しようとするのは，本来長い時間の

なかで考えるべき文化資料の価値を短期間で判定してしまい，結果的にその価値を失わせてしまうことにもなってしまいかねない。蓄積された文化資料は，蓄積する人・組織にとってはコレクションの中の一つの資料であるに過ぎないとしても，ある日，それに何らかの意味を見出した誰かに発見されることによって，大きな価値を持つことがある。NDLデジコレ（国立国会図書館デジタルコレクション）で公開されているデジタル化書籍の挿絵が時々取り上げられてネットで大きな話題になったりするのは，そういった活用のされ方のささやかな例とみることができるだろう。たとえば，『エビの世界』[4]は，2016年6月12日にツィートされたところ，その表紙絵の面白さから，http://altmetrics.ceek.jp/article/dl.ndl.go.jp/info:ndljp/pid/1169321によれば，4,923のツイッターユーザから5,026回投稿され，2,648の「いいね」をつけられたとのことである。

　あるいは，単独ではそれほど有益でなかったとしても，ある程度の量になったときにはじめてなんらかの文脈が見出され，耳目を集めるサービスや創作に結びついたり研究成果になったりすることがある。たとえば，百鬼夜行絵巻は写本によって順番や内容が異なると言われてきたが，複数の機関からそれぞれにWebで様々な写本が公開されたことによって，その妖怪の群れの様々な伝承のされ方を一般の人でも実際にみて比較することができるようになった。そして，国際日本文化研究センターでは，百鬼夜行絵巻も含め，様々な日本の古い資料からたくさんの妖怪の画像を切り出したデータベースを構築・公開することで，多様な日本の妖怪を誰もが楽しめるようにしている。あるいは，国立国語研究所が構築した現代日本語1億語超を含む『現代日本語書き言葉均衡コーパス』（BCCWJ）によって生み出された多くの研究成果[5]は，デジタルアーカイブで蓄積するような文化資料とは若干趣が異なるものの，個々の採取対象の文章としては特に注目されなくとも大量に情報が蓄積されたことによって新しいことがわかるようになる事例の典型と言っていいだろう。

　このようにして見て来ると，デジタルアーカイブは，毎日相当数のアクセスがあることを要求すべきものではなく，むしろ，いつか，価値を見出され，注目を浴びたときに対応できるようにしておくことが重要であると考えるべきだ

4：http://dl.ndl.go.jp/info:ndljp/pid/1169321
5：http://pj.ninjal.ac.jp/corpus_center/bccwj/list.html

ろう。そして，クリエイターや研究者など，情報発信力の強い人やコンテンツの利用・活用を専門にする人たちにうまく見つけてもらえるようにしておくことが重要になるだろう。

また，ネット上で直接コンテンツが活用されたことについては，上記のようにしてアクセスログやその他の様々なログで活用状況をある程度確認して，それを評価の俎上に載せることも可能だが，本や論文への引用やパンフレットでの活用，あるいは新聞やテレビ等での紹介など，ネット以外の媒体で活用される例も少なくなく，さらには，再配布可能なコンテンツの場合には，別のサイトで公開されることもある。いずれの場合にも公開者側からは活用状況の確認が難しく，評価の俎上に載せることもやや難しくなってしまう。そのような場合には，利用する側が意識して何らかの手立てをとるなどして，活用状況が公開者側にも確認できるようになっていることが望ましい。

さて，そろそろ評価の件に戻ろう。このような利用のされ方をすることがデジタルアーカイブの典型例であるとするなら，デジタルアーカイブの評価において重要になるのは，現在のアクセス数というよりも，むしろ，将来の利用者のための準備ができているかどうか，ということになるだろう。つまり，興味を持ってくれるかもしれない利用者に対して発見性を高めるための工夫がどのように行われているのか，実際に利用された場合に，どのようにそれをうまく把捉できるようにしているか，といった点に着目した評価がなされるべきだろう。

ここまでは，どちらかと言えば，利用・活用状況を対象とした評価について述べてきており，デジタル化作業や保管・保存の仕方そのものについてはあまり触れていない。実際のところ，デジタル化情報の長期保存に関する評価については，OAIS参照モデルが用意されており，ISO 14721: 2012として公表されている。また，利活用も含めた評価に関しては，米国現代語学文学協会（MLA）やアメリカ歴史協会（AHA）の評価ガイドライン[6]が参考になるだろう。それらを参照しつつ，日本のデジタルアーカイブの状況に配慮した，評価のためのガイドラインを試作してみたのが以下のものである。ご参考になれば幸いであ

6：https://www.jadh.org/guidelines-for-the-evaluation-of-digital-scholarship-in-history

る。

デジタルアーカイブの評価に関するガイドライン（案）

　我国におけるデジタルアーカイブの評価についての議論は，原稿執筆時点では，徐々に始まりつつあるように思われるものの，評価の方針も含めてまだ確立したと言える状況ではない。それゆえ，かかったコストに対する便益を確認することができず，結果として，デジタルアーカイブへの取組みがうまく展開されないという状況になっている面がある。かかる状況を解決すべく，ここでは，デジタルアーカイブの評価に関するガイドラインを提案する。

　デジタルアーカイブの評価には，その主体や目的，利用者に応じて様々な観点があり得ることから，共通の数値目標といったものを定めることは適切ではない。したがって，ここで提示するガイドラインは，数値目標やその他の指標を定めるに至るための基礎となる考え方であると理解されたい。

1．デジタルアーカイブによってもたらされる機会や課題に対してどのように対応しているのか。

　1.1　デジタルアーカイブでなければできないことをどれくらい実施しているか

　1.2　上記以外にデジタルアーカイブのメリットをどのように活かせているか

　1.3　デジタルアーカイブがもたらす問題点についてどう対処しているか。

2．採用や昇進，その他審査の対象としてデジタルアーカイブの成果に評価を与えることをどのように計画しているか。

　2.1　デジタルアーカイブの構築に関わることについての評価基準はどうか

　2.2　デジタルアーカイブの運営に関わることについての評価基準はどうか

2.3　デジタルアーカイブの改良に関わることについての評価基準はどうか
　2.4　デジタルアーカイブの利活用に関わることについての評価基準はどうか
3．自らのデジタルアーカイブを普及させ，維持し，そして保存するということについてどのような計画を持っているか。
　3.1　デジタルアーカイブの普及のための計画はどうか
　3.2　デジタルアーカイブを維持するための計画はどうか
　3.3　デジタルアーカイブを保存するための計画はどうか
　3.4　特に，こうした活動を職掌に含むポストを用意しているかどうか
4．自らのデジタルアーカイブの目標を達成するためのデジタル技術・規格と，その仕事に担当部門がかける各種コストについて，適切に説明できているかどうか。
　4.1　採用したデジタル技術・規格の目標に対しての適切さはどうか
　4.2　かかっているコストの目標に対しての適切さはどうか

第8章
研究者の取り組みへの評価の問題

　この種の事柄に研究者が取り組むことになる場合も少なくないだろう。研究助成金の申請書や計画書に，成果をデータベース化して公開すると書くような例は枚挙に暇がない。そうでなくとも，デジタルでデータを保管・公開することで，自分の作業効率を高めたり，さらには成果を公開して広く共有し学界に貢献したいと思うのは研究者として自然な考え方の一つだろう。しかしながら，この場合にも，評価の問題はついてまわる。研究者の場合，個人として成果を評価される場合も多く，前章で扱ったような評価とはまた違った尺度も求められることになる。より具体的に言うなら，デジタル技術に関わったことが何らかの成果として評価されないことにはキャリアを続けていくことが困難になってしまう可能性がある。このことは，日本に限らず世界中で課題になってきていることであり，それゆえに世界中で様々な取り組みが行われてきており，国際的な枠組みとしてもすでに広く展開されている。すなわち，この種の取り組みを研究として捉え，それまでの取り組みの歴史の中に位置づけ，記述し，検討し，さらに新しい提案をする，あるいは，その意義を検討する，ということが一つの学術活動として，しかし，デジタル技術研究そのものでもなければ史資料研究そのものでもない，両者の学際的な領域として取り組まれてきているのである。さらに注目すべきことには，前章で触れたように，北米ではデジタル関係の学会だけでなく文学や歴史学の学会もまたデジタルに関する仕事の評価に積極的に取り組んでいるという状況である。

　日本では，情報処理学会において1989年に設立された「人文科学とコンピュータ」研究会がこれに継続して取り組んできており，年間数回の査読のない研究会で間口の広い発表の場を提供し，毎年冬には査読付きシンポジウムも開催

し，このところは隔年で情報処理学会論文誌に研究会特集号も設けるようになっている。情報処理学会の傘下ではあるものの，人文学においてどのように情報技術が有効活用されているかということにも議論の重心があり，一方で，情報技術が人文学をどのように発展させ得るかということについての野心的な研究発表も行われている。これ以外にも，情報知識学会，アート・ドキュメンテーション学会，人文系データベース協議会等の各種研究集会ではこの種の研究発表が行われてきており，近年は社会制度についての議論をも視野に入れたデジタルアーカイブ学会が設立され，さらに議論の幅が広がってきている。

海外では，1973年にキングス・カレッジ・ロンドンで設立されたALLC (Association for Literary and Linguistic Computing, 現在はEADH European Assocation for Digital Humanitiesという名称になっている)[1]が，米国では1978年にACH (Association for Computers and the Humanities)[2]が設立され，1989年からは両者による年次合同カンファレンス（第1回はカナダ・トロント大学）が開催されてきている。この協働の取り組みが発展する形で，ADHO（国際デジタル・ヒューマニティーズ学会連合，Alliance of Digital Humanities Organizations)[3]が設立され，2006年にはこの名前を冠した総会がパリで開催され，以後，毎年世界各地で年次総会が開催されてきている。日本でも日本デジタル・ヒューマニティーズ学会 (JADH)[4]が設立され，2012年にはADHOに加盟している。ADHOの年次総会に加えて，JADH，TADH（台湾），ACH（米国），CSDH（カナダ），aaDH（オーストラリア圏），EADH（欧州），EADH傘下の各言語圏・地域圏の学会など，世界各地で様々な学会・研究会が開催されており，日本でもJADHが国際年次学術大会を開催し，研究のみならず日本と世界各地のこの領域の研究者との交流の場にもなっている。論文誌としてはADHOがオックスフォード大学出版局からDigital Scholarship in the Humanities (DSH)[5]を刊行している他，各地・各言語圏の学会がオープンアクセスのものも含む論文誌[6]を刊行しており，

---

1 : https://eadh.org/
2 : http://ach.org/
3 : https://adho.org/
4 : https://www.jadh.org/
5 : https://academic.oup.com/dsh
6 : たとえば，http://www.digitalhumanities.org/dhq/

JADHでは英語論文誌に加えて日本語論文誌もオープンアクセスで刊行している。また、TEIコンソーシアムでも査読付き論文誌を刊行している。このように、国際的な研究発表の場も十分に充実してきている。

一方、近年のオープンサイエンス・オープンデータの文脈からは、データを公開したこと自体を参照可能な業績としようとする動きも出てきている。今のところは、データ・ジャーナルと呼ばれるものに典型的に現れており、人文学分野においてもオランダのData Archiving and Networked Services (DANS) とBrill社が人文社会科学系向けのデータ・ジャーナルを刊行しており[7]、日本デジタル・ヒューマニティーズ学会の日本語論文誌でもデータ・ジャーナルの役割を持たせるとしている。

研究発表の場を継続的に形成していくにあたっては教育も必要であり、特に発展し続ける情報技術を前提とする場合、学部・大学院のカリキュラム以外にも、とりわけ履修後にも学習の機会が適宜必要になる。そうしたニーズに対しては、世界各地でサマースクール等の合宿が開催されており、最大規模のヴィクトリア大学・Digital Humanities Summer Insititute[8]では、2018年には50件強のコースを提供し、100人以上の講師を集め、大学院生のみならず大学教員も含めて2週間で800人以上の受講生があったという[9]。他に、ライプツィヒ大学、オックスフォード大学のものがよく知られている。このような場や、あるいは前出のTEIやIIIFといった関連規格について議論するような会合は、共通の議論の土台を形成するにあたり有益である。

なお、このような境界領域の研究成果は、史資料研究の分野の成果としては認められにくいことが問題視されることも少なくない。実際のところ、分野によってはこういったことをしてもまったく評価されない場合もある。しかしながら、一方で、大学教育においては学際性が求められるようになりつつあることもあり、この種の専門分野がいまだに強い力を持っている一部の大学を除い

7：http://dansdatajournal.nl/
8：http://www.dhsi.org/
9：なお、2019年には、ローカル言語文化を対象とするコースとしては初めて日本研究DHコースが設置され、筆者を含む6名が講師として参加し、日本のデジタル・ヒューマニティーズを北米の日本研究者達に伝える機会となった。

ては，人事評価等において特定の専門分野以外の成果も出せることが評価の対象になるケースが増えてきているように思われる。そういった状況を考慮するなら，この方面の学会での発表をしたり論文を出したりしておくことは，多かれ少なかれ，役に立つ局面があると考えてもよいかもしれない。

おわりに

　ここまで，日本のこれまでの文化をデジタル世界に伝えていくために検討すべき事項について，筆者らが対応できる範囲において時間の許す限り検討してきた。保存用の物理媒体の持続可能性やISO/IEC 40500：2012等で定めるウェブアクセシビリティ等，まだまだ検討すべき課題を多く残しているが，いったんここまでとし，最後に，「失敗」ということについて検討した上で筆を置くこととしたい。

　デジタル化資料の作成とそれを公開するという一連の営みを通じて日本の文化をデジタル世界に伝えていく，という本書のテーマは，皆が諸手を挙げて賛成するような事柄ではない。文化資料を必要とする人や愛でる人の中にも消極的な人や反対する人もいるだろう。そして，少し目を外に向けると，縮減していく公的資金の中から，社会を支えていく上で必要な他の様々な重要経費を少し留保して支出されるものであるとも言える。それでもなお，今後も継続的に支出する必要があると主張するなら，その支出にどういう意味があるのかを明確に提示できる必要があるだろう。その意味で，評価に耐え得る営みであることを明らかにできるようにするとともに，「失敗」は極力避けなければならない。評価についての基本的な考え方はこれまでに述べた通りだが，ここでは，「失敗」について少し考えてみよう。

　短期的な「失敗」は，立てた目標に対して未達になってしまうことである。あまりないとは思うが，たとえばアクセス数や書籍等での引用・参照数などといった数値目標を立てた場合には，達成したかどうかは一目瞭然だろう。あるいは，構築に関する目標を立ててそれを達成できなければ，それも失敗と言わざるを得ないだろう。とはいえ，そういう意味で明確に失敗とみなせるような目標が立てられることはこの種の取り組みではそれほど多くはないだろう。むしろ，なんとなく使いやすかったり使いにくかったり，あるいは，あるユーザにとっては十分過ぎる情報提供が行われているが別のユーザにとっては情報が足りなさすぎる，というような形で，声の大きな一部のユーザによるクレームに振り回されたりするような状況になってしまい，なんとなく失敗したような雰

囲気になってしまうこともあるだろう。

　しかしながら，文化資料をデジタル世界に伝え，残していくという本来的な目標から考えてみた場合には，それが何であるかわかる形でデータが残されていれば，いつかは成功と言える形になるかもしれないと考えることもできる。インターフェイスは日進月歩であり，それを使うデバイスもどんどん変化している。デジタルデータである以上，それぞれの時代のインターフェイスに合わせて適宜形を変えながら利用していくことも不可能ではない。データが残されていて，それがどういう内容であるかということがわかるようになっていれば，たとえ，ある時期は使いにくかったり，あるいはアクセスできなくなってしまったりしたとしても，いつかまた，より便利な形で復活する可能性が常に残されている。その可能性が絶たれないかぎり，失敗と言うべきではない。私たちは，常に，よりよい形を模索し始め，それを続けることができるのであり，ユーザもそれを期待し続け，あるいはそこに直接参画してもよいのである。

　このようにして捉えてみるなら，この一連の営みの核にあるものは，できあがったシステムや作品のようなものではなく，よりよい形で文化資料を，そして文化を伝え続けようとする情熱でありそれが地理的時間的な壁を超えて連なったものであるということができる。そしてそれは，振り返ってみると，表面の温度の違いのために異なって見えてしまいがちだが，デジタルよりもはるか以前から連綿と続けられてきた，文化を後世に伝えるという静かだが確かな熱量を持った重厚な営みとその本質においてはきわめて近い。すなわち，この両者の情熱は，よりよい未来へ向けてやがては手を取り合って進んでいくことが可能なものなのである。そして，この情熱の紐帯が，デジタル以前とデジタルの世界，そしていつかその先の世界も含め，より強く細やかで緊密な網の目のようなつながりを形成していくことできたなら，日本の文化はよりよい形でたしかに伝えられていくことだろう。本書が目指したのはその網の目の数本をつなぐことであり，そのことに多少なりとも貢献することができたなら幸いである。

さらに深めたい人・アップデートしたい人に

　文化資料をデジタル世界に伝えるという営みには，基本的には，情報技術に関する基礎的な知識と急速に発展を続けるインターネットなどの応用的な技術に関する知識，それから，個別の文化資料についての知識が必要となる。その上で，変化する技術と私たちが実現したいこととのギャップを効果的に埋めるためのその都度の智慧と工夫が求められることになり，さらに，社会・制度による制約がもたらす抑制と促進という要素も関わってくる。そこには，仕事や研究としての面白さがあることは間違いないものの，必要な情報量が大きくなってしまいがちなのをどうカバーし，どのようにして知識をアップデートするか，という容易ならざる問題が立ちはだかっている。

　本書では，文中に登場するそれぞれの事項について有益と思われる参考文献や参考URLを脚注に挙げているので，個別の情報についてはそちらをご覧いただきたい。それを踏まえた上で，さらに理解を深めたい人や知識のアップデートを続けたい人に向けて，日本語での情報に限定していくつかの情報源を提示しておきたい。

書籍
　文化資料のデジタル化に関わる事柄が技術の進歩に伴って変化していくスピード感は，書籍で考えるなら執筆から刊行までの間でさえ状況が変化してしまうこともあるようなものであり，そのためもあってか，その興味深さや難しさ，そして取り組みの数に比べて，この種の事柄に関する解説書の類が紙媒体で刊行される例はそれほど多くないように思われる。そのような中でも，比較的新しい状況について幅広くキャッチアップできているものとして，岡田一祐『ネット文化資源の読み方・作り方　図書館・自治体・研究者必携ガイド』（文学通信，2019年）を挙げておきたい。資料をデジタル化するに際しては，水嶋英治他編，『デジタルアーカイブの資料基盤と開発技法—記録遺産学への視点』（晃洋書房，2016年）はわかりやすく解説されており参考になるだろう。サイト構築やそのための発注も含めた具体的な手続きについて知りたい場合には，柳

与志夫編『入門　デジタルアーカイブ　まなぶ・つくる・つかう』（勉誠出版，2017年）がおおまかな道筋を与えてくれるだろう。さらに，デジタル化してサイトを構築運用するにあたっての参考事例としては，岡本真他編『デジタル・アーカイブとは何か理論と実践』（勉誠出版，2015年）が色々な事例を提供してくれている。また，権利処理の問題に焦点をあてたものとして，福井健策監修「デジタルアーカイブ・ベーシックス　1　権利処理と法の実務」（勉誠出版，2019年）も参考になるだろう。

　技術的な事柄についてある程度深くキャッチアップしてみたい場合は，オライリー・ジャパンから刊行されている個別技術についての解説書を，関心のある技術に関してそれぞれ読んでみることをおすすめする。プログラミング言語 Python や流行の Deep Learning，テクスト処理では必須の正規表現等々，それぞれのテーマについて有益な解説書が用意されており，実践的に習得するための実習課題が含まれるものも少なくない。また，特に Linked Data 等についての理解を深めたい場合には，まずは神崎正英『セマンティック・ウェブのための RDF/OWL 入門』（森北出版，2005年）から始めてみることをおすすめしたい。これですべてを理解できるわけではないが，これを元にさらに関連情報を調べながら理解を深めていくのがいいように思われる。

　デジタル化された文化資料をどう応用・活用していくかということについては，それを主要テーマの一つとするデジタル人文学・人文情報学に関する本が参考になると思われるが，ここでは中でも，新たな状況をコンパクトにまとめているものとして，後藤真他編『歴史情報学の教科書：歴史のデータが世界をひらく』（文学通信，2019年）をおすすめしておきたい。

学術雑誌等

　この種の情報収集にあたっては，やや難解ではあるものの，学術雑誌を参照することも有益である。第8章で挙げた各学会が刊行する雑誌等からは多くの有益な情報を得ることができる。とりわけ，情報処理学会人文科学とコンピュータ研究会による研究報告とじんもんこんシンポジウム論文集[1]は，合わせる

1：https://ipsj.ixsq.nii.ac.jp/ej/

と30年にわたる1,000件以上の研究発表論文を含んでおり，まさに玉石混淆だが，20年，30年前の問題提起でさえ今もなお新たな刺激をもって迫ってくるものもあり，日本での試行錯誤の厚みを感じさせる有用なものである．また，人文系の学術雑誌においても，デジタル技術の応用についての特集号が組まれたりすることがある．そういったものの場合は，より活用の場に即した当事者性の強い議論が展開されることが多く，活用について考える上では大いに参考になるだろう．

Web情報

Web情報としてまず見ておくべきなのは，国立国会図書館によるカレントアウェアネス・ポータル[2]だろう．国内外の最新の情報がいちはやく掲載されることが多く，海外事例の紹介では原文の外国語記事にあたらないとよくわからないことがあるものの，とりあえずの目星をつけるには最適である．また，網羅性や速報性はそれほど高くないものの，個別テーマを掘り下げた詳細な情報が提供されることが多いメールマガジン『人文情報学月報』及びそのバックナンバーのサイト[3]も技術・応用の両面において参考となる情報が毎月蓄積されていっている．さらに具体的な情報としては，digitalnagasakiのブログ[4]が，文化資料のデジタル化に関する技術面や考え方についての解説記事を掲載してきている．一部の記事は本書にも含まれているが，分量的・時期的に採り上げることができなかった様々な便利な応用例も紹介されている．今後も継続的に新たな記事を掲載していく予定であり，具体的な応用例を求めている場合にはぜひ参照されたい．

個別のテーマに即した情報をみてみると，Linked Dataに関わる技術については書籍の項でも紹介した神崎正英氏のサイト[5]が参考になる．特に，Webアノテーションの文脈で紹介されるIIIFの活用例は世界的にも注目されるものであり，少ないながら非常に有益な情報を提供している．また，中村覚氏によ

2：http://current.ndl.go.jp/
3：https://www.dhii.jp/DHM/
4：http://digitalnagasaki.hatenablog.com/
5：https://www.kanzaki.com/

るDIY History[6]も個別技術の応用例について様々なヒントを得られるだろう。

実際の作業の仕方も含めた情報が得られるサイトとしては，資料デジタル化に関しては「国立国会図書館デジタル化の手引き」[7]が有益である。また，日本語でのTEIの利用についてはTEI協会東アジア／日本語分科会によるGitHubサイト[8]，IIIFに関しては，「IIIFに関する日本語情報の私的なまとめ[9]」が参考になるだろう。

フェイスブックのグループとしても，この種のテーマを扱うものが様々に運用されている。比較的更新頻度が高いものとして，ここでは「デジタルアーカイブの広場」「JADH (Japanese Association for Digital Humanities)」「Archives & Records (A&R)」を挙げておきたい。いずれも，質問を投稿するなど，フォーラムとして活用することも可能である。この種のものとしては，近年はSlackを利用するものも増えてきているようである。

こういった情報への理解は，読む側のバックグラウンドに依存する面が大きく，自分にとって理解しやすい情報収集の糸口を見つけることが重要なポイントになる。ある程度取捨選択されて本に書いてあるような情報でなければ理解する価値がないと思う人から，Webどころかインタラクティブな情報まで大量に集めて自分で取捨選択してしまう人まで，あるいは，書いてあるものを見ただけでそれが実装されてどう動くかまで想定できてしまう人から目の前で動作しているものを見なければよくわからない人，そして，動作しているものを見ればわかるので自分で設定して動かしてみる人から，設定も全然できないので誰かに動かしてもらうのを期待するしかない人まで，この種の情報を理解しなければならない立場の人にも，色々な理解の仕方がある。一方，情報提供する側も，解説記事や設定情報を公開するのみならず，Webサイト上でサンプルやサンドボックスを用意してみたり，動いているところを動画で提供したりするなど様々な工夫を行うようになってきている。あるいは，単に提供された

6：http://diyhistory.org/
7：https://www.ndl.go.jp/jp/preservation/digitization/guide.html
8：https://github.com/TEI-EAJ/
9：http://digitalnagasaki.hatenablog.com/iiif

情報を閲覧するだけでなく，Web 上のフォーラム的なものに参加して自分の興味のある地点からの質問を通じて理解への道を開拓する方法もある。また，こういった事柄を勉強したり，ハンズオンセッションとして自分で操作して学べるような会合も各地で開催されるようになってきている[10]。数年間の期間限定で関わる人や一生かけて関わらざるを得ない人など，様々な立場があろうが，それぞれに，自分にあった無理のない情報収集の仕方を見つけていただければ幸いである。

10：この種の会合の情報は，Google カレンダーで有志により共有されているので参照されたい。https://www.dhii.jp/nagasaki/blog/dh_events

あとがき

 本書は，京都大学人文科学研究所共同研究班「人文学研究資料にとってのWebの可能性を再探する（2013-2015年）」での議論とその後に継続した検討内容の一部を反映したものである。共同研究班全体としては，人文学研究資料をWebで共有するための手法のみならず，それを活用して新たな知見を見いだすための技術や研究についての議論も多岐にわたって行われたが，本書で扱った内容は，その一部，主に前者となっている。後者については別の機会に公表することとしたい。また，音声・動画・3D等の扱いが特に薄くなっているが，これは，それらを扱うための手法が十分にコモディティ化していると言えない状況であり，本書で扱ったとしても，それほど遠くない将来に大きな改訂が必要になる場合があり得ると判断したためである。

 本書は共同研究班班長である永﨑がすべての文章をとりまとめて書いたため，記述内容の誤りや偏りについてはすべて永﨑に責任があるのでその点はご留意いただきたい。本書の執筆にあたっては，共同研究班メンバー，及び共同研究班の研究会やシンポジウムに登壇してくださった方々，さらにそれ以外にも多くの方々との議論が反映されている。とりわけ，東京大学の下田正弘先生及び吉見俊哉先生，国立情報学研究所の武田英明先生，高野明彦先生及び北本朝展先生，京都大学の原正一郎先生，近畿大学の田窪直規先生，東京国立博物館の田良島哲先生，キングスカレッジ・ロンドンのHarold Short先生，ヴァージニア大学図書館のJohn Unsworth先生，ヴィクトリア大学のRay Siemens先生，マーストリヒト大学のSusan Schreibman先生，ニューカッスル大学のJames Cummings先生，ウィートン・カレッジのKathryn Tomasek先生，ハーバード大学のPeter Bol先生及びDonald Sturgeon先生，英国ナショナル・アーカイブズのPip Willcox先生，英国図書館のKristian Jensen先生におかれては，お名前を挙げて感謝したい。加えて，筆の遅い筆者の仕事を長くお待ちくださった樹村房の大塚栄一社長には深く感謝したい。

 本書の刊行に至るまでに，以下の研究助成金による活動の一部が反映されていることを感謝とともに記しておく。JSPS科研費JP15H05725, JP26284068, JP16K02492, JP16H03422, JP18H03576, JP19H00516, JP19H00526, JP19H01241.

●共同研究班メンバーリスト（現所属，五十音順）

岩崎陽一（名古屋大学）

クリスティアン・ヴィッテルン（京都大学）

宇陀則彦（筑波大学）

大向一輝（東京大学）

北岡タマ子（お茶の水女子大学）

後藤真（国立歴史民俗博物館）

高田智和（国立国語研究所）

苫米地等流（一般財団法人人文情報学研究所）

永﨑研宣（一般財団法人人文情報学研究所：班長）

松田訓典（国文学研究資料館）

守岡知彦（京都大学）

安岡孝一（京都大学：副班長）

山田太造（東京大学）

索引

▶ **あ行**

アート・ドキュメンテーション学会　　219
青空文庫　　160
旭川医科大学　　200
アメリカ国立公文書記録管理局（NARA）　　200
アメリカデジタル公共図書館（DPLA）　　42
アメリカ歴史協会（AHA）　　215
アルジャイル型　　200
異体字セレクタ　　60
異体字同時検索機能　　26
五つ星スキーム　　192
ヴァージニア大学図書館　　116
ウェルカム図書館　　98
ウォーターフォール型　　200
影印本　　10
英国図書館　　104
永続的識別子　　74
オーストラリア国立図書館　　38
オープンサイエンス　　62
オープンソース　　63
オープンデータ　　63
オープンライセンス　　62
オックスフォード大学　　104
オックスフォード大学ボドリアン図書館　　98, 155
オペレーティングシステム Linux　　64

▶ **か行**

嘉興蔵目録　　51, 53
春日大社　　169
紙媒体　　70
伽藍とバザール　　119
カレントアウェアネス・ポータル　　24
顔真卿自書建中告身帖　　87
巻子本　　166
規格策定　　81
共有キャンバス（Shared Canvas）　　104, 110
宮内庁書陵部収蔵漢籍集覧　　30
クラウドサービス　　71, 197
クラウドソーシング　　37
クリエイティブ・コモンズ　　86
クリエイティブ・コモンズライセンス（CC ライセンス）　　63
訓点　　166, 185, 186
慶應義塾大学斯道文庫　　30
『源氏物語大成』　　151
『現代日本語書き言葉均衡コーパス』（BCCWJ）　　214
ケンブリッジ大学図書館デジタルライブラリ　　170
光学文字認識（OCR）　　55
興福寺　　169
コーネル大学　　104
国際的な規格　　81
国際デジタル・ヒューマニティーズ学会連合（ADHO）　　219
国際仏教学大学院大学の古写経プロジェクト　　176
国書総目録　　49
国文学研究資料館　　30
国文学研究資料館の調査カード　　170
国立国会図書館　　31
コピーレフト　　64
固有表現　　185

今昔文字鏡　60, 80
コンテンツ管理システム　198

►さ行

三昧耶形　120
シェイクスピア　145
ジェレミー・ベンタム　37
ジャパンサーチ　42
ジャパンリンクセンター（JaLC）　201
朱点　166
仕様策定　21
情報処理学会　218
情報知識学会　219
ジョージ・メイソン大学　116
新日本古典籍総合データベース　30
「人文科学とコンピュータ」研究会　218
人文系データベース協議会　219
『人文情報学月報』　24
スーパーコンピュータランキング　64
スタンフォード大学　98, 104
ステイクホルダー　103
3D画像　83, 177
西洋中世写本　103
セキュリティアップデート　6
セキュリティ対策　72
綜理衆経目録　54

►た行

大正新脩大藏經　120
ダブリン・コア　48
『中論』　29
ディープラーニング　200
ティム・バーナーズ＝リー　63
デジタルアーカイブ学会　219
デジタル学術編集版　149
デジタル顕微鏡　4
デジタル代替物　15

デジタル図書館連盟（DLF）　98
デジタル翻刻　4
電子展示『捃拾帖』　203
ドイツの著作権法　65
統一書名　149
統一著者名　149
東京大学総合図書館　30
トリプルアイエフ（IIIF）　21

►な行

ナーガールジュナ（龍樹）　29
2値化　10
日本古代巻子本書誌データベース　168
日本古典籍総合目録データベース　52
日本語の歴史的典籍の国際共同研究ネットワーク構築計画　53
日本デジタル・ヒューマニティーズ学会（JADH）　219
日本美術史　120
ノルウェー国立図書館　104

►は行

バーチャル国際典拠ファイル（VIAF）
　　　　　　　　　　　　　　　　85
ハーバード大学　98
パーマリンク　74
バイエルン州立図書館　133
『走れメロス』　146
パブリック・ヒューマニティーズ　62
パブリックドメイン　63
符号化（encoding）　12
ブックスキャナ　174
仏尊　120
フラットベッドタイプのスキャナ　173
フランス国立図書館　31, 98, 104, 133, 182
フリーソフトウェア運動　64

索引 | 235

文化遺産オンライン　42
文化庁長官による裁定制度　87
米国現代語学文学協会（MLA）　215
ペリオコレクション　182
ベンダーロックイン　7
便利なWebサービス　119
方法論の共有地（methodological Commons）　162
ポキプシー原則　140
翻デジ2014　56

►ま行
マイクロタスク・クラウドソーシング　38
マイクロフィルム　70, 83
『魔術師マーリンの予言』　146
曼荼羅　120
万暦版大蔵経（嘉興蔵／径山蔵）デジタル版　30
妙法蓮華経　164
みんなで翻刻　39, 57
文字情報サービス環境CHISE　62

►や行
ユニヴァーシティ・カレッジ・ロンドン　37
羊皮紙資料　4

►ら行
立命館大学アートリサーチセンター　176
リファラー・ログ　92
龍谷大学図書館　31
利用許諾条件　63, 80
『歴史情報学の教科書』　137
歴史地名データ　149
レンタルサーバ　197

ローレンス・レッシグ　64
ロスアラモス国立研究所図書館　104

►A
ACH（Association for Computers and the Humanities）　219
ADHO（Alliance of Digital Humanities Organizations）　219
Adobe Flash　212
AHA　215
ALLC（Association for Literary and Linguistic Computing）　219
Annotorious　121
Apache Lucene　193
Apache Solr　132, 194, 204
ArchivesSpace　78, 190
ARCモデル　176
AtoM　78, 190, 198
Authentication API　106
AWS（Amazon Web Service）　197

►B
BCCWJ　214
British National Corpus　145
Buddhist Digital Resource Center　31

►C
Chinese Text Project　38
CHISE　127, 193
CIDOC CRM　44, 78, 188
CiNii　196
CMS　198
coreBuilder　161
Crowd4U　38, 196
CWRC writer　161

► D

DCMI Metadata Terms　49
DC-NDL　49
Digital Dictionary of Buddhism（DDB）
　　　　　127, 195
Digital Humanities Summer Insititute
　　　　　220
Digital Scholarly Edition　150
Digital Scholarship in the Humanities
　（DSH）　219
DLF　98
DNA情報　4
DOI（Digital Object Identifier）　9, 75,
　　　　　149
DPLA（Digital Public Library of
　America）　42
Drupal　198
Dspace　109

► E

EADH（European Assocation for Digital
　Humanities）　219
Elasticsearch　194, 204
encoding　12
EpiDoc　188
Europeana　2, 41
EXIF（Exchangeable image file format）
　　　　　175
eXist　204

► F

FRBR　45
FromThePage　201

► G

gallica　31, 182
GeoNames　148

Getty Vocabularies　149, 195
GIF（Graphics Interchange Format）
　　　　　47
Github　159
Glyphwiki　194
GNU　64
GNU 一般公用利用許諾条件　64
GT書体フォント　60

► H

HTML5.3　191
HTTP/2　109

► I

IETF（Internet Engineering Task
　Force）　43
IIIF（International Image Interoperability
　Framework）　21, 157, 180
IIIF-BS（IIIF Manifests for Buddhist
　Studies）　128
IIIF Curation Viewer　116, 203
IIIF hosting　201
IIIF Manifest URI　130
IIIF Presentation API　205
IIP Image server　124
Image API　106
Internet Archive　118
ISAD（G）　44, 78
ISBN　149
ISNI（International Standard Name
　Identifier）　85, 149
ISO 14721:2012　94, 215
ISO 15836　49
IVS（Ideographic Variation Sequence）
　　　　　13

索引 | *237*

► J
JADH 219
JaLC 75, 201
JPEG2000 28, 109
JSON-LD 110

► K
KuLA 39

► L
LCCN 149
LOD（Linked Open Data） 191
Loris IIIF Image server 124
LRM 45
LTO-8 71

► M
Macromedia Flash 212
manifest ファイル 111
manifest の URI 111
MARC 158
MediaWiki 190, 198
Methodological Commons 162
Mirador 111
MLA 215
MongoDB 204
MySQL 204

► N
NARA 200
NDL サーチ 42
Neatline 116
NoSQL データベース 204
NTT 東日本 200
Numismatic Description Schema（NUDS） 154

► O
OAIS 参照モデル 69, 94, 215
OCLC（Online Computer Library Center, Inc） 48
OCR 55
Omeka 116, 198
Omeka classic 199
Omeka S 199
OpenSeadragon 123, 127
ORCID 148
Oxygen XML Editor 160

► P
PNG（Portable Network Graphics） 47
PostgreSQL 121, 204
Presentation API 106
Pyramid TIFF 109

► R
Reflectance Transformation Imaging（RTI） 178
RightsStatements.org 87
RTI 技術 178, 202

► S
SaaS（Software as a Service） 197
SAT2018 133
SAT 大正蔵図像 DB 98, 117, 120
SAT 大蔵経テキストデータベース2018年版（SAT2018） 133
SAT 大蔵経テキストデータベース研究会 120
TEI 協会（Consortium） 141
TEI 協会東アジア／日本語分科会 159
SCTA 117
Search API 106
SEI（Script Encoding Initiative） 61,

238

        82
Shared Canvas 104, 110

▶ T
TAPAS 159
TEI Critical Apparatus Toolbox 152
TEI協会（Consortium） 141
TEI協会東アジア／日本語分科会 159
TEILib（Best Practices for TEI in Libraries） 158
TEI Lite 158
Text Encoding Initiative ガイドライン 57, 188
Transcribe Bentham プロジェクト 58
Trove 38

▶ U
Unicode 13, 59, 60
Universal Viewer 111

URLの維持 73

▶ V
Versioning Machine 146, 208
VIAF 85, 148

▶ W
W3C 110
Web Annotation 91, 110
Web API（Application Programming Interface） 91
Wikimedia 118
Word2Vec 54

▶ X
XML 79
XMLの策定 141
XSS脆弱性 190

［編者］
京都大学人文科学研究所・共同研究班
「人文学研究資料にとってのWebの可能性を再探する」
（2013～2015年）

［著者］
永﨑研宣（ながさき・きよのり）
一般財団法人人文情報学研究所主席研究員

1971年生。筑波大学大学院博士課程哲学・思想研究科単位取得退学。
博士（関西大学・文化交渉学）。
東京外国語大学アジア・アフリカ言語文化研究所 COE 研究員，山口県立大学国際文化学部助教授等を経て一般財団法人人文情報学研究所の設立に参画。
これまで，東京大学にて人文社会系研究科人文情報学拠点非常勤講師及び情報学環特任准教授，国立国会図書館研究員（委嘱），国際日本文化研究センター客員准教授，東京文化財研究所客員研究員，沖縄県立芸術大学附属研究所共同研究員，国立国語研究所共同研究員等，各地の大学研究機関で文化資料のデジタル化と応用についての研究支援活動を行ってきた。
学会関連活動としては，情報処理学会論文誌編集委員，日本印度学仏教学会常務委員情報担当，日本デジタル・ヒューマニティーズ学会議長，TEI Consortium 理事等。
https://www.dhii.jp/nagasaki/

日本の文化をデジタル世界に伝える

2019年9月10日　初版第1刷発行

検印廃止

編　者 ⓒ　京都大学人文科学研究所・共同研究班「人文学研究資料にとってのWebの可能性を再探する」

発行者　大　塚　栄　一

発行所　株式会社　樹村房
〒112-0002
東京都文京区小石川 5-11-7
電　話　　03-3868-7321
ＦＡＸ　　03-6801-5202
振　替　　00190-3-93169
http://www.jusonbo.co.jp/

印刷／亜細亜印刷株式会社
製本／有限会社愛千製本所

ISBN978-4-88367-327-8　乱丁・落丁本は小社にてお取り替えいたします。